中央大学政策文化総合研究所研究叢書 14

中国への多角的アプローチ II

斎藤道彦 編著

中央大学出版部

序

　21世紀国際社会では,19世紀後半以降から20世紀にかけて世界を牛耳ってきた欧米および日本の相対的地盤沈下がじわじわと進行しており,すでに昔日の面影はない.19世紀後半から20世紀前半にかけて欧米日帝国主義の好餌となってきた中国は,21世紀の今日,「社会主義」という建て前は維持しているにもかかわらず,19世紀/20世紀の「弱者」中国とは打って変わって経済的政治的軍事的に「強国」化し,膨張過程に入っていることは,事実に目をふさがない限り,誰の目にも明らかとなっている.中国は,欧米日帝国主義がかつて振る舞ってきたのと同じ19世紀/20世紀型国権主義的言動を強化しつつあるが,一方,日本は政治的経済的混迷を深めつつあり,出口が見えない状況が続いている.問題状況がますます多元化多様化しつつある中で,中国をどのように認識するかという方法論として,われわれはとても全面的というわけにはいかないが,多角的アプローチを積み重ねる必要を感じており,本書はその一角となる.

　本書は,中央大学政策文化総合研究所プロジェクト「学際的中国研究の探求　第2期」の研究成果であり,第1期「学際的中国研究の探求」の研究成果『中国への多角的アプローチ』の続編となる.今回は,民俗学,思想史,日本近代史,民国政治史,中国経済論の5編からなる.

　I．民俗学からのアプローチ

　魯迅の弟,周作人は,日本留学期に民俗学に開眼した.子安加余子「旧劇観に見る周作人の民俗世界」は,文学無用論を唱えた周作人の通俗文学(民間文学)について,そのうちの芝居(旧劇)に焦点をあて,周作人の旧劇批判と観劇経験を観察し,さらに周作人の演劇観,旧劇改良案を考察している.本論文は,「周作人民俗学関連書講読年表」を付す.

　II．思想史からのアプローチ

五・四運動とは，中国における反日運動の出発点とも見られる運動であった．原正人「五・四運動と研究系」は，研究系（憲法研究会）の五・四運動に対する影響関係をテーマとする．原は，従来の中国知識人研究が政治権力からの距離によって定位されてきたことを批判し，多角的な検討の必要を提起する．原は，研究系に関する研究史を批判的に検討し，梁啓超・林長民ら研究系の政治活動歴，研究系の五・四運動への影響関係，国民外交協会を中心とする外交活動，梁啓超らの外交活動，梁啓超の思想的基軸と五・四運動との関わりなどを検討し，「研究系」評価の見直しを提起している．

Ⅲ．日本外交史からのアプローチ

日本は，日清戦争以後，満州への進出政策を推進し，土地紛争を引き起こしていった．佐藤元英「在奉天日本総領事による商租権問題解決交渉」は，土地商租権問題に関する研究史を踏まえ，商租権要求に至る経過を辿り，ついで1920年代に至って商租権「施行細則」交渉が行なわれることになるが，佐藤は主として『外交文書』等に基づいて赤塚奉天総領事による交渉，船津奉天総領事による交渉，吉田奉天総領事による交渉，林奉天総領事による交渉をそれぞれ詳細に検討し，さらに榊原農場問題を取り上げている．

Ⅳ．民国政治史からのアプローチ

国民参政会とは，日中戦争期に国民党によって「訓政」下民意機関として設けられ，中国共産党・民主諸党派・無党派が参加した準議会的機関である．斎藤道彦「国民参政会と国共関係」は，従来，その意義が正当に評価されてこなかった「訓政」下国民参政会を取り上げ，その1938年から1948年までの歩みを概観し，国民党が「訓政」下で憲政への移行を追求したことをあとづけ，その中で中共が「民主主義」要求を主張して国民党と対立した実態を紹介し，さらに民主諸党派の「民主主義」要求を辿り，中国近現代史像の中共プリズムによる歪みの克服を提起している．

Ⅴ．中国経済論からのアプローチ

毛沢東型社会主義から改革開放への転換によって，中国経済は長期にわたって成長を遂げてきた．谷口洋志「4大国有銀行は復活を遂げたのか？」は，

かつて巨額の不良債権を抱えていた中国工商銀行・中国建設銀行・中国銀行・中国農業銀行という4大国有銀行が，劇的に不良債権を克服し，2004～2009年に株式制への移行を実現した点について，この変化がどのように遂行されたのか，4大国有銀行間ではいかなる相違が生じているか，業績改善は本物かどうか，中国経済・金融部門の動向と銀行部門における4大国有銀行の相対的地位の変化，中国工商銀行と中国農業銀行との比較検討を行なっている．

2012年7月

斎　藤　道　彦

目　　　次

序

第1章　旧劇観に見る周作人の民俗世界……………… 1

　　　　　　　　　　　　　　　　　　子安加余子

　　はじめに　1
　1．旧劇に対する野蛮視　3
　2．紹興『目連戯』　5
　3．旧劇改良に関する3つの案　9
　　おわりに　13

第2章　五・四運動と研究系 ……………………… 23

　　　　　　　　　　　　　　　　　　原　　正人

　　はじめに　23
　1．五・四運動とは何を指すのか　27
　2．研究系と五・四運動──政治活動から　29
　3．研究系と五・四運動──外交活動から　36
　4．研究系と五・四運動──思想的側面から　45
　　おわりに　48

第3章　在奉天日本総領事による商租権問題解決交渉 …………………… 57

佐藤元英

はじめに　57
1. 商租権要求の目的　59
2. 商租権施行交渉の前段階　60
3. 赤塚総領事による施行細則交渉　63
4. 船津総領事による施行細則交渉　65
5. 吉田総領事による施行細則交渉　73
6. 林総領事による施行細則交渉　75
7. 榊原農場問題　78
   おわりに　81

第4章　国民参政会と国共関係 ………………………… 89

斎藤道彦

はじめに　89
1. 「訓政」下国民参政会の設置　97
2. 国民参政会第1期
   （1938年7月6日～1941年2月28日）　120
3. 国民参政会第2期
   （1941年3月1日～1942年10月21日）　147
4. 国民参政会第3期
   （1942年10月22日～1944年9月18日）　164
5. 国民参政会第4期
   （1945年7月7日～1948年3月28日）　208
   おわりに　233

第5章　4大国有銀行は復活を遂げたのか？ ………243

谷口洋志

　　はじめに　243
　1．中国における経済と金融および銀行部門
　　　における4大国有銀行の相対的地位　245
　2．4大国有銀行の経営比較　248
　3．4大国有銀行の歴史的動向　257
　4．ケーススタディ――中国工商銀行と中国農業銀行　261
　　おわりに　270

あとがき
索　　引

第 1 章

旧劇観に見る周作人の民俗世界

子安加余子

はじめに

「人の文学」(「人的文学」『新青年』5巻6号, 1918年12月) を世に問うて北京文壇で一挙にして名をあげた周作人 (1885-1967) が, その約10年後, 文学無用論を著し左翼文壇から猛烈な批判を受けたことはあまりに有名な話である. 文学の無用, 無効を主張して一大センセーションを巻き起こした周作人だが,「通俗文学」に対してはその効果の重要性を認めていた.

> 通俗文学に至っては, 民衆が読めば, その思想におのずとある変化が生じる. よって我々は通俗文学に細心の注意を払わねばならず, そうして初めて中国人の大部分の思想を見てとることができる. (周作人「通俗文学に関して」)[1]

引用した文章は, 周作人が北京大学国文学部で披露した文学に関する講演の一節であり, 伝統的な中国の文学観から排除されてきた通俗文学に対して,「民衆」に与える影響力の大きさに着目して, 格別の注意を払うべきだと主張したものである. ここでいう通俗文学は,「民間文学」とも言い換えられ,「1.

芝居（見る，あるいは聞くもの），2. 唱書（小唄の類），3. 説書（リズムを伴い，物語をかたるもの．見ることとは異なる），4. 小説（全て読むためのもの）」に四分類された．通俗文学を取り上げたのは周作人が最初というわけではなく，より早く劉半農が「下等小説」として論じたことがよく知られる．周作人はさらに一歩進んで，孔孟といった四書五経の世界観だけで中国思想をとらえてきた価値観を否定し，「国民性を表現できるだけでなく，すべての思想を表現できる」通俗文学の意義を大いに認め，それが中国思想の重要な一部分であると主張した．

　本章は，周作人が通俗文学の筆頭に挙げた芝居をどのようにとらえたかに注目するものである．近代中国で知識人が言及した演劇に関するものでは，新文化運動の時，『新青年』誌上で展開された旧劇論争（「旧劇」は伝統劇の総称として使用されたタームである）があり，『新青年』同人はこぞって旧劇を批判した[2]．同人のひとりだった周作人も，陳独秀，胡適，銭玄同，劉半農らに続いて，旧劇批判の立場に立つ論文「中国旧劇を廃止すべきを論ず」（「論中国旧戯之応廃」『新青年』5巻5号，1918年11月）を掲載する．この論文は周作人が初めて芝居に言及した文章であり，これによって，誌面を賑わした旧劇論争が終止符を打つこととなる．周作人はその後，独自の芝居観を提示しながら，旧劇批判の見解を相対化していき，晩年に至るまで芝居に関する筆が衰えることはない．兄魯迅と同様に，幼い頃，郷里の紹興で「社戯」（宮芝居）に親しんだ経験を持ち，一方でギリシアの古典劇の翻訳紹介に取り組んだ周作人は，東西の演劇に対する造詣が深かったと思われる．そこで，周作人研究の分野ではなお十分とは言えない[3]彼と演劇の関係に注目して，主に旧劇に対する見解を考察する（本章では，主に中華人民共和国成立前までの周作人の文章を取り上げる）．併せて，伝統的読書人だった彼が，民衆の世界観が凝縮された芝居を通じて何を得，そうした過程が周作人においていかなる意味を持ったかを探っていくこととする．

1．旧劇に対する野蛮視

　まず，周作人の旧劇批判の要点をつかんでいくため，「中国旧劇を廃止すべきを論ず」を見ていく．『新青年』「通信」欄に掲載された「中国旧劇を廃止すべきを論ず」は，銭玄同宛の書信形式をもって書かれた．自身は中国の旧劇について全くの門外漢であるゆえ，技術的な良し悪しを論じることはできないとしながら，「中国の旧劇には存在価値がない，と思い切って言おう」と述べ，その語気は一見荒い．続けて，存在価値がないと判断した理由を2点述べていく．第1の理由は，戯曲の世界的な発展に照らせば，中国の旧劇は「野蛮」であるから，というもの．中国の旧劇を野蛮視したことに関して，彼は続けて，野蛮という2文字は文化発展の順序から見たタームであり悪意を含まないと断り，次のような説明を加えた．

　　野蛮とは，なお文明化していない民族であり，それはまさに，まだ成長していない子供と同じである．文明国の古代とは，すなわち少壮なる人が経る子供時代と同じで，それはまた野蛮社会時代である．（原始的，宗教的要素を多く含む……筆者注）中国の芝居は，よって野蛮の名称を免れ得ないのである．（周作人「中国旧劇を廃止すべきを論ず」）[4]

　周作人は文化を発展的にとらえて，成長段階にある中国の芝居を野蛮と見なしている．言い換えれば，中国の芝居に発展の可能性を認めていると言える．彼の見解の中に，当時の中国知識人に浸透した進化論の影を見出すことができるが，周作人はさらに，「原始民族と古代の芝居に対して，それが野蛮であるからと言って，一概に抹殺すると言うのではない．なぜならある社会のある時期にはちょうど相応しく，当時には当時の存在理由があり，後世にも研究価値があるためである」とし，文明と対立するものとして中国の旧

劇をとらえてはいるものの，野蛮社会における価値まで否定しない．だが，旧劇を子供の遊戯になぞらえて，人が子供として一生を送れないのと同様に，民族もまたずっと野蛮な状態にあってはならないこと，もし自らの「醜態」で人に不遜な態度をとれば，それは「退化衰亡の予兆」だと断じるのだった．

　旧劇は「存在価値がない」と見なす第2の理由は，「世道人心」に有害であるゆえとした．有害な要素には，儒教道教思想の結晶として4つ（「淫」「殺」「皇帝」「鬼神」）あり，現代社会では別名「房中」「武力」「復辟」「霊学」に相当するものだった．さらに，民間に文字を持たず語り物を聞いたことがない者はいても，芝居を見たことがない者はいないと述べ，民間における芝居の絶大なる存在力を感じ取っている．以上，進化史観と内容の両面から旧劇の否定すべき側面を指摘した後，唯一残された道は，いち早く野蛮段階からの脱皮をはかったヨーロッパに倣い，西洋式の近代劇を興すことだと提案して結びとした．この文章を発表した翌月には,彼の「人の文学」が同じく『新青年』誌上に掲載された（5巻6号，1918年12月）．

　新文学に新たな人間観，倫理観，審美観を重視して著された「人の文学」では，「ヒューマニズムを基礎に，人生の諸問題を記録研究する文学」が提唱された．人の文学であるか否かは著作態度にあり，排斥すべきは「人間性の成長を妨害し，人類の平和を破壊するもの」だった．具体的には既存の純文学から「淫書類」「鬼神書類」を筆頭とする10種の例をあげており，その10番目に「以上の各種思想が和合し結晶した旧劇」が掲げられている．旧劇を批判するトーンに変化は見られない．『新青年』誌上で繰り広げられた旧劇論争が周作人の批判文章で一応の幕を閉じたことはすでに触れたが，彼自身はその後，性急な旧劇廃止論に修正を加え，むしろ旧劇を改良していくことで民衆の必要とする芝居を維持させていく道を選択するようになる．時はあたかも，北京大学で開始された民俗学運動が一定の成果を見せ始める頃であり，周作人は初期運動の中心人物の一人だった．周作人の旧劇改良観は，同時並行して取り組まれた中国民俗学の仕事の一環として形成されたものだった[5]．次に，周作人がどのような芝居を理想として旧劇の改良を提唱し

たのかを見ていく.

2．紹興『目連戯』

　周作人自身の観劇経験という点から見れば，自身でたびたび「芝居を見るのは好きではない」と断っており，豊富だったとは言い難いようだ．旧劇に対するまとまった文章の2つ目，「演劇に対する二つの意見」(「対於戯劇的両条意見」『戯劇』2巻3号，1922年3月) に，彼が芝居嫌いになった原因が語られている．冒頭，「私は以前の新旧劇に対して，ずっとある種の偏見——反感を持っていた」で始まり，その偏見が過去二度の不快な観劇経験によるものであると明かしている．1回目は1905年冬[6]の北京で見た京劇で，観衆が拍手喝采する中，破天荒にも自慰の場面が演じられているのを目にし，非常な嫌悪感を抱くことになった．2回目は1908年の東京で留日学生による春柳社が演じた『黒奴籲天録』(中国話劇の嚆矢とみなされる)[7]で，劇中の愛国的な長い演説に興ざめした．旧劇の「猥褻」ぶりと，新劇の「教訓」ぶりが，彼をして中国の新旧劇を遠ざけさせた原因となったようだが，この文章を著した動機は，新劇運動の隆盛に期待を寄せているがゆえで，「ひとつ，猥褻に関わらない，ひとつ，寓意は教訓に関わらない」ことを条件に，過去の自身の偏見を修正したいとした．ここで，周作人が旧劇との関係で論じている，忌避すべき「猥褻」(言い換えれば，彼の求める「猥褻」) の中身に触れておきたい．

　周作人は同じく性に関する芝居であっても，「猥褻でない性欲に関する芝居はすべて許容される」と述べている．中国の道徳家は，性欲に関する事柄はおしなべて猥褻だと見なすが，猥褻であるかどうかの基準は性欲の有無にはない，あるのは「厳粛であるか否か」で，「遊戯的に賞玩する」ものを猥褻の真の姿だとした．これに照らせば，例えば世間で礼教に背くと見なされる男女の私情が必ずしも猥褻であるとは限らず，むしろ礼教に合致した蓄妾挟

妓の風流事こそが猥褻にあたる．この猥褻や性に関する問題は周作人が生涯問い続けるテーマのひとつで，民俗学や女性，児童の問題を論じる際にもたびたび言及されている．芝居を論じる際にも重視した要素だったと見てよい．

またもう1点，周作人が芝居を好まなかった理由の中に，旧劇で謡われる音調への違和感があったようで，とりわけ京劇の唱法に抱いた嫌悪感に注目できる．第2の郷里と呼ぶほどに北京の土地柄や風俗を周作人が好んだことはよく知られ，それを題材に取った散文は数多く残されている．だが京劇へ足を運ぶことは皆無に近かった．後に「私のような田舎者はこれまで芝居（原文"戯文"）を観る[8]ことしか知らない」[9]と語る文章で，幼い頃に郷里の紹興で観た芝居を回想しながら，「民衆と同じように話の筋を観ている」自分にとって，京劇のような発達した唱法による歌は聞いてわからないと述べた．後に著した「素人が芝居を語る」（『外行談劇』『亦報』1951年4月4・5日刊）では，その間の事情がより詳しく語られている．

> 私は芝居を聞くことについては全くの素人である．たとえ過去にそうした芝居を観たことはあっても．ここでいう「観る」と「聞く」には違いがあり，「聞く」のは北京式で，「観る」のは田舎式である．「聞く」のは玄人であり，「観る」のは一般の素人がすることである．田舎には次のような俗語がある．「セリフはたとえ偽りであっても，話の筋は真実である．」話の筋は動作やセリフで表現されるもので，それは観る必要がある．たとえ歌を聞く必要があるとはいっても，聞いて理解する必要があるのであって，ただ音を聞くものではないのだ[10]．

周作人が紹興で目にした芝居（「紹劇」）は，観衆は農民で，上演場所も農村だった．舞台が廟や広場に設けられる野外劇で，銅鑼や楽器の喧騒も気にならない．水郷の街にふさわしく，川べりに舞台が設けられることもあり，郷土色の色濃い観劇風景は，兄魯迅が著した小説「宮芝居」[11]に詳しい．紹劇は一般に，「歌調の豪快激越で，表現の簡明鮮烈なところ」[12]に大きな

特色があるとされ，歌も多く謡われたが，独特の節回しを醍醐味とする京劇[13]とは異なる．周作人は同じ「歌」であっても，一方は受け入れ，もう一方は拒絶した，その理由はどこにあるのか．そもそも，歌謡自体に対する関心という意味では，周作人はもともと非常に強いものを持っていた．

周作人は西洋の学問思想を幅広く吸収した日本留学期（1906～11年）に，自身の国民文学観を形成した．帰国後，紹興でまず童謡の収集を呼びかけているが，そうした歌謡収集の仕事を通じて，彼は国民文学，さらには「国民（nation）」の形成を目指していく．収集する歌謡の中には，「猥褻な歌謡」も含まれた[14]．周作人にとって歌謡（「民の声」や「心の声」と表現された）はまさに，国民精神そのものであり，国民文学の源泉だった．だが実際に「民の声」として収集された歌謡は芝居の影響を受けたものが多く，似て非なるそれを歌謡として認めるか否かは，文人の間でたびたび議題に上った．自身の歌謡観と現実の歌謡とのギャップに苦しんだ周作人は，民俗学資料としての価値に重心を置くことで，歌謡の収集を継続させた．そうした経緯を踏まえれば，農民の素朴な歌が謡われた紹劇を好み，一方で，文飾や人工美が施された京劇に親しめなかったことは，むしろ自然の流れだったと言える．

「私の観劇経験は，宮芝居をもとにしている」（「素人が芝居を語る」）周作人にとって，芝居と言えば，幼い頃，郷里の紹興で親しんだ「目連戯」（祖霊や亡魂の済度を行なうもの，『目連戯』のみを演じる）や，「大戯」（村々に災難をもたらす怨鬼の済度を行なうもの，家庭劇に『目連戯』中の鬼魂劇を挿んで演じる）に代表される類のものだった．周作人はとりわけ目連戯に対して，並々ならぬ関心を寄せていた．目連戯とはいったいいかなるものか．

目連戯の起源は『仏説盂蘭盆経』（西晋・竺法護訳）の目連救母の物語に遡り，その内容は次のようなものである．

仏陀のもとで修行し神通力を得た目連が，父母の養育の恩に報いようとした時，母（青提）はすでに亡く，しかも餓鬼道に堕ちて餓えに喘いでいた．目連が母のもとへ行き，鉢に飯を盛り差し出すも，飯は火に変わって母は食べることができない．目連は再び仏陀に教えを乞うと，仏陀は，母親は現世

の罪が深いために罰を受けており，目連の孝心でも救うことはかなわない，7月15日の盆に集う多くの僧に盂蘭盆の供養を行なえば救われよう，と説いた．はたして，目連は母親を餓鬼の苦しみから救い出すことができるのだった．これはまた，「盂蘭盆会」の由来でもある[15]．

目連戯は本来，生死輪廻，因果応報を謳った「勧善劇」であるが，時代が下るにつれて，目連救母の物語と関係のない鬼魂劇（寸劇）が多く挿入されていく．これを鬼（亡者，鬼魂）に観せて辟邪平安を祈願しようという意味合いを伴っていた．鬼魂劇は紹興地方の目連戯の重要な特徴でもあり，後に目連戯自体との関係が無くなり，観取り狂言として独立したものまである．それらに関しては，魯迅が散文「無常」[16]や雑文「女吊」[17]で紹介しており，魯迅は挿入劇というユーモアたっぷりの民衆芸術を，「これこそ本当の，農民と職人による作品である」[18]と称えた．魯迅と同じく，周作人も地方色の色濃い郷里の芝居に触れて幼少年期を過ごしており，兄と同様に目連戯への愛着が深かった．

周作人が紹興の目連戯を論じた「目連戯を談ず」（「談目連戯」『語絲』15期，1925年2月）は，1923年2月に書かれており，旧劇に関する3つ目の文章にあたる．周作人は目連戯を次のように回想している．

> （目連戯は……筆者注）純粋なる民衆のためのもので，演じられるのは一つ，すなわち『目連救母』であり，用いられるのは方言土語で，服装はどれも粗末で古汚い．ゆえに衣装道具の劣る芝居一座を俗に「目連行頭」（「行頭」は舞台衣装の意味……筆者注）と言う．演じ手は素人役者で，たいていは水郷の農夫だが，大工，左官，船頭，駕籠かきといった人も含まれ，臨時の一座を組織して，秋の風が吹く頃には解散し，めいめいの稼業に戻っていった．（周作人「目連戯を談ず」）[19]

引用した文章から，素人役者による独特な地方劇だった目連戯の特徴を読み取ることができる．その内容に関して，「観衆が最も興味を示したのもこの

部分であろう」と指摘するのは，劇の大部分を占めた滑稽な場面で，先の鬼魂劇も含まれた．目連戯の滑稽さに対して，周作人は次のように述べている．

> これらの滑稽さはむろん，さほど「高雅」なものではないが，多くが壮健であり，学者のもったいぶったものとは異なる．民衆の滑稽趣味の特色であると言ってよい．目連戯を最初から最後まで一度観れば，多くの民間の趣向と思想を理解することができる．これは原始的なものが多いとはいえ，実際には国民性の一部であり，我々の趣味思想と関係がないとは決して言えない．よって知ることもとても有益である．（周作人「目連戯を談ず」）[20]

周作人は，中国の旧劇は「存在価値がない」と断じた「中国旧劇を廃止すべきを論ず」において，原始的，宗教的といった要素を持つ野蛮状態のままでは，人類文化が「退化衰亡」するという危惧を抱いていた．だが，周作人が目連戯を論じた時の筆法はそれとは異なり，民間思想の特徴として「理解する」姿勢をそなえ，自らの趣味思想との関連性を示唆した．ひいては，フレーザーが野蛮生活の研究を提唱していることを紹介し，目連戯に代表される民間生活の研究の必要を訴えるに至る．以上の過程を経て，周作人は旧劇に関するまとまった文章の4つ目，「中国演劇の三つの道」（「中国戯劇的三条路」『東方雑誌』21巻2号，1924年1月）を著し，独特な旧劇改良案を提示した．彼は旧劇の改良を考案する際，理想とする芝居があり，そこに目連戯に代表される宮芝居が生かされていく．次節で詳しく見ていこう．

3．旧劇改良に関する3つの案

「中国演劇の三つの道」は，旧劇論争に一応の終止符を打った周作人が，再び中国の新旧演劇に対して，進むべき3つの道を示した文章であり，彼の

演劇観が集成されたものである．まず「中国では現在，新劇が提唱されており，それはむろん喜ばしいことである．だが，だからといって旧劇がたちまち消滅すると言えば，早計に過ぎるを免れない．」と述べ，新劇提唱者に対して，旧劇に取って代わろうなどという考えを持つべきでないという見解を示した．なぜなら，「新劇が興ったところで，旧劇が消えるものでは決してない．正しい方法は，それぞれが自分の道を進むというもので，互いに争う必要がない．」そもそも，新旧劇の両者が互いの領域を侵したり，調和し合ったりできる性質のものではないからという理由だった．では新旧劇がそれぞれ存在していくためにはいかにすべきか，周作人が提案した中国の演劇の進むべき3つの道とは次のようなものだった．

1. 純粋な新劇……少数の芸術的趣味を持つ人の為につくる．
2. 純粋な旧劇……少数の研究者の為につくる．
3. 改良した旧劇……大多数の観衆の為につくる．

まず1つ目に関して．小劇場を使用して，有志による団体を組織し，自作自演（翻訳も含む）で非公開にする．つまり観衆は会員に限られ，その内容は伝統や社会心理とは無縁に，自分たちの趣味的指向に従うこと．他の演劇とは異なり，非営利的，非教訓的であることを守ること．将来的に小団体が増え互いに連携したとしても，一大勢力を築くには至らない，なぜなら「新しい芸術が民衆に打ち勝つことは決してない」という「永遠不変の事実」があるからだった．「西洋式の演劇は，'五四'新文化人の視野にもとより入っていなかった」[21]という指摘がある通り，周作人は新劇の提唱を歓迎してはいるものの，限定的なものとしてその存在を認めるという立場に立った．西洋近代劇の提唱はすでにしていたが，無前提に受容して良いと考えたわけではない．では，かつて「存在価値がない」と見なした旧劇に対してはどんな道があると考えたのだろうか．

周作人は旧劇を，「純粋な」ものと，「改良した」ものに区別した．まず前

者について，旧形式の完全なる保存を謳い，学者の研究に資するべきことを提唱した．新劇と同様に小劇場の使用と非公開を原則とし，観衆も学者・芸術家などに限定した．かつての野蛮なる旧劇という視点は変わらないものの，「中国の旧劇には長い歴史があり，一夜にして速成されたものではない．そこには民族思想が反映されており，研究に十分供するところがある」と見なし，研究資料としての存在価値を明確化した（生命の危険を冒す「技芸」はやはり廃止すべき対象とした）．旧劇の完全保存の必要を説くが，有識者の為のものであって，「大衆」に公開することはあってならない．では「大衆」の為の芝居はどうするのか．そこで3つ目，旧劇の改良を提唱する．

「三つ目の旧劇を改良したものとは，すなわち大衆の為につくるもので，旧劇を基に，消極的な改良を加えたもの．いわゆる改良劇とは異なる．」周作人は，「旧劇に含まれる不合理，美観を損なう部分を改める」といった，淘汰の作用を重視し，「固有の精神」は破壊せず，あるいは復旧させてしかるべき部分もあるとした．「不合理，美観を損なう部分」には，「猥褻」「教訓」も含まれた．自ら，「4, 5年前旧劇に反対し，禁止すべきだと考えたが，最近注意深く考えたところ，この種の理想は永遠に事実と一致しないことを知り，改良する方法に思い至った」と吐露しており，かつての中国旧劇を廃止して西洋近代劇を提唱するといった理想的な見取り図を修正した．個人的な意見ではあるとしながらも，中国旧劇には「古劇」と「民衆劇」の2種があり，上演にあたって都市ならば劇場を使っても良いが（舞台装置を西洋式に改変する必要はない），重要なのは農村で，廟や野外での上演こそ，景観に合い，情趣に富み，民間の生活にふさわしいと述べた．周作人が農村の芝居を語る拠り所としたのは，紹興で幼い頃目にした野外劇や水上劇（宮芝居）で，思い返すも独特な趣があったと好ましく語っている．さらに，農民にとって芝居のもつ意味合いを次のように語った．

農家の習慣によれば，芝居は娯楽であるばかりでなく，一種の儀礼であり，一年の生活における転換点である．彼らの暮らしと収入では劇場に

行くことは許されないが，一年に一回以上の芝居の上演は，彼らの生活において不可欠のものである．（周作人「中国演劇の三つの道」）[22]

引用した内容を見れば，旧劇廃止を唱えた当時と比較して，民間の生活やそこに住まう人々，および彼らの風俗習慣を野蛮視する視点は希薄である．また農民と交わした会話から，芝居を禁じてしまえば，彼らは歴史的な知識，ひいては人生の楽しさを得る術を失うこと，代わってバーナード・ショーやイプセンを見せても彼らの欲求は満たされないことを指摘した．よって制限付きではあるが，民衆が必要とする芝居（旧劇）を消滅させてはならないこと，その為に改良を以て盛んにすべきだという結論を導いた．中国の演劇が進むべき3つの方向の中で，3つ目の改良した芝居に対する思い入れがひときわ強いことがうかがわれる．だが旧劇に対する保存や改良といった手法は，西洋の近代劇提唱といった方向性からは伝統回帰の意味合いを含み，時代の流れに照らせば「後退」している観も否定できない．周作人は同じ頃に著した「地方と文芸」（「地方与文芸」杭州『之江日報』1923年3月22日）の中で，それに関連した内容を述べている．

「地方と文芸」の中で，周作人は風土と住民の密接な関係は各国文学に反映され，独特な特色を帯びることを論じている．中国で郷土芸術を称賛すれば，たちまち伝統主義や国粋主義を疑われることがあるが，自分はそうではないと断り，むしろそうした要素が「新たな」国民文学の創出を促すであろうと結んでいる．そもそも，「文学者は，たとえ自分の芸術を民衆に理解してもらいたいと望んだとしても，自分の芸術を民衆に合わせる必要はない」（「詩の効用」）[23]という言葉に顕著なように，周作人は文芸の享受者の標準を民間に合わせる（具体的には農民に理解可能な思想や言語を以て作る）ことを望んでいるわけではない．その立場は旧劇を改良する際も同様だったが，自分の理想が「事実と一致しない」現実も一方にあった．自身の経験から，民間における芝居の存在の大きさを知っていた彼は，旧劇のすべてを受容することはできなくとも，文明に対峙するものとしてとらえるのではなく，改良と

いう手法でアプローチする方法を考案したと言える．そうであれば，伝統回帰といった評価で彼の仕事を括ることは困難であり，むしろ民俗，民間への理解の試みだったととらえることができるであろう．彼の理解する民衆がたとえ現実の民衆とどれほど隔たりがあろうとも，「社会的作用」をもたらすと信じて取り組んだ旧劇改良案の提唱は，士大夫階級に属する周作人にとって，想像以上に困難を伴うものだったと言える．

　以上の過程は，彼の民俗学に関わる仕事の一環だったことをすでに触れたが，周作人が民衆に対する視座を得ていく同じ頃に著した作品の中に，わずか700字あまりの短編小説「村の芝居一座」(「村裏的戯班子」『駱駝草』5期，1930年6月）がある．小説の執筆は決して多くない周作人が題材に取ったのはタイトルに表れている通り，旧劇だった．水郷と思われる農村で野外劇を観に行く主人公（農民）の語りや視線は，おそらく彼が目にした宮芝居を基にしており，風情ある筆致で描かれた世界は郷里の紹興そのものである．主人公が観る芝居が改良したものかは読み取れないが，廃止すべき危険な「技芸」も披露され，なんら手を加えた芝居のようには感じられない．ただ，農民と芝居のある日常生活が淡々と描かれている．旧劇の廃止を唱え，その改良を講じた後，彼の視線は旧劇を享受する農民と彼らの生活へと向けられていた点に注目すれば，「村の芝居一座」は芝居をめぐる一連の営みを経てたどり着いた境地（すなわち，民間のありのままの姿をうつすこと）を探る手がかりを与えてくれよう．

おわりに

　周作人は後年，芝居の中でも「歴史もの」が民衆の娯楽と教育において重要であると説いた文章の中で，芝居の上演が禁じられて嘆く農民の声に耳を傾けた当時を，以下のように回想している．

民国初年（1912年），田舎に住んでいた時，ある農民が，政府が民間の芝居を禁止したことを嘆いているのを耳にした．曰く，それじゃ自分たちはどこから昔から言い伝えられてきた言葉を知ることができるんだ，と．言い換えれば，どこから歴史を知ることができるのか，ということだ．この言葉が私を大いに刺激した．第一に，自分と民衆の思想がこれほど隔たっており，彼らのそうした意見に思い至れなかったと感じた．第二に，民衆がこれほど歴史を大切にしていたことだ．彼は，芝居の上演禁止により，休息と娯楽の機会を奪われたと言ったわけではないが，特に歴史を重んじていたことは，私にとってはまさにひとつの大きな教訓だった．（周作人「歴史劇」）[24]

続けて，「正真正銘の中国人である」彼ら農民（原文は"老百姓"）は，土地や伝統を守って懸命に生きていること，教育を受ける環境に置かれてはいないながらも，芝居から少しの知識を得ていることを述べ，芝居を禁じられた彼らの境遇がいかに悲哀に満ちたものかと嘆いている．

中国ではかつて，文字や学問を拠り所にする士大夫階級と，文字を持たない民衆は全く別の世界にいた（そうした階級差は，現在に至るも基本的に変わらない）．文字や書物と無縁の民衆が，自ら文字を用いて創作に参加することは困難でも，彼らには彼らの文芸があった．それが通俗文学である．通俗文学は，民衆が享受するものであり，また民衆の求めに応じて彼ら自身が創作過程に参与することが可能なものだった．そうして形成された民衆文芸の世界観は，四書五経といった中国の文学世界とは一線を画するもので，伝統的な文学観からは軽視されることが多かった．同じく伝統的知識人だが，自らとは無縁と切り離された民衆文芸に対して，理解することの必要を説いた．それが周作人だった．

中国において「国民文学」の形成の重要性に気づいていた周作人は，国民の中に民衆の存在を認め，彼らなくして国民性を理解することはできないことを論じた．だが民衆との接点に乏しい知識人である周作人が，民衆を理解

する術を持ち合わせていないことも事実だった．周作人は民衆を想像しながら，また時に彼らを理想化しながら，彼らとの接点を模索するしかなかった．幸いにも周作人が幼い頃に接した郷里の芝居は，民衆の世界観そのものであり，彼は芝居を通じて民衆像の一端を形成したと言えるだろう．芝居に対する見解が二転三転しているのは，その試みが決して容易なことではなかったことを表しており，その後も芝居への言及を止めることはなかった．「新たな」国民文学の創出の為に，芝居を通じた民衆に対するアプローチは周作人において不可欠な仕事だったと言える．

【文末資料】周作人．民俗学関連書購読年表（1926-1930年，『周作人日記』[25]）より）
1926
4.12　黄金のロバ（アプレイウス）
8. 2　Mythology（Jane Ellen Harrison）（「希臘神話引言」の題で序文を訳す）
8.19　狂言（翻訳する．8.20, 918）
9.13　捜神大全
9.26　狂言10冊
*1926年書目
　　1月　近世生活と国文学（麻生磯次），醒雪遺稿（佐々政一），俗曲評釈ノ上方唄（佐々政一），川柳吉原志（佐々政一，西原柳雨），児歌之起源与歴史（Bet）
　　2月　神道（アストン），有史以前の日本（鳥居龍蔵），支那南北記（木下杢太郎），江戸軟派雑考（尾崎久弥），浮世絵と頽廃派（尾崎久弥），東洋美術史（大村西崖）
　　3月　小唄研究（湯朝竹山人），長唄全集一（春陽堂），川柳江戸名物（西原柳雨）
　　4月　人麿と其歌（樋口功）
　　5月　日本歌謡史（高野辰之），日本先住民の研究（大野雲外），教育上之遊戯（リー）
　　6月　Studies in Frankness（Charles Whibley），性的病理（クラフト・エビング），南方随筆（南方熊楠）
　　7月　南方閑話（南方熊楠），江戸伝説（佐藤隆三），小説より見たる支那国民性（安岡秀夫），Greek Religion and its Survivals（Walter Woodburn Hyde, Our debt to Greece and Rome），名曲選（高野辰之），日本童話の新研究（中田千畝），土俗私考（中山太郎），恋愛と性の伝説（澤田順次郎），Greek Ethical Thought from Homer to the Stoics（Hilda Diana Oakeley），Greek Social Life（Frederick Adam Wright）
　　8月　享和句帳（小林一茶）
　　9月　日本演劇の研究（高野辰之），実名敬避俗研究（穂積陳重），九番日記其他（小

16

林一茶）

10月　日本民謡の研究（高野辰之），小唄漫考（湯朝竹山人），小唄全集（湯朝竹山人），川柳日本俗説史（松村範三），日本風俗史要（坂本健一），はやり唄と小唄（藤沢衛彦）

11月　瓦版のはやり唄（三田村鳶魚），Reminiscence of a Student's Life (Jane Ellen Harrison), Ancient Art and Ritual (Jane Ellen Harrison), Mythology (Jane Ellen Harrison), 日本精神史研究（和辻哲郎）

12月　謡曲五十番（芳賀矢一），狂言五十番（芳賀矢一）

1927

*1927年書目

1月　続南方随筆（南方熊楠），恋愛の理学（グールモン）

2月　Greek and Roman Mythology (Jessie May Tatlock), Pageant of Greece (R. M. Livingstone), Totem and Taboo (S. Freud), 人類学上より見たる西南支那（鳥居龍蔵），川柳吉原志（西原柳南），Masterpieces of Chikamatsu (translated by Miyamori)

3月　上代の東京と其周囲（鳥居龍蔵）

4月　Lectures on the History of Early Kingship (Frazer), Golden Bough, in one vol. (Frazer), Life in Medieval University (Rait), 謡曲と元曲（七理重恵），Sex Expression in Literature (Caverton), 川柳江戸歌舞伎（西原柳雨），民謡小唄新釈（松村英一），Short History of Marriage (Westermarck), 享保の改革と柳樽の改板（岡田朝太郎）

5月　Jesus a Myth (Georg Brandes), Havelock Ellis (Issaac Goldberg), 誹風柳樽全集（饗庭篁村編）

6月　日本民謡選集（霜田史光），山の民謡　海の民謡（松川二郎），俳風柳樽通釈三（武笠三椒），Our Hellenic Heritage, 2 vols. (James)

7月　民謡をたづねて（松川二郎）

8月　The Perfumed Garden (Sheykh Nefzawi, translated by Sir Richard F. Burton), 近松物二篇（岩波文庫），連句入門（籾未仁三郎），Themis (Jane Ellen Harrison), Studies in Greek Scenery etc. (Frazer), Hesiod et Homeric Hymns (Loeb Classical Library)

9月　Iliad (Homeros, translated by Butcher, Lang and Myers), Evolution of Women (Johnson), Letters to Dead Authors (Andrew Lang), The Woman (A. B. Bauer), Old Friends (Andrew Lang), Books of Bookman (Andrew Lang), 近松世話浄瑠璃詳解一（高野斑山），日本民謡全集續編（前田林外），おしゃぶり（有坂与太郎）

10月　猥談（坂田俊夫），近松詞章の研究（近藤順三），新川柳一万句集（川上三太郎），Modern Traits in Old Greek Life (C. B. Gulick), Religion of Ancient Greece (T. Zielinski)

第1章　旧劇観に見る周作人の民俗世界　17

11月　日本原始繪画（高橋健白），Greek Theater & its Drama（R. Flickinger）
12月　カーマスートラ（印度学會），民俗断篇（西村眞次），Greek & Roman Folklore（W. R. Halliday），Greek Later Religion（E. Bevan），History of Greek Religion（M. P. Nilsson），Five Stages of Greek Religion（G. Murray），Religion of Ancient Greece（J. E. Harrison），Ancient Hebrew Literature（Vols II & III），阿波の狸の話（笠井新也），老慍夜譚（佐々木喜善）

1928

日記欠

1929

1. 5　Medicine, Magic & Religion（W. H. R. Rivers）
1. 7　ファブル昆虫記四
1. 8　校本風俗文選（岩波文庫），グリム童話之一（金田鬼一訳）
1.14　From Magic to Science（C. Singer），おしゃぶり（古代篇），おしゃぶり（東京篇）
1.17　私の今昔物語（岩波小波）
1.18　Religion of Science（Ch. Singer，贈紹原），English Folklore（A. R. Wright）
2. 1　江戸時代の川柳と吉原（佐藤紫弦），歌沢端唄集（湯朝竹山人），畫本柳樽另本
2. 4　Gredichte der Medizin（M-Steineg & Sudhoff, 2. 25　寄贈紹原）
2. 7　ファブル昆虫記四
2. 9　江戸時代文学序説（石田元季），艸双紙のいろいろ（石田元季）
2.13　以"從法術至科学" 1冊託巽伯帶交紹原
2.16　Jewish Children（Sholom Aleichem）
2.18　川柳から見たユウモアの日本（松村範三），Essays in War Time（H. Ellis），Philosophy of Conflict（H. Ellis）
2.23　雪國の春（柳田國男）
2.24　Ancient Science（J. L. Heiberg, 贈紹原）
2.28　借給田聰君"石榴之家"（Oscar Wilde）1冊
3. 1　Handbook of Greek Mythology（H. J. Rose），Mythology（E. Grangger）
3. 9　川柳女性壱萬句（近藤飴ン坊）
3.15　グリム童話集二（金田鬼一），近世封建社会の研究（本庄栄次郎）
3.16　Folk-medicine（W. G. Black）
3.20　寄贈紹原 Folk-medicine 1本
3.23　支那戯曲研究（久保天随, 3.24　贈隅郷）
3.24　宋人話本八種1冊
3.29　日本薬業史（池田嘯風）
4. 2　游山窟2本（贈隅郷）
4. 5　祭礼と世間（柳田國男），方言採集手帖（東條操）
4. 6　共若子往平安看錦鶏團戯，Sex Expression in Literature 第二次（V. F. Calverton），茶の本（岡倉覚三）

4.18　古笑史
4.19　4000 Years of Pharmacy (C. H. Lawall)
4.21　蒙古童話集
4.25　ABC Guide to Mythology (H. A. Clarke)
5. 6　現代医学大辞典　第 1 回分　共 18 冊
5. 9　共宴頡剛建功（6.24), Greek and Roman Mythology (W. S. Fox)
5.13　古希臘風俗鑑（矢野目源一訳，6.6 贈鳳舉，6.9）
5.17　Gulliver's Travels (Swift)
5.20　民謠童謠論（高野辰之）
5.22　草木虫魚（薄田泣菫）
5.26　繪本柳樽（名著文庫）
5.29　Studies of Savages & Sex (Ernest Crawley), Art of Life, Selection (Havelock Ellis, 5.31 贈鳳舉）
5.31　Witch-Craft in Western Europe (M. C. Murray), Greek Biology of Medicine (C. Singer, 6.2 贈紹原，6.13）
6. 6　日本演劇の起源（呉文炳）
6.12　アリレス國辞彙（外骨）
6.13　Greek Biology & Medicine (Charles Singer)
6.20　新川柳分類一萬句，慶安五年刻游山窟（一六五二）永暦六，順治九
6.27　The Mystic Rose, 2 vols (E. Crawley), The Origin & Development of the Moral Ideas, 2 Vols (E. Westermark)
6.30　The Psychology of Religion (G. A. Coe), 愛の魔術（酒井潔）
7.19　民謠の今と昔（柳田國男）
7.24　諺の研究（藤井乙男）
　　　丸善注文，人，神与不死（フレーザー）8.17
8. 2　現代口語歌集（花岡謙二），グリム童話集三・四（金田鬼一訳）
8.12　諸國童謠大全（6 円，春陽堂）
　　　寄季茾書二包内永日集一本又関于児童之英日文書 3 本
8.14　Children's Toys of Bygone Days (K. Gröber, 35s.)
8.17　Man, God & Immortality (J. G. Frazer, 15s.)
8.18　聊斎文 1 冊
8.22　History of the Devil (R. L. Thomson, 7.6, 8.23)
8.24　Ideal Marriage (T. H. van de Velde, 25s., 8.25)
8.31　艶史叢鈔一部（9.2, 3）
9.15　Religion & Science (CH. Singer, 10.20), Early Chiristianity & Its Rivals (G. H. Box), Man in Its Making (R. R. Marett)
9.16　原始民俗假面考（南江一郎）
9.23　Primitive Law (E. S. Hartland), Primitive Culture in Greece (H. J. Rose), Primitive

第 1 章　旧劇観に見る周作人の民俗世界　19

　　　　Culture in Italy（H. J. Rose）
　9.30　プラトン 1 本
　10. 1　Essays in Criticism（Arnold, ed. by L. Smith）
　10. 2　川柳漫談（麻生路郎）
　10. 5　游山窟抄 2 冊，本草和名 2 冊（10. 7 贈建功）
　10. 8　Witch-craft in Old & New England（G. L. Kittredge）
　10.20　希臘神話（Tatlock）
　11.16　羅生門の鬼（島津久基），Mysteries of Britain（L. Spence）
　12. 2　俳句評釋（内藤鳴雪）
　12. 5　Some Fascinating Women of Renaissance（G. Portigliotti）
　12.16　Handbook of Classical Mythology（Howe & Harrer）
　12.26　朝？劉本剪灯新話
　12.30　Rablais（Anatole France, ed. by E. Bogl），連俳史（樋口功），風俗文選通釋（藤井業影訂）

　1930
　1.10　千夜一夜　完訳アラビアンナイト（大宅壮一他訳，バートン版）（第 1 冊，中央公論社刊，共 12 冊）
　1.17　Affirmation（Havelock Ellis），漢薬写真集成（第 1 輯）
　1.18　現代名歌評釈（杉村英一）
　1.25　Primitive Ritual（E. O. Tames），絵入川柳（柳樽）
　1.29　Are We Civilized?（R. H Lowie）
　2. 6　端唄大全（山崎青雨），觀音経講話（清水谷恭順）
　2.13　禅林僧宝傳
　2.14　New Spirit（Havelock Ellis）
　2.15　越先賢家賛一部
　2.23　小乗戒より大乗戒へ（松本文三郎，開始訳文，3. 24-26）
　3. 3　越人詩集 7 種
　3. 5　Greek Medicine（A. T. Brock）
　3.11　Vampire His Kith & Kin（M. Summers），Golden Legends（7 vols），Cupid & Psyche（Apuleius, Latin & English）
　3.17　Der Teufel der Sittlichkeit（G. du Four）
　3.19　（訂）風教雲箋一部
　3.22　Marriage & Morals（Bertrand Russell）
　3.27　半農所編俗字譜 1 本
　3.28　Natural History of Selbourne（G. White）
　3.30　The Black Death（G. G. Coulton），Marriage（E. Westermarck）
　3.31　Ancient Science（J. L. Heiberg）
　4. 3　歌謡史（往燕大以歌謡史等 2 冊借），かくし言葉の字引（宮本光玄），世界美

術全集第 4 冊另本
4. 8　Decameron (Boccaccio, tr. by Rigg)
4.11　Sappho of the Island of Lesbos (M. M. Patrick), The Sex of its Mystery (Henry Bett)
4.13　Sex in Civilization (ed. by Caverlton & Schmalhausen)
4.20　Ellis 伝兩冊（啓無来借去）
4.21　芭蕉の連句（樋口功），川柳や狂句に見えた外来語（外骨），七番日記 2 冊（一茶）
4.21　海南小記（柳田國男），医制五十年史（内務省）
4.27　作文（水裡的東西）
4.30　Dance of Life (Havelock Ellis, M. L.)
5. 2　上午往北大往訪百年談研究討民俗学会事
5. 6　古代日本人の世界観（城戸幡太郎）
5.12　重装明文奇艶五本一套（存三至十二巻，5.13 目録）
5.17　Great essays of all nations (ed. by F. H. Pritchard)
5.18　希臘医学（重出，贈紹原）
5.21　日本民藝品図録
6. 5　東亜文化の黎明（濱田青陵）
7.11　Child's Attitudes in Life (C. W. Kimmins)
7.14　変態崇拝史（斎藤昌三）
8.29　ファブル昆虫記七（全集十二冊之一）
9.15　ファブル伝 1 冊，昆虫記 4 冊
9.28　雅歌 1 冊
10. 6　張刻本草網目一部 40 本
10.20　科学の詩人（1 冊），江戸文学史（永井孝一），明治文学史（永井孝一）
10.23　俳諧歴代選（藤原蘿月），俳句入門（高濱霊子），川柳手習（岸本水府）
11. 1　日本性的風俗辞典（佐藤紅霞）
11. 9　駱駝草擬出至二六期止即停刊
11.14　日本俗曲通（中内蝶二），果物通（斎藤義政）
12.11　迷魂録（森鷗外）
12.13　Ballads of All Nations (H. B. Johnson, ed.)
12.30　The Science of Folklore (A. H. Krappe)

（附記）
・本年表は，拙著（2010）「周作人と柳田国男―それぞれの民俗学」（『人文研紀要』中央大学人文科学研究所第 69 号），拙著（2012）「周作人と A. ラング―童話への理解」（斎藤道彦編『中国への多角的アプローチ』中央大学政策文化総合研究所研究叢書 13，中央大学出版部，所収）に付した年表の続編である．
・なお，本年表作成にあたり根岸宗一郎氏の協力を得た．ここに記して感謝したい．

1) 周作人（1932. 2. 29 北京大学国文系における文学講演，1933. 4 掲載）「関於通俗文学」（『現代』2-6）．原文「至于通俗文学，民衆読了，其思想自然会発生一种変化，所以我們当有深切的主意才好，這様，才可以看出中国人的大部分的思想来．」
2) 『新青年』で展開された旧劇論争に関して，張鑫（2012）「重審五四時期≪新青年≫雑誌上的旧劇論争」（『中国現代文学研究叢刊』2012-1）参照．
3) 先行研究として，波多野真矢（2001. 12）「周作人と京劇―その京劇観の変遷」（『国学院中国学会報』47），呉紅華（2002. 9）「周作人的旧劇改良観―『目連戯』の改良を中心として」（『季刊中国』70），周登宇（2002. 8）「民衆立場上的旧劇観―周作人論」（『石油大学学報・社会科学版』18-4），呉仁援（2006）「"民間"在周作人的戯劇視野中」（『戯劇芸術』132），張鴻声，祁洋波（2008）「周氏兄弟的戯劇観与戯劇家斉如山」（『中国現代文学研究叢刊』2008-6）などがある．
4) 原文「野蛮是尚未文明的民族，正同尚未长成的小孩一般；文明国的古代，就同少壮的人経過的儿時一般，也是野蛮社会時代，中国的戯，因此也不免得一个野蛮的名称．」
5) 周作人の取り組んだ民俗学の仕事に関しては，拙著（2008）『近代中国における民俗学の系譜―国民・民衆・知識人』東京：御茶の水書房，参照．
6) 原文は「1906 年冬」とあるが，当時すでに日本留学中の為，本人の記憶違い．『周作人日記』をみれば，1905 年冬であることがわかる．
7) 瀬戸宏（2005）『中国話劇成立史研究』東京：東方書店，45 頁．
8) 中国語で芝居を観ることを著すタームには他に，「聴戯」（芝居を聞く）がある．中国の芝居が歌を中心とすることをよく示している．
9) 周作人（1950. 4）「佩服老戯文」『亦報』1950. 4. 19．
10) 周作人（1951. 4）「外行談戯」『亦報』1951. 4. 4-5．原文「我对于听戯全是外行，虽然从前也看过这些戯文．这里看与听很有分别，听是京式，看是乡下式，听是内行人之事，看則是属于一般外行人的．乡间有一句俗话，説戯文虽假，情节是真，这情节是在举动説白上表現出来的，这用得着看，虽然也要听，却要听得懂话，不是光听声音．」
11) 魯迅（1922. 12）「社戯」『小説月報』13 巻 12 号，『吶喊』所収．
12) 裘士雄・黄中海・張達観著，木山英雄訳（1990）『魯迅の紹興―江南古城の風俗誌』東京：岩波書店，195 頁．
13) 樋泉克夫は「京劇を一言で表現するなら，やはり役者の喉を聞かせる文戯（歌劇）である．」と指摘する．樋泉克夫（1995）『京劇と中国人』新潮選書：東京，44 頁．
14) 詳細は拙著（2008）『近代中国における民俗学の系譜―国民・民衆・知識人』東京：御茶の水書房，第二章参照．
15) 紹興地方の芝居や『目連戯』に関して，裘士雄・黄中海・張達観著，木山英雄訳（1990）『魯迅の紹興―江南古城の風俗誌』東京：岩波書店，丸尾常喜（1993）『魯迅「人」「鬼」の葛藤』東京：岩波書店，参照．

16) 魯迅（1926.7）「無常」『莽原』半月刊 1-13,『朝花夕拾』所収.
17) 魯迅「女吊」（1936.10）『中流』半月刊 1-3,『且介亭雑文末編』所収.
18) 魯迅（1934. 8, 9）「門外文談」『申報自由談』1934. 8. 24-9. 10,『且介亭雑文』所収.
19) 原文「末后一种为纯民众的, 所演只有一出为, 即"目连救母", 所用言语系道地土话, 所着服装皆极简陋陈旧, 故俗称老衣冠不整为"目连行头"；演戏的人皆非职业的优伶, 大抵系水村的农夫, 也有木工瓦匠舟子轿夫之流混杂其中, 临时组织成班, 到了秋风起时, 便即解散, 各做自己的事去了.」
20) 原文「这些滑稽当然不很"高雅", 然而多是壮健的, 与士流之扭捏的不同, 这可以说是民众的滑稽趣味的特色. 我们如从头至尾的看目连戏一遍, 可以了解不少的民间趣味和思想, 这虽然是原始的为多, 但实在是国民性的一斑, 在我们的趣味思想上并不是绝无关系, 所以我们知道一点也很有益处.」
21) 陳平原（2005）『触摸歴史与進入五四』北京：北京大学出版社, 76 頁.
22) 原文「依照田家的习惯, 演剧不仅是娱乐, 还是一种礼节, 一年生活上的转点；他们的光阴与钱财不容许他们去进剧场, 但一年一次以上的演戏于他们的生活上是不可少的.」
23) 周作人（1923.9）「詩的効用」『自己的園地』北京晨報社.
24) 周作人（1950.1）「歴史劇」『亦報』1950 年 1 月 12 日. 原文「民国初年我住在乡下, 听见一个老百姓慨叹县政府禁止民间演戏, 说道, 那么我们能够从哪里知道一点老话呢, 翻译出来就是说知道一点历史. 这句话使我大受刺激, 第一感觉自己与老百姓的思想有那么间隔, 不能料到他们这种的意见, 第二是老百姓那么的看重历史, 他不说禁止迎会做戏文, 剥夺了他们休息与娱乐的机会, 却着重在那一点上, 这对于我真是一个很大的启示.」
25) 周作人（1996）『周作人日記（影印本）』鄭州：大象出版社.

＊周作人の作品は, 鍾叔河編訂（2009）『周作人散文全集（全 14 巻, 索引）』（桂林：広西師範大学出版社に拠った.

第2章

五・四運動と研究系

原　正人

はじめに

　本章は，近代中国における知識人集団，研究系が五・四運動に及ぼした影響について考察するものである．研究系とは，簡単に言えば，近代中国の言論界において絶大な影響力を持った梁啓超（1873-1929）を精神的リーダーとし，彼と行動をともにした，あるいは大きな影響を受けた知識人群である．筆者はこれまで，張君勱（1887-1969）の個人研究[1]から始まり，続いて彼が属していた「研究系」の位置について分析してきた[2]．その内容については拙著[3]をご参照いただくとして，本章は，拙著において書ききれず，課題として残されていた部分のひとつについて論考を加えるものである．

　筆者はこれまで，研究系をおおむね「知識人集団」という視角からながめてきた．問題意識は，おおむね以下の通りである．

　近代中国においては，西洋の侵略に始まる数々の政治的混乱，西洋や日本の近代化の波，かつては知識人となるための唯一の方法であった科挙の廃止，メディアの発達，海外留学の開始などによって，知識人の位置が大きく揺り動かされることとなった．清末以前の中国において知識人はその多くが「士大夫」，すなわち政治と文化の両方を一手に受け持ったエリート集団であっ

たが，近代になるとより細分化され，様々なタイプの知識人が出現することとなった．

ところが先行研究においては，政治権力からの距離で知識人を定位し，「周縁化された知識人」という観点から論じるものがほとんどであった[4]．近代中国知識人研究をより深めるためには，様々なタイプの知識人を取り上げ，より多くの視点から考察を加えることが必要であると思われるが，筆者のみるところ，大きなメディアや学校などの文化的資源に依拠して言論活動を行なった知識人たちがどのような主張をし，どれほどの影響力を持っていたのかについては，その重要性に比して不当に等閑視されてきた．

そうした中国近代知識人研究における陥穽を埋めるべく，筆者が注目したのが「研究系」[5]（以下，カッコは省略）である．なお，研究系という名称は1916年に結成された憲法研究会にちなんだものであるが，筆者はより長いスパンで考え，時期にかかわらず彼らの人的つながりそのものを「研究系」と称している．

彼らは清末の日本で知り合い，梁を精神的なリーダーとして民国初期に政治，言論活動を行なった．1929年の梁の死後も張君勱らを中心にその人的ネットワークは存続し，1949年以降の台湾を含む中華民国時期にまで言論活動を繰り広げた．それと並行して，抗日戦争時期にはその一部のメンバーが中国国家社会党を結成（1932年）し，いわゆる「第三勢力」として政治活動もさかんに行なっている[6]．

ここで，本章に関わる先行研究の整理をしておこう．なお，研究系全般の研究動向については拙著および拙稿[7]を，さらに五・四運動の先行研究の動向などについては，次節をご参照いただきたい．

過去の研究において，研究系はとかく「政治」的な存在としてとらえられてきた．その最たるものが，「軍閥の御用文人」という評価である．研究系についておそらくもっとも早く言及した研究のひとつである謝暁鐘の著作においては，研究系の特徴として段祺瑞，あるいはその政権を一貫して擁護した，と述べられている[8]．さらに概説書でも，例えば「〔段祺瑞〕内閣にく

わわり，売国の一端をにない，売国にたいする賄賂の分け前にあずかった」[9]といった評価がされている．

　それゆえ，研究系が五・四運動に及ぼした作用については，長きにわたって無視され続けてきたが，2000年代になってようやく検討されるようになってきている．その嚆矢となったのが，張徳旺の論文である[10]．張はこのなかで，主として『時事新報』や『国民公報』，さらには回想録などに依拠して1919年当時の研究系の行動を整理し，積極的な評価を下している．その点ではそれまでの研究と一線を画すとは言えようが，張の研究は史料面での不足に加えて，その結論部分には大きな不満が残る．すなわち，「1．北京政府を操っていた親日派の皖系軍閥およびその手先の極端な孤立を力強く促した」，「2．中国人民の反帝反封建革命闘争の空前の大団結を促した」，「3．中国人民の救亡図強〔亡国を救い強きを図る〕という思想観念の近代的覚醒を推し進めた」[11]．

　ここには，単なる研究上の不足もさることながら，中国共産党式のかつての五・四運動観（後述）がそのまま現れている．つまり，2．では五・四運動をさしたる実証もなしに「反帝反封建革命闘争」とみなしており，3．では新文化運動と五・四運動をいささか単純に結び付けている．後述するように，こうした結論は中国共産党政権の「神話」に安易に与するものでしかない．

　それ以降もいくつか研究系と五・四運動の相互関係を論じた研究が発表されてきたが，いずれも張徳旺の不足を大きく補うものはなかった[12]．さらに梁啓超や林長民といったメンバーにスポットを当てた研究も見られたが，やはり同様の不足がある[13]．

　一方，新文化運動における研究系の役割を分析した研究に，彭鵬のものがある[14]．ただし，この研究は文化史・学術史を中心とした視角からのものであるため，政治活動を描写したものではない．したがって，この著作をもって「五・四運動と研究系」について十全に論じられているとは言えない．言い換えれば，本章は彭の研究を補充し，「研究系と五・四運動」という問題を解決する役割をも果たすと言えよう．

台湾においては，主として政党政治の立場から研究系の思想や行動が論じられてきた．そちらについても拙著を参照していただくとして，かいつまんで言えば，台湾の研究の多くは研究系の政治思想や主張，とりわけ憲政を扱ったもの[15]であり，行動面，とりわけ政治的活動を詳細に分析した研究はいまだに少ない．

　こうした研究状況に鑑み，本章は「研究系が五・四運動にいかなる作用を及ぼしたのか」という問題を解明することをその目的とする．ただし後述するように，本章では五・四運動と新文化運動をあえて別個に考え，本章では前者のみを考察対象としたい．

　ここでもうひとつお断りしなければならないことがある．それは，本章でいう研究系は，今までの筆者の研究でいうそれとはやや異なる，ということである．そもそも，当時「研究系」と呼ばれていた集団は，梁啓超のような入閣を果たすほどの著名知識人から，地方新聞に掲載される暴徒の類まで，様々な人物を指していた．つまり，その成員すらはっきりしない緩やかな集団であり，定義によって対象が異なっていたのである．

　そこで，先ほども述べたように，筆者は一貫して研究系を「知識人集団」ととらえ，梁啓超，張君勱，そして張東蓀（1887-1973）を重視してきた．だが本章の場合，立場こそ「民間」ではあるが，政治的側面をも描写する必要がある．そこで本章では，梁啓超と親しく，研究系の政治的行動を梁と共に率いた林長民[16]にもスポットを当てることにする[17]．当時，林長民は研究系の中でも政治的な野心が強かったと見なされており，実際林は当時多くの政治的活動を行なっていた．その意味では研究系の指導者のひとりであったといえる．本章では，これまでの筆者の見てきた研究系とは少々異なるものとなることが予想されよう．

　本章は以下のような構成をとる．まず予備的議論として「五・四運動」の定義について先行研究の動向をおさえつつ述べた後，政治，外交，思想言論の各側面から，研究系が五・四運動にいかに作用したかについて分析する．最後にそれらをふまえて，研究系の五・四運動への影響，さらには研究系の

性質についてある程度の見通しを立てたい．

1．五・四運動とは何を指すのか

　本章の議論を始めるにあたって，まずは本章における「五・四運動」の定義について述べなければならない．言うまでもなく，五・四運動については，全世界で膨大な研究が発表され続けている[18]．一言に「五・四」といっても様々な観点があるが，主に戦後，中国，台湾の双方で中国共産党，中国国民党のイデオロギー動員に用いられたこともあって，学術界では両党や「人民」の「偉業」ばかりが強調されてきた．その結果，「五・四運動とは何だったのか」という問題がいわば置き去りにされてきた感が否めなかった．

　これに対して，五・四運動像を実証的に再検討しようとしたのが，斎藤道彦を中心とした研究グループである．その中で笠原十九司は，とりわけ中国において「抗日民族統一戦線的五・四運動論」と「新民主主義的五・四運動史像」が形成されてきた過程をたどり，それが日本の学界においてまでも通説化してきたと批判した[19]．さらにそうした議論をふまえて，斎藤道彦は歴史的実態の解明を訴え，五・四運動史像を以下のように規定した．

　　所謂「五・四運動」とは，一般に 1919 年 5 月 4 日の学生運動とそれを起点として全国に広がった大衆運動と解されており，これに新文化運動をも加えて，1915 年前後から 1921 年前後までを「五・四運動期」と呼んでいる．そして，これと 1919 年 5〜6 月の運動昂揚期とを区別するために，一方を「広義の五・四運動期」，他方を「狭義の五・四運動期」と呼んだりしてきている．

　　しかし，「五・四運動」とは，本来，1919 年 5 月 4 日の北京における学生のデモンストレーションを指す言葉であった．狭義の＜運動＞概念から言うなら，「五・四運動」は 5 月 4 日の北京における学生運動と限

定されうる．(中略) ここでは，「五・四運動」という用語は，(1) 1919 年 5 月 4 日学生運動と (2) 1919 年 5 〜 6 月の大衆運動を指す用語と限定するのである[20]．

　知識人の思想史・言論史を中心に研究してきた筆者から見ると，新文化運動と五・四運動をあえて切り離して考えるという斎藤らの議論はかなり大胆であるし，率直に言えば違和感も残る．

　だが，五・四運動が運命的に身にまとった「神話」から脱却し，歴史——思想史も含めて——的な実証性をもって研究するための視角として，この考えは有益であると思わざるを得ないのもまた事実である．また先述したように，知識人による五・四運動の影響を論じるにあたっては，とかく新文化運動時期の言論や主張をそのまま「五・四運動への貢献」へと転化させてしまう研究が多かった．筆者の見るところ，研究系の先行研究においても，先述の彭鵬の研究を筆頭に，同様の傾向が見られる．

　そこで，こうした研究状況をふまえ，本章では，従来の知識人に関する研究ではあまり採用されてこなかったと思われる斎藤らの観点を取り入れる．つまり，本章における「五・四運動」の定義を，斎藤のいう「本来」の意味，すなわち「1919 年 5 月 4 日の北京における学生のデモンストレーション」に限定することにする．こうすることで，可能な限り新文化運動に対する彼らの貢献に引きずられない形で五・四運動における研究系の影響について考察することとしたい．この視点を採用すると新文化運動と五・四運動の緩やかな連続という視点は抜けおちることになるが，本章ではまず後者をめぐる研究系の行動および思想に絞り，研究系における両者の連続性については稿を改めて論じたい．

　次節では，まず五・四運動前後における研究系の政治活動を述べよう．

2. 研究系と五・四運動——政治活動から

2-1　研究系と政治活動略歴

　研究系のメンバーは，過去の研究においてしばしば「政客」[21]と呼ばれてきた．だが，研究系は五・四運動時期には政治の舞台から離れていたため，本来の意味での politician ではなかった．にもかかわらずこのように称されたのは，やはりマイナスの意味，すなわち自らの政治的利益のために権謀術数をめぐらせるという意味からであろう．それが事実かどうかはともかくとして，研究系は政治への意識，さらに言えば参政への意識が高かったことは指摘されてよい．

　五・四運動時期の研究系を論じるまえに，まずはさほど知られていない研究系の政治活動の軌跡について，簡単に振り返っておきたい．

　研究系の政治活動は，清末，1900年代後半の東京に始まる．亡命生活を送っていた梁啓超は立憲君主を鼓吹し，政聞社などの立憲団体を立ち上げた[22]．だがその一方で，他の清国留学生のように政治行動にのみ全精力を傾けるようなことはせず，学術もきわめて重視していた点に特徴があった．従って研究系は，一流の学者でもあり，かつ政治活動も行なっていた知識人団体と定義することができよう[23]．

　梁啓超は政聞社が閉鎖された後，その立憲派の人脈を生かして憲友会，ついで共和建設討論会を結成したが，この2つの組織には後の研究系の主要メンバーとなる孫洪伊，徐仏蘇，湯化龍，林長民，蒲殿俊，林宰平，王敬芳なども名を連ねていたことから，これらの組織は研究系にも通ずるものと言える．

　ただし，こうした組織では国民党と拮抗するような政治組織たり得なかった．そこで梁啓超はいくつかの組織を合併し，1912年8月に民主党を結成するが[24]，1913年の国会議員選挙で民主党は惨敗を喫した．そのため梁啓超

は共和党に加入し，そのうえで民主党・統一党との合併交渉に乗り出し，1913年5月に進歩党を結成した．その結果，進歩党は躍進し，同年7月の熊希齢内閣において梁啓超，張謇，周自斉ら進歩党員が入閣を果たした[25]．さらに内閣が発表した国家構想である「政府大政方針宣言書」がほぼ梁啓超ひとりの手になるに及んで，梁啓超およびそれに近い知識人たちが国家構想にまで影響力を持つ可能性を持つこととなった．

やがて袁世凱の帝制復活への動きがさかんになるが，梁啓超はそれに対して当初は中国を統一する勢力として協力しようとしさえしたが，袁の行動が激しさを増したことにより反袁へと変わり，護国運動に積極的に協力した[26]．

袁世凱の死後，旧進歩党は憲法討論会と憲法研究同志会の2つの派閥に大きく分かれていた．ただ，やはり政治権力として国民党に拮抗し得ないため，1916年8月下旬に両勢力は合併して「憲法研究会」と称した．本章では憲法研究会以前からそのメンバーとなる知識人集団を便宜的に「研究系」と称しているが，正確にはこの憲法研究会が研究系と称される．

張勲の復辟を経て1917年に結成された段祺瑞内閣では，段と近かった研究系の梁啓超，林長民，湯化龍が入閣を果たし，国家の政策を左右できるまでになった．だがそれは長続きせず，4カ月ほどで内閣は総辞職することとなった．翌1918年の選挙において研究系は安福倶楽部との政争に破れ（いわゆる「安福国会」），政治の舞台からの撤退を余儀なくされた[27]．その前後から梁啓超は政治活動をやめようとしていた[28]こともあり，その後の研究系は教育や学術など文化的行動を中心とした知識人集団となってゆくことになる．

2-2　五・四時期における研究系の「政治」活動

このように見ると，研究系は事実上政治の舞台から降ろされてはいたが，五・四運動時期にあっても「政治」への意識が強かったことがわかる．先行研究では，こうした政治的意識の強さと実際の政治的立場の矛盾を，民間の外交活動という形で解決しようとした，と見なされている[29]．確かにそうした一面もあるが，一度政治の舞台に足を踏み入れてしまった研究系の政治的

葛藤やジレンマなども多かったと想像される．実際のところはどうだったのか，後述の「外交」の部分との重複を避けつつ，五・四運動時期の研究系の行動と合わせて見てみよう．なお，本節ではたびたび「政治」という言葉が出てくるが，これは研究系の当時の立場からして，純粋な意味での「政治」ではあり得ない．ここでは，研究系が自らの政治立場を鑑み，論説活動を含めた今までのあらゆるパイプを用いて政治に影響を及ぼそうとする「政治的活動」を意味することに注意されたい．

さて，五・四運動と研究系というとすぐに想起されるのが，林長民が『晨報』上に発表した山東問題をめぐる論説である[30]．まずはこの一連の論説をめぐる研究系の動きを見てみよう．

研究系は，林長民が中心となって，パリ講和会議前後に様々な政治的活動を行った．またのちに詳述するように，梁啓超は「調査団」という名目で，パリ講和会議期間中にヨーロッパで視察を行なっている．その中で，本章にとって最も重要な行動は，やはり梁啓超による山東問題をめぐる情報の伝達であろう．

パリ講和会議[31]は1919年1月18日に始まり，山東問題が初めて議論されたのは1月27日であった[32]が，その協議が大詰めを迎えた1919年4月以降，それに関する報道が急激に増加した．中国は山東の主権回復，租借地の返還などをドイツに求めたが，周知のように，4月30日，イギリス，アメリカ，フランスの3国の首脳が日本の代表を招いて会議を開き，山東の租借地，鉄道など，ドイツの利権がすべて日本へと引き継がれることを最終的に決定した．

この会議の前後，梁啓超および研究系のメディアは積極的に動いた．5月1日――この段階ではまだ会議の最終決定までは中国に伝わっていなかったと思われる――，『晨報』および『大公報』は，パリからの情報として以下のような記事を掲載した．すなわち，山東問題を討議するこの会議[33]にイタリアが出席するかどうかで日本の態度が決まるだろう．イタリアが出席すれば日本は大きな態度に出られないが，もし欠席すれば日本はそれに乗じ

て野心を実現させようとするだろう．さらに驚くべきことに，イギリスとフランスは山東問題について日本と密約を交わしており，中国にとって力になるのは困難である．よって中国の代表団は各国に正道を支持するよう訴え，国内にも挙国一致の精神を求める．そうでなければ今回の外交は，亡国に値するものとなるだろう，と[34]．

その「警報」は現実となり，翌日，梁啓超からの電報が『晨報』社に届くこととなる．早くも4月24日，梁は電報を国民外交協会宛てに送り，山東問題の交渉が失敗に終わりそうだと伝えている[35]．正式決定の日時からするとやや尚早ではあるが，後述の電報の内容から察するに，英仏米3国による山東問題に関する検討結果が中国側に突き付けられた時点付近であると考えられる．

ともかくも，その電報は4月30日に国民外交協会（後述）に届いた．5月1日の晩にそれを受け取った林長民は，梁敬錞に託して翌2日に発表した．その電報は，以下の通りである．

　　　汪〔大燮〕，林〔長民〕両総長，転じて〔国民〕外交協会へ．対独問題は，青島は直接〔中国へ〕返還されることになっていたのだが，日本の特使が激しく抵抗した結果，イギリスとフランスが動かされた．もし我々がそれを認めれば，自縄自縛になってしまう．絶対に署名せずに決意を示すよう全権代表に厳命するよう，政府および国民に警告してください[36]．

林長民は，それを受けて同紙に「外交警報敬告国民」を発表した．「膠州は滅んだ！　山東は滅んだ！　国が国でなくなってしまった！（中略）国が亡ぼうとしている．願わくば4億の民が命を懸けて図らんことを！」[37]というこの激烈な文章によって，五・四運動の火ぶたが切って落とされたと言われている[38]．

確かに，各大学ではこの翌日の5月3日から大規模なデモを計画している．

例えば，北京大学では5月3日の晩に各大学の代表を集めた全体学生大会が開かれ，翌4日に天安門で大規模なデモを行うと決めた．回想によると，会場の講堂は人であふれ，北京中の学生が団結した会議であったという[39]．

翌4日からの一連の学生運動については，ここで説明するまでもないだろう．学生たちによる大規模なデモ，曹汝霖や章宗祥への糾弾，そして軍警による学生の逮捕など，いわゆる「五・四運動」が展開されることになる．

それでは，この学生運動の段階で，研究系の影響はいかほどのものだったのだろうか．五・四に関する回想録のなかには，研究系のメディア，とりわけ『晨報』および『国民公報』の報じたニュースに関する記述が見られる．たとえば，当時国立北京法政専門学校に在学し，5月4日の学生運動に実際に参加した王撫洲は，以下のように回想している．

　　5月1日，新聞は，パリ講和会議は我が国に不利になっているというニュースを報じていた．同級生たちが寝室で，そして教室での休み時間に話しているのは，すべて山東を取り戻せないという問題だった．5月2日，新聞の報道によれば情勢はますます悪くなっており，『晨報』『京報』『国民公報』はこぞって驚くべきニュースを載せていた．(もし文化人が五・四愛国運動を高揚させたというのなら，その功績は当時の新聞記者のものであって，『新青年』『新潮』などの刊行物のものではないだろう)[40] (傍点は引用者)．

「新聞記者」が誰かは不明ではあるが，新聞の性質，および掲載された記事の署名からみて，研究系のメンバー，とりわけ梁啓超と林長民を指すと考えられる．ここからは，彼らの記事が学生に及ぼした影響の大きさが感じられる．

そのほかにも，地方（湖南）で五・四運動に参加した舒新城も「湖南の新聞は続けて「山東問題の警報」を発表した」，と回想している[41]．掲載時期こそ北京よりやや遅いが，記事名からして舒が見たのは『晨報』の記事が転載されたものであったと推定される．

このように，回想録などによれば，この学生運動が，研究系，より具体的には梁啓超および林長民のこうした行動および論説によって引き起こされた，少なくともその契機になったとは言えそうである．

ただ問題となるのは，はたして研究系にとってこうした学生運動が望ましいものであったか，ということである．自らの報道によって――少なくともきっかけとして――運動が発生したのであるから，学生運動自体は，研究系にとって好ましいものであったろうし，またある程度は予想できたことであろう．研究系のこうした行為の動機は，先行研究では政治的野心から，あるいは政治勢力を拡大するためなどと見なされているが，それでは，こうした事態によってそうした「野心」は果たせたのか？ そして研究系自身は果たせると考えていたのか？ この問題を検討するためには，さしあたって当時の政治勢力が研究系をどのように見ていたかを少々考えねばなるまい．

先行研究では，研究系が政治勢力の挽回を狙って安福系と闘争を繰り広げ，その過程で「反日」へと流れ，五・四運動への道を開いたとされている．実際，安福系との政争はすさまじく，政治のみならず，後述する外交団体においても激しい争いがあった[42]．研究系にとって，1919年当時政治的実権を握っていたとされる安福系は，自らが前年（1918年）の選挙で大敗し，政治から去らざるを得なくなった，いわば最大の政敵であり，研究系の政治的意識の高さからいっても「天敵」と呼ぶにふさわしい存在であっただろう．実際，学生運動についても，安福系の新聞は否定的記事を大量に掲載したという[43]．

その他の政治勢力との関係についても，本章にとって重要であると思われるものについて，いくつか見てみよう．

学生運動をめぐって，各党派は研究系の動きを警戒していた．管見の限り，その中でも研究系を警戒していたと思われるのが，閻錫山を中心とする晋系であった．例えば，閻錫山の腹心であった趙戴文は，閻錫山に対して，「研究系がこれにかこつけて段祺を倒そうとしているというのも，考慮するに足ることである」[44]と述べている．また，内政部総務司長などを務めた葛敬猷

も，「このたびの風潮〔学生運動のこと〕は，表面上は学生の団体であるが，暗に研究系がそそのかしている」と考えていたようだ[45]．さらに閻錫山自身も，外交の失敗に乗じて研究系が知識のない学生らを利用して政治のかく乱を狙っていると考えていた[46]．

閻の周囲の情報で共通するのは，研究系が学生運動の背後におり，学生運動にかこつけて研究系が倒閣を狙っている，というものだった．ここには反日／親日という思考軸というよりも，政治勢力を拡大しようとする「政客」としての研究系に対する警戒であったことに注意する必要がある．事実がどうであれ，ここでは閻錫山のいわゆる晋系との間には緊張関係があったことがうかがえよう[47]．

次に，当時の総統であった徐世昌との関係はどうだったのだろうか．のちに引用するが，パリ講和会議の全権大使であった顧維鈞がそうであったように，当時の研究系は比較的親日派で，徐世昌と近く，段祺瑞と敵対する位置にいた，と見なされてきた[48]．また，これも後述することになるが，研究系のメンバーは，林長民を中心に徐世昌と直接面会して意見を陳述したことなども，彼らが徐と親しいと思われていた原因のひとつであろう．

ただし，徐の五・四運動への対応を見ていると，話はそう単純ではないことがわかる．先行研究[49]も参照しつつ，もう少し徐の動きを述べてみよう．

5月6日から数日のうちに，徐は総統令をいくつか出している．その最初の命令では，「もし〔学生運動に〕かこつけて人を集め，秩序を乱し，弾圧に従わない者がいれば，法に基づいて逮捕し，懲罰を加える」とあり，さらに当時の警察総監であった呉炳湘に社会秩序を守るよう厳命[50]，またその後も逮捕した学生に裁判をかけるよう命令している[51]．ところがその一方で，逮捕された学生を釈放したり（後述），外交失敗の事実について「政府は必ず誠心誠意開示し，人々の疑念を晴らす」[52]とするなど，学生に同情的な面も見られた．

これには，徐世昌自身の立場が関係している．徐は安福国会で総統に選出された[53]が，それゆえに多数派であった安福系を率いていた段祺瑞の顔色

を見ざるを得なかった[54]．五・四時期に打倒された曹汝霖や章宗祥はもともと段祺瑞の片腕であったため，学生運動は段祺瑞の怒りを買った．従って，少なくともある程度は学生運動を抑圧する立場に立たざるを得なかったのである[55]．

徐の抱えた矛盾は研究系への対応にもそのまま表れていた．すなわち，一方で研究系のメディアなどにおける働きかけによって起こった学生運動の鎮圧に動き，他方で逮捕された学生の釈放を求める研究系のメンバーと面会し，最終的には釈放を認めたのである．研究系から見れば，徐は安福系打倒のための共闘の対象でもあるし，安福系自身ほどではないにせよ，その領袖であった段祺瑞にコントロールされている存在でもあった．従って，端的に言えば，徐は研究系にとって敵でもあり味方でもあったのである．

こうしてみると，研究系は各党派と政争を繰り広げており，共闘する党派も見つからず，いわば孤立した状態にあった．少なくとも，過去の研究に見られたような「軍閥の手下」などではなかったと言える．こうした政治状況は，当時の研究系としても把握できていただろう．それゆえに知識人としてアクセスできたメディアなどによって学生を中心とする市民社会に訴えかけようとしたのだと考えられるし，5月4日の学生運動の着火点となったという意味では，その訴えかけは成功したようにも思える．

「はじめに」において強調したように，研究系は様々な分野においてこのような市民社会に訴えるという方法を用いていた，あるいは用いざるを得なかった．そして，やはり同じように市民社会に訴える方法として，研究系は外交団体による活動も行なった．次節では，そうした外交団体の活動について述べたい．

3．研究系と五・四運動——外交活動から

五・四時期の研究系は，先ほど論じたように政治活動の挫折と前後して，

主に民間の立場から積極的に外交に関わろうとした．主な団体として，国際連盟同志会，国民外交協会，外交委員会などがある．こうした外交団体については先行研究もあり[56]，紙幅の関係もあるため，これらすべてについて詳述することはしない．これらの団体のメンバーは重複が多く，主張も共通する部分も多い．従って，本章の論考の関係上，ここでは研究系のメンバーの結成した団体のうち，五・四運動との関係が最も強かった国民外交協会について，その活動や主張を概観する．また，それとは別に——密接に連絡は取っているが——当該時期における梁啓超の動きについても論じ，あわせて研究系の外交における作用について考えてみたい．

3-1 国民外交協会

　パリ講和会議における中国政府の無能を目の当たりにした知識人たちが，「国民外交」を標榜して多くの「外交団体」を結成して活動したことに関しては，先行研究が明らかにしてきた[57]．その中で最も有力なもののひとつであった国民外交協会とは，1919年2月，平和期成会，国民外交後援会など既存の外交団体が協議し，1919年2月16日に北京にて結成された団体である．この団体は，「外交を研究する団体」であり，「内政に干渉することなく」，「会の組織には党派の別なく，全国一致を対外に示す」ものであった．その意味では，「近代最初の全国的な国民外交団体」[58]であるとも言えよう[59]．

　同日中に選挙が行なわれ，理事には張騫〔張謇〕，熊希齢，王惠厳，林長民など7人が選ばれた．さらに成立宣言を行ない，以下のように主張した．すなわち，目下中国が外交において失敗しているのは，外交政策というものがなく，国民外交と言われる作用もないからだ．そこで，政府が外交政策を持ち，国民が国民外交の作用を理解することが肝要である．パリ講和会議において中国の国民は，政府がウィルソンの民族自決の宣言に則り，他国に干渉されず自由に発言し，不平等条約を撤廃させ，他国の平等な立場に立つ手助けをせねばならない．公正な民意は政府の後押しになるのだ，と[60]．

　国民外交協会のさらに具体的な主張は以下の通りである．

(1) 国際連盟の実行を促進する
(2) 〔各国の〕勢力範囲を撤廃すること，そしてその実行方法を決めること
(3) 一切の不平等条約，および脅迫や利益誘導によって，あるいは秘密裏に締結された条約・契約・その他の国際的文書を撤廃する
(4) 期日を定めて領事裁判権を取り戻す
(5) 関税の自由を勝ち取る
(6) 庚子賠償金〔義和団事件の賠償金〕を取り消させる
(7) 租借地を取り戻し，公の通商地域に改める[61]

　これを見ると，確かにほかの団体の主張とかなり類似している．例えば(1)などは，同じく研究系が同時期に結成した国際連盟同志会[62]のそれと同様である．ただし，同会では梁啓超が理事長に推挙されているのに対し，国民外交協会では同じ研究系でも林長民が重要な役割を果たしている．筆者がたびたび強調してきたように，一口に「研究系」と言っても，そのメンバーは非常に多岐にわたり，一枚岩とは到底言い難かった．ここでも梁啓超と林長民という研究系内の路線の違いがこうした団体の乱立を招いているとも言えるかもしれない[63]．

　当時の各新聞には，国民外交協会の活動が比較的詳細に報じられている．それらを逐一述べることはしないが，国民外交協会の活動の中心は，(1)メディアを通じて国民へ外交の情報を流すこと，(2)そして国会や政府に対して外交上の主張を訴え，同時に政府から外交に関する情報を得ることであった[64]．(1)に関して言えば，後述するように，協会の駐欧代表であった梁啓超をはじめとして，張君勱ら研究系の一部のメンバーは自らヨーロッパに赴き，通信社を通じて各国の平和会議における状況，さらには各国の新聞報道などについて，自らの手による『晨報』や『国民公報』といった新聞を中心としたメディアで大量に公表した[65]．さらに，その情報を握る機関としても国民外交協会は働いていた（後述）．

(2) については，中国政府および政府機関はもとより，海外の政府，要人などにも積極的に働きかけている．協会の活動のうち，「民間」と「政治」の間に属する重要な行動であるため，その例をいくつかあげてみよう．

まずは国内の政府機関に対する働きかけである．これについては，政府のみならず，各省，さらには各省の外郭団体などにも及んでいる．その中でも重要であると思われるものをあげ，その行動の性質を見ることにしよう．

五・四運動前の最も大きな動きのひとつとして，1919年3月のものがある．協会は声明を発表し，パリ講和会議と中国の国会の2つに請願書を提出している．具体的な請願内容は先の主張(1)〜(7)とほぼ同じであり，国民を代表するという形ではなく，自らの考えを主張しているように思える．ただし特徴的なことは，両者とも「正義と人道を根拠にする」としていることである[66]．

一方，国民の考えを「代弁」する形で主張を公使らに伝えることもあった．たとえば，1919年4月1日の『晨報』では，協会が「中国の民意」として，駐仏公使の胡惟徳を通じて顧維鈞や王寵恵らにおおむね以下のように伝えている．つまり，(1) ドイツの山東における一切の権利は直接中国に返すべきだ，(2) 第一次世界大戦時期に各国で結ばれた，中国の土地の権利に関する密約は中国を商品と見なすものであり，中国の国民は決して承認していない，(3) 第一次世界大戦後に中国と日本が結んだ条約や契約はすべて日本が武力や陰謀，脅迫によるものであるから，すべて取り消すべきだ，と[67]．

また，この表明が政府に届いていないとみるや，再び政府に文章を送り，総統への謁見を要求した[68]．4月22日，実際に熊希齢，林長民などが徐世昌総統と面会し，山東問題などの提起，統一された外交の導入を熊が，先の7つの主張の早期検討を林が訴えている．それに対して徐は，「もちろんそのようにする」と答えたという[69]．ここからは，研究系は政治の世界に直接介入できない「民間」の立場でありながら，協会を通じて何とかして自らの主張を伝えんとする姿勢がうかがえる．また，いかに安福系が政治や外交を牛耳っていようと，当時の研究系は当時の総統にまで一応は声が届く地位にあったことにも留意したい．

次に，海外への呼びかけについて述べよう．結成大会当日の1919年2月16日，協会はアメリカのウィルソン大統領に対して，国際連盟の組織成立を中国の人民は大いに喜んでおり，中国の外交問題解決の力になってもらえるよう望んでいる，とパリの公使を通じて電報で通知している[70]．この働きかけが功を奏したかはともかく，事実としてこうした行動を行なっていたのである．

これらのいずれのケースにしても，たとえ「民意」の名のもとであっても，主張はすべて研究系をはじめとする知識人によるものであり，その意味では「国民」外交と呼べるかどうかは心もとない．ただし，研究系知識人たちによる「民間」の団体が，過去の政治的紐帯をも生かしつつ，政府などに直接外交政策を提言していたことは強調されてよいだろう．

さて，先述した通り，1919年4月末から5月初旬になると，山東問題が大詰めを迎えるが，協会も今一度意見書を発表する[71]．意見内容自体は先述の7項目の繰り返しではあるが，以前のものよりもかなり詳細に，具体的に書かれている[72]．

いまひとつ，国民外交協会は山東問題の結果を受けて，5月1日，2通の電報を送っている．1つめは英米仏伊の4国の代表に電報を送ったものであり，「ドイツが山東省に獲得した権利を，我々は再度中国に直接返還するよう求める」とし，対華21カ条要求および1918年9月の密約の取り消しを再度求め，「講和条約でもし日本の山東省における権利を許可したならば，我々は決して〔それを〕認めない．もし力でわが4億の国民を抑圧するなら，〔わが国民は〕全力で抵抗し，世界の輿論に訴えかけていくと誓う」[73]と主張している．

もう1つは代表団の陸徴祥宛てのもので，講和条約でもし山東の権益を求める日本の要求が承認されていたら，「あなた方は決して署名しないように．そうでなければ，国権喪失の責任はすべてあなた方が負うことになり，あなたがたは無数の譴責を受けることになるのです」[74]と激烈な口調で述べている．

さらに先に述べたように，梁啓超からの情報，そしてそれを受けた林長民の文章によって，国民の輿論が激しく動くことになる．それに伴って，協会では5月3日，林長民，熊希齢，王寵恵ら30人余りが集まり，以下の4つを決定した．

1) 5月7日，中央公園〔現在の中山公園〕で国民大会を開く．各省，各団体にも打電し，同日に挙行する．
2) 対華21カ条要求，およびイギリス，フランス，イタリアなどと日本とによる山東問題の処理に関する密約を承認しないことを声明する．
3) パリ講和会議において我が国の主張を十分に展開できなければ，政府に公使を呼び戻させるようにする．
4) イギリス，アメリカ，フランス，イタリア各大使館に国民の意見を述べる[75]．

　この1)の「国民大会」が，いわゆる五・四の学生運動に合流することとなる．彼らはこの大会をかなり重視していたとみえ，以降7日までほぼ毎日新聞紙上で告知している[76]．政府や警察は「治安維持の責任」を理由に国民大会に難色を示し，延期するよう通達した[77]が，協会は強行する．国民大会当日は会場の中央公園が警察に包囲され，協会も1時間半にわたって尋問を受けることとなり，場所を転々と変えたあげく，結局は延期せざるを得なくなった[78]．ただし，同日に各界代表が200人余り協会に集まり，今後の活動方針として，対華21カ条要求の取り消し，青島の返還などを決議している[79]．

　こうしてみると，国民大会自体は失敗に終わったとみてよいだろう．ただし新聞の報道によると，この大会に訪れた人は1000人以上おり，その職業も労働者，商工業者，教員，学生，新聞記者など多岐にわたっていた．学生運動だけではない「社会運動」とも言いうるような規模を持っていたことは注目してよいだろう．協会および主として研究系のメディアによる呼びかけ

によって，このような社会運動を起こすことが可能だったのである．

　それと並行して，また，林長民や王寵恵ら協会の理事は，5月4日中に逮捕された32人の学生の釈放を求めて徐世昌と会見し，さらには教育界の人士と連名で釈放の請願を行い，7日には学生の釈放を勝ち取っている[80]．ここからも，「民間」の団体である協会が，かつての政治的紐帯を生かしながら「政治」に直接コミットしている様子がうかがうことができよう[81]．

　国民外交協会は，以上のように「政治」と民間の間で活動した．政府の外交政策を直接変えられるほどの影響力があったかどうかは明らかではなく，そうした点には民間の組織としての限界はあっただろう．しかしながら，確かに五・四運動という社会運動を引き起こす要因のひとつとなり，また総統をはじめとする政治権力に直接切り込むことによって，学生の釈放などに道を開いたとは言うことができる．

　筆者が過去の研究で明らかにしたように，この時期からメディアや学校など，いわゆる文化的装置に依拠した活動をした——せざるを得なかった——研究系ではあるが，これまで見てきたように，こと外交に関しては，国民外交協会の活動などを通じて，少なくともある程度までは「政治」にコミットできていたのではないだろうか．

3-2　梁啓超らの外交活動

　研究系の当該時期の外交活動を考える上でいまひとつ重要なのが，当時ヨーロッパへ赴いていた梁啓超の動向である．1918年12月，梁啓超は，蔣方震，劉崇傑，丁文江，張君勱，徐新六，楊維新，夏元瑮，徐巽言（後二者はヨーロッパで合流）と共にヨーロッパ視察に赴いた．その目的は「少々学問を追求したかったことと，その上この空前絶後の歴史劇〔第一次世界大戦〕がいかに収拾されるのかを見る」こと，そして中国の苦境を世界の輿論に訴えることなどであったため，私人として訪欧することを希望していた[82]．当時起こっていた，彼の資格を公的なものに変えようとする議論を迷惑に感じていたという[83]．梁が1918年12月初旬に徐世昌や各国の公使と話して手

はずを整え，一行は北京を 12 月 23 日に出発し，27 日に上海へ到着，翌日早朝に横浜丸に乗って視察へと向かい，1919 年 2 月にロンドンに到着，すぐにパリへと向かった．

梁啓超はパリを中心に各団体と連絡を取り，同時に現地で得た情報を送っている．当地に着くとすぐ，その声望もあって，先の国際連盟同志会からは理事に[84]，さらには先の国民外交協会からは駐欧代表にそれぞれ推挙されている[85]．

パリ講和会議の期間中には，梁啓超のほかにも，汪精衛，李石曽，曽琦など，各党の代表的人物がパリに訪れ，視察や政策提言などをしていた．その中でも，梁啓超は注目されていたようである．ただし，梁啓超は「民間」の立場で赴いてはいたが，これまでの経歴からして，「公」の分野に足を踏み入れるのではないか，より具体的に言えば当地の親日派，さらには日本側と通じて中国を譲歩させるという「売国」を働いているのではないか，とささやかれていた[86]．講和会議の全権代表であった顧維鈞は，回想録にて以下のように述べている．

> このとき，パリではある噂があった．〔それは，〕梁啓超氏がすでに北京を離れて〔パリへ〕来ており，陸〔徴祥，中国主席代表〕にかわって代表団の団長になるというものだった．事実，総統〔徐世昌〕と総理〔銭能訓〕は陸氏に電報を送った．つまり〔その内容は〕，梁氏は講和会議準備委員会と頻繁にやり取りしており，ずっと中国に影響のある様々な問題を検討してきました．陸総長は何とかして現在処理している問題の状況について梁に十分理解してもらおうとしており，なおかつ梁に機密文書を含むすべての文書を見せようとしています，と．代表団のメンバーは軽々しくこのデマを信じることはなかった．ただし梁啓超の政治的背景は，中日関係の問題を交渉するにあたってその態度が比較的穏健だと一貫してみなされてきた．当時のこうしたイメージは真実ではないかもしれないが，北京での梁は総統の親密な顧問であり，政府を支持し南方

〔国民党政府〕に反対する進歩党のリーダーであることから，この噂も少しは真実味があったのだ[87]．

むろん梁啓超およびその周辺の人物はそれを否定しており[88]，実際，管見の限りでは「公」の立場から外交を動かすといった事実はない．ただし，当時の梁啓超は海外メディアからも一目置かれた存在であったと見え，公の場で「新聞界の実力者」，「中国思想界の革新者」，「国家大計の責任者」，「政界や思想界で突出した人物」であると紹介されていた[89]．梁の立場がどうあれ，各国および国内では彼が外交上の働きかけを行なっていたと見られていたことは疑いようがない．

梁はそうした立場を利用して各国のメディアに登場し，中国の立場を述べた．フランスでは新聞に寄稿し租借地の回収や青島の帰還などを訴えたほか[90]，主なものだけでも以下のような行動が確認できる．

・3月 6日：メディアで意見陳述
・3月11日：日本の鉄道問題に対して，中国は純粋に抗議しており，日本がドイツの権利を継承することを認めていないと主張
・3月24日：中国の地位と山東問題の密約についてメディア関係者に演説
・3月27日：山東問題について，どの国であれもし東アジアで侵略があれば，大きな戦争の火種になるという旨の演説[91]

報道によれば，このように各国のメディアの前で中国の地位向上を訴える場面が非常に多くなっているのがわかる．なお，ここにあげたのは山東問題を中心としたものではあるが，梁啓超は，山東問題だけではなく，膠済鉄道などトータルな権限について，実のある返還を強く求めていたことも付け加えておく[92]．

このように，研究系のメンバーは，前節の行動以外にも外交団体，そして梁啓超個人の渡欧といった方法でもパリ講和会議，およびその結果生じた五・四運動にコミットしていた．先述したように，先行研究においてはこうした活動がみな政治的党派性，具体的に言えば安福系との闘争の中で行なわれ

と見なされるものが多かった．確かに行動からしてみれば，そうした面は否めないが，それがすべての原因と規定することが果たしてできるだろうか．そこで，いまひとつの側面，すなわち思想的側面からも，五・四時期の研究系について少々考察してみたい．

4．研究系と五・四運動――思想的側面から

　五・四運動時期の研究系の思想を論じるにあたって前提となるのが，その形式である．本章でも強調したように，当時の彼らは政治的な地位など実質上なく，メディアや教育機関，さらには前述した外交団体など，文化的装置を根拠にした活動に終始していた．従って，政治意識こそ大いにあるとはいえ，当該時期の研究系は基本的に「政治家」というよりは「知識人集団」であったというべきであろう．さらに筆者が以前強調した[93]ように，研究系の持つメディアは規模が大きく，知識人向けのものが多かったことを考えると，彼らの「政治」性を帯びた行動もさることながら，当時の思想や言論をテキストのレベルで分析することにも一定の意義があると言える．そこで本節では，研究系が五・四運動にいかに作用したか，ここでは梁啓超を例にして考えてみよう．

　応俊豪は，五・四時期の研究系は，これまでの「親日」から「反日」へと大きく主張の方向性を変えたと述べたが，その根拠は梁啓超が財政総長時代に日本からの借款に反対しなかったことなどであった[94]．しかし，そうした政治状況の変化だけで立場の変更を説明するのは難しい．

　そこで筆者が注目するのが，主として当該時期における梁啓超の国家論および日本観である．清末における梁啓超は「民族主義」を受容し，その後ブルンチュリの受容などを経て「国家主義」へと移行して革命派と論争を繰り広げたことはよく知られている[95]．

　世界認識の面で社会進化論，さらにはそこから派生した国家有機体説の影

響を受けた梁啓超は，中国を帝国としてではなく，世界の一国としてとらえるよう主張した．梁は，「新民説」において，かつての帝国の理想であった「大同」や「世界主義」を，数千年後ならいざ知らず，国家間の競争が激烈な現在では用いることはできないとした[96]．

この時期の梁啓超にとって国家とは，世界と競争し，生存や自由を勝ち取るためのツールだった．当時の梁は革命派とたもとを分かち，「排満」的民族主義（「小民族主義」）を放棄した後であった．そのうえで中国の保全を説くわけであるから，彼はおのずとある種の「国家主義」，すなわち政治的単位としての国家を単位とし，それを愛惜するというナショナリズムを持っていたと考えられよう．その意味では，多くの先行研究が梁啓超を近代中国ナショナリストの先駆者のひとりと見なしたことにも一定の説得力がある．

民国以降も，梁啓超は「国家」の建設を引き続き説いた．その延長線上として「強力な政府」論があったわけだが[97]，ともかくも，政治的単位としての「国家」への意識は強かったと言える．先行研究によれば，それが変化したのは，先述した訪欧の際に発表した『欧遊心影録』前後であった．

梁啓超のみるところ，有田和夫の言葉を借りれば，第一次世界大戦後のヨーロッパは「一民族一国家主義から国家互助の世界主義の方向へ動こうとし」[98]ていた．梁はヨーロッパ文化の退廃を感じ取り，中国文化が注目されていたことを発見し，やや後にはなるが，以下のように述べている．

　　中国人は文化を有して以来，一貫して国家を人類最高の団体と見なしてこず，その〔中国人の〕政治論は常に全人類を対象としていた．それゆえ，目的は天下を平らかにすること〔平天下〕にあり，国家は家族と同じように「天下」の一段階を構成するにすぎなかった[99]．

これ以降は中国文明の調和的な性格によって西洋文化の競争的側面を是正するといった，いわゆる現代新儒家に近い主張を展開する．梁啓超が，こうした世界主義的思想に影響を受けたことは間違いない．実際，この時期にお

ける梁啓超は，政治的発言が徐々に減少し，「中国」を文化・学術から考察し，その考えを発表する機会が多くなっていった．それゆえ，当該時期における梁啓超のナショナリズム、とりわけ政治思想におけるそれに関する研究は未だ非常に少ない．それでは，この「世界主義」によって梁啓超の政治的単位としての「国家」に対する意識は変化したのであろうか．

　本章にとって重要なのは，梁啓超にとってこの「世界主義」とはあくまで文化的な意味でのことであった，ということである．筆者のみるところ，たとえ「偏狭な以前の愛国主義に同調することはできない」[100]と主張しようと，梁啓超にとってこの転換がただちに政治的な意味での「国家」概念の消滅を意味するわけではなかった．というのは，周知のように，梁は一貫して「国体」にこだわりを見せたが，そのほかにも，「国家」にこだわらざるを得なかった場面があったからである．その最たるものは，先述した「外交」である．

　梁の外交をめぐる言論をここで逐一振り返ることはしないが，例えば，対華21カ条要求に対してはきわめて排日的な言論を繰り広げた[101]し，先ほども述べたように，五・四時期には国際連盟を評価しつつ[102]もあくまで「中国」の保全を訴えた．このような場面ではいきおい「中国」という政治的単位を意識せざるを得なくなる．先述のように，パリ講和会議における外交にコミットしていた梁にとって，「国家」という単位は，たとえ意識的でなくとも，念頭に置かれていたと思われる[103]．

　従って梁啓超は，時期によって程度こそ違え，一貫して「中国」という政治的単位が念頭にあり，その国家および国民――もちろん彼らにとっては中国となるが――を愛惜するという意味での「ナショナリズム」を有していたと考えられる．さらに，外交過程において梁啓超が中国を不利な立場にする日本以外の国々も批判していた[104]ことを考えると，梁啓超の日本観および国家論は，日本を軸とした親日／反日という認識よりも，「中国／その他の国家」という軸で動いていたように思えるのである．

　そうすると，五・四運動時期における梁啓超，さらには彼を中心とする研究系の当時の行動および思考に対して，親日／反日という枠を設定すること

自体も再考せざるを得なくなる．少なくとも，研究系が五・四運動時期においてのみ「反日」へと舵を切り，政治的利権を得ようとした，という先行研究の解釈は，完全にとまでは言えないまでも，その立脚点は必ずしも強固でないことは明白であろう．

　以上より，研究系——ここでは梁啓超を例にしたが——は，少なくとも思想・言論という側面から見れば，必ずしも先行研究で言われる国内政治の展開のみを動機として五・四運動を働きかけたわけではないことがわかる．確かに彼らは，中国共産党および中国国民党がかつて称揚したような「ナショナリズム」は持っていなかっただろう．しかし，完全に純粋ではなくとも当時のあらゆる知識人が持っていたと思われる「国家への愛情」——これをナショナリズムと定義するかは議論の分かれるところではあるが——を彼らも共有しており，それが彼らの五・四運動への働きかけの一因となっていたのではないだろうか．

おわりに

　ここまで，梁啓超を中心とする研究系の五・四運動に対する作用について述べてきた．各節の分析で明らかなように，研究系は既存の研究で言及されてきた新文化運動時期における思想やその舞台といった役割のみならず，様々な面で五・四運動を支えてきた．もちろんそれは党派の争い，とりわけ安福系との政争に起因したものでもあり，研究系の政治的な「計算」も見られた．だが，梁啓超が現地へ赴いて情報を伝え，自らのメディアで発表し，学生運動を引き起こす契機となったことは事実である．さらに，研究系が政治的孤立化や学生運動の高まりを予想できていたであろうにもかかわらずそうした報道をやめなかったのは，多少なりとも前節で述べた「ナショナリズム」に起因していたのだろう．従って，研究系の五・四運動における作用の原因は，政治的打算とナショナリズムの両方にあったと言えるのではないだ

ろうか.

　筆者のみるところ,研究系の再評価にもつながるものである.2010年にノーベル賞を受賞した劉暁波は,中国では時代を問わず,知識人はみな専制的権力と妥協し,政治に参入することで権力の片棒を担ぎ,知識を守る「知識人」の本来の働きをしてこなかった,と批判した[105].

　劉自身およびその議論に対する評価はともかくとして,確かに,かつては日本にせよ中国あるいは台湾にせよ,学界における中国知識人の評価は,「いかに権力に抵抗したか」に重点が置かれていた.それは先に述べた「政治権力からの距離」論と表裏をなすものである.政権の中枢にいた人物は崇拝対象となってきたわけだが,それ以外の知識人についてはこういった評価基準が意識的,あるいは無意識に用いられていたことは否定できないだろう.「いかに権力に抵抗したか」という観点から見れば,当時の政府と通じ,政治権力に未練を残すメンバーも多かった研究系は,きわめて低い評価しか与えられないだろう.だがそういった評価は,いささか皮肉なことに中国共産党の評価と同じになってしまい,五・四の「神話」に容易にからめ取られてしまうことになってしまいかねない.

　一方で,筆者のみるところ,近代中国の大部分の知識人は,その持続的活動,あるいは生存のために,どこかで何らかの権力と"迎合"せざるを得ない存在でもあった.学術を含む言論活動を展開するために,知識人は政治や経済など,何らかの方面で庇護を受ける必要があったからだ.その意味では,当時の知識人が長期間にわたって活動するためには,何らかの「妥協」が不可欠であった.

　かえりみれば,現在までの研究系への評価は,その「妥協」という側面が過度に強調されていたように思える.本章の議論で明らかになったように,五・四運動時期における研究系は,言論,メディア,外交など多方面から五・四運動にアプローチし,実質的な影響を与えていた.政権や政治への「妥協」を前提とするならば,研究系は,そのある意味でシステマティックとも言える行動,そして多少なりともナショナリズムに起因した言論の発表という点

で，既存の評価は大きく改められるべきではないだろうか．

本章では論じることのできなかった問題も多く残された．そのもっとも大きなものは，本章とは逆に「新文化運動」と「五・四運動」の連続性を重視し，研究系が両者にトータルでどのような影響を与えることができたのか，という問題である．また，さらにマクロな視点から，研究系のこうした働きかけがその後の中国政治，社会，文化にいかなる影響を及ぼしたのか，あるいはその可能性を秘めていたのかについても未解明のままとなった．これらは今後の課題としたい．

1) 拙稿（2001）「張君勱の「科学の方法」—「科学と人生観」論戦を通じて」（『現代中国』75号）；同（2003）「中国之前途：集権乎？分権乎？—民国初期張君勱与張東蓀的『連邦論』」（『国立政治大学歴史学報』第20期）；同（2007）「中国近代における知の編制と諸権力—張君勱（1887-1969）と国立自治学院を例として—」（高柳信夫編『中国における「近代知」の生成』東京：東方書店所収）など．
2) 拙稿（2010）「研究系のメディアと政治権力—新聞・雑誌を中心に」（『中国—社会と文化』第25号）など．
3) 拙著（2012近刊）『近代中国の知識人とメディア，権力—研究系の思想と行動，1912-1929』東京：研文出版．
4) こうした傾向を持つ研究は枚挙にいとまがないが，さしあたって，金安平（2003）『従批判的武器到武器的批判—21世紀前半期中国知識分子与政党政治』（ハルビン：黒竜江人民出版社），をあげておく．
5) ここでカギカッコを付けたのは，研究系の主要なメンバーが，自らのグループのことを「研究系」と呼ばれることが好きではなかったこと，そして先行研究におけるある種のイメージを表現するためである．前者については，梁啓超が「国内の一部の人が私という人を根本より疑い，「研究系陰謀家」などと言っている．私は実はこうした肩書きを頂戴したくはない」と述べている．「外交歟内政歟」（1921）『飲氷室文集之三十七』，58頁．なお，本章における梁啓超のテキストは，梁啓超（1994第2版）『飲氷室合集（全12冊）』（北京：中華書局）を用いることとし，『文集之三十七』などと記すことにする．
6) 張君勱を中心とした彼らの政治活動についての詳細な研究としては，Roger B. Jeans (1997), *Democracy and Socialism in Republican China: the politics of Zhang Junmai (Carsun Chang), 1906-1941*, Boston: Rowman & Littlefield Publishers などがある．
7) 拙著（2012近刊），および拙稿（2007）339-340頁．

8) 謝暁鐘 (1924)『民国政党史』上海：上海学術研究会総会（本書では文星書店，1962 年版を使用），68 頁．同様の立場に立つ研究として，彭明 (1964)「"五四"前後的研究系」(『歴史教学』総 151 号)；李書源 (1991)「研究系述略」(『吉林大学社会科学学報』1991 年第 3 期)；王錦泉 (1979)「"研究系" 論客」(『戦地増刊』1979 年第 5 期) などがある．
9) 胡縄著，小野信爾ほか訳 (1974)『中国近代史　1840-1924』平凡社，235-236 頁．
10) 張徳旺 (2001)「重評五四運動中以梁啓超為首的研究系」(郝斌，欧陽哲生主編 (2001)『五四運動与 20 世紀的中国—北京大学紀念五四運動 80 周年国際学術討論会論文集（下）』北京：社会科学文献出版社所収)．
11) 張徳旺，同上，1152-1154 頁．
12) たとえば張耀傑「五四運動中的研究系」(『民主与科学』2009 年 3 期) でも，蔡元培，陳独秀，胡適らは研究系の後から来たが，研究系を追い越していったと結論付けられている (56 頁)．そこには，やはり新文化運動との連続性が過度に強調されている．
13) 崔志海 (1997)「梁啓超与五四運動」(『近代史研究』1997 年第 1 期)；欧陽軍喜 (2003)「林長民与五四運動—兼論五四運動的起源」(『復旦学報（社会科学版）』2003 年第 6 期) など．
14) 彭鵬 (2003)『研究系与五四時期新文化運動—以 1920 年前後為中心』広州：中山大学出版社．
15) 金珍煥 (1996a)「五四時期研究系的政治主張」台北：国立台湾大学政治学研究所博士論文；同 (1996b)「研究系憲政体制論之探討」(『近代中国』第 116 期) など．
16) 林長民については，梁敬錞 (1965)「林長民先生伝」(『伝記文学』第 7 巻第 2 期) を参照のこと．
17) たとえば胡適は，あらゆる研究系の政治行動の首謀者は林長民であるとみなしていた．中国社会科学院近代史研究所中華民国史研究室編 (1985)『胡適的日記』北京：中華書局，329 頁．
18) 五・四運動の研究目録の中で比較的最近発表されたものとして，国家図書館参考組編 (2009)『五四運動論著目録初稿』台北：国家図書館，がある．この目録は台湾で刊行された雑誌論文，論文集，修士・博士論文のみを対象としているが，それでも 1500 以上の研究がある．また，日本における研究状況に関しては，やや古いが，野沢豊編 (1995)『日本の中華民国史研究』東京：汲古書院，41-42 頁などが参考になる．
19) 笠原十九司 (1986)「五・四運動史像の史的検討」(中央大学人文科学研究所編 (1986)『五・四運動史像の再検討』東京：中央大学出版部所収)．
20) 斎藤道彦 (1986)「五・四運動史像再検討の視点」同上書所収，4 頁．なお同論文では，この時点で早くも五・四運動における研究系の役割を評価している．

前掲書，16 頁．
21) たとえば，李書源，前掲，および王錦泉，前掲などはこうした立場をとっている．
22) 政聞社についての詳細は，永井算巳（1983）『中国近代政治史論叢』（東京：汲古書院）を参照のこと．
23) その意味では，「研究系は士大夫の結社と似ている」という呉俊の指摘は的を射ていると思われる．呉俊（1996）「略説中国現代知識分子的"結社"現象与個人行為―以研究系，『新青年』和胡適，魯迅為例―」（『華東師範大学学報（哲学社会科学版）』1996 年第 5 期）60 頁．
24) 民主党結成から進歩党にいたるまでの梁啓超を中心とする彼らの行動については，拙著（2012 近刊）第 2 章，および張朋園（1992 再版）『梁啓超与民国政治』（台北：漢生出版社）などを参照のこと．
25) 進歩党の行動および議会での位置については，張永（2008）『民国初年的進歩党与議会政党政治』北京：北京大学出版社，を参照．
26) 梁啓超らと護国運動については，以下の古典的研究を参照のこと．胡平生（1976）『梁蔡師生与護国之役』台北：国立台湾大学文学院．
27) いわゆる「安福国会」の選挙については，張朋園（1998）「安福国会選挙―論腐化為民主政治的絆脚石」（『中央研究院近代史研究所集刊』第 30 期）を参照．
28) たとえば「吾今後所以報国者」という文章において，梁は「私はかつて言論によってある種の人物を作り出そうとしていたのだが，作り出したかったのは私の理想とする政治人物だった」とした上で，これからは「人が人たる所以」を追求したいと述べている．「吾今後所以報国者」（1915）『文集之三十三』，51-54 頁．
29) たとえば，応俊豪（2001）『公衆輿論与北洋外交―以巴黎和会山東問題為中心的研究』（台北：国立政治大学歴史学系）など．
30) 紙幅の関係で，鉄道統一問題など，その他の研究系の活動は大幅に割愛せざるを得なかった．これらの問題については，応，前掲書，第 2 章を参照のこと．
31) 中国におけるパリ講和会議から五・四運動までの流れについては，松丸道雄ほか編（2002）『世界歴史体系　中国史 5 ―清末―現在―』東京：山川出版社，144-146 頁を参照のこと．
32) 住友豊（2000）「パリ講和会議と日米関係―山東問題を中心に」（『同志社アメリカ研究』36）171 頁．
33) 管見の史料では，この会議は 4 月 22 日に開かれたものと思われる．「巴黎和会中国専使団第七十二次会議記録」（1919 年 4 月 22 日）（彭明主編（1987）『中国現代史資料選輯　第 1 冊（1919-1923）』北京：中国人民大学出版社所収），124-125 頁．
34) 「山東問題之警報」『晨報』1919 年 5 月 1 日．また，ほぼ同内容の記事として，「山東問題之大警報」『大公報』同日がある．
35) なお，やや後の『晨報』の記事によると，最終的に山東問題の結果が中国代表団に伝えられたのは，三頭会議最終日の 4 月 30 日のことである．「美上院討論山

東問題詳情（十続）」『晨報』1919 年 11 月 5 日．この情報が正しいとすれば，欧陽軍喜が「この知らせを聞いてすぐに」梁啓超が電報を送った，としているのは誤りということになる．欧陽軍喜，前掲，108 頁．

36)　「山東竟如断送耶」『晨報』1919 年 5 月 2 日．丁文江・趙豊田編（2009 年新版）『梁啓超年譜長編』上海：上海人民出版社，566 頁にもほぼ同文の記載がある．なお，『年譜長編』には翻訳があるが，一部を改めた．島田虔次編訳（2004）『梁啓超年譜長編　第 4 巻』岩波書店，268 頁．

37)　「外交警報敬告国民」『晨報』1919 年 5 月 2 日．

38)　劉広定（2007）「北京『晨報』与五四」『歴史月刊』第 232 期，張（1992 再版）前掲書，230-234 頁など．

39)　許徳珩（1951）「五四運動在北京」(中国社会科学院近代史研究所編（1979）『五四運動回憶録（上）』北京：中国社会科学出版社所収)，215 頁．また，梁敬錞（1966）「我所知道的五四運動」(陳少廷主編（1973）『五四運動与知識青年』台北：環宇出版社所収)，10 頁．

40)　王撫洲（1967）「我所記得的五四運動」陳少廷主編　前掲書所収，30 頁．なお，引用者が新聞名にカッコをつけたが，丸カッコは原文通りである．

41)　舒新城（1959）「回憶五四反帝闘争的一幕」中国社会科学院近代史研究所編　前掲書所収，520 頁．

42)　たとえば，応，前掲書，唐啓華（1999）「五四運動与 1919 年中国外交之重估」（国立政治大学文学院編『五四運動八十周年学術研討会論文集』台北：国立政治大学文学院所収）などに詳しい．

43)　方伝桂，王群演（1959）「砸昌言報館始末」(中国社会科学院近代史研究所編（1979）『五四運動回憶録（下）』北京：中国社会科学出版社所収)，705 頁．

44)　「各方民国 8 年往来電文録存（四）」（1919 年 5 月 11 日）『閻錫山史料』国史館（新北市）蔵，116-010108-0005-065．

45)　「葛敬猷電閻錫山反日風潮恐引発外交問題」（1919 年 5 月 11 日）（林清芬編註（2003）『閻錫山檔案　要電録存　第 5 冊』台北：国史館），24 頁．

46)　「各方民国 8 年往来電文録存（四）」（1919 年 5 月 15 日）『閻錫山史料』国史館（新北市）蔵，116-010108-0005-073．

47)　ただ，閻錫山側も研究系が学生運動に影響を与えているとみなして警戒していたことに留意すべきではあろう．

48)　梁啓超は徐世昌の総統就任を支持していたほか，後述の訪欧の前にも，徐と数度の話し合いの場を持っている．丁文江・趙豊田編　前掲書，562 頁．島田虔次編訳　前掲書，258 頁．

49)　蘇聖雄（2007）「試論北京政府対五四運動的態度及挙措」(『政大史粹』第 13 期）など．

50)　「大総統令」（1919 年 5 月 7 日）『政府公報』1169 号．

51)　「大総統令」（1919 年 5 月 10 日）『政府公報』1172 号．

52) 「大総統令」(1919 年 5 月 15 日)『政府公報』1177 号.
53) 徐が総統に選出される過程については,莫建来 (2004)『皖系軍閥統治史稿』天津:天津古籍出版社,182-185 頁を参照のこと.
54) このあたりの事情については,張沢民 (2002)「五四運動期間北京政府内部的派系矛盾和権力闘争」(『河南師範大学学報 (哲学社会科学版)』第 29 巻第 5 期) にも記載がある.
55) 楊徳志 (2010)「徐世昌与五四運動」(『蘭台世界』2010 年 23 期),15 頁.
56) こうした団体全般の研究については,応,前掲書,とりわけ第 2 章;唐 前掲書所収;白逸琦 (2004)「研究系与北洋政治 (1916-1928)—温和型知識分子的憲政主張及其貢献」(国立中興大学歴史学系修士論文)を参照.また,個々の団体の研究については,以下を参照のこと.外交委員会については,鄭躍涛,魏顥 (2005)「試述研究系与北洋政府的外交委員会 (1918-1919)」(『楽山師範学院学報』第 20 巻第 3 期);易丙蘭 (2008)「巴黎和会時期研究系的国民外交活動研究」(『大連大学学報』第 29 巻第 2 期).国民外交協会については,許冠亭 (2007)「"五四" 前後国民外交協会活動述論」(『江海学刊』2007 年 4 期).さらに,同時代的な回想として,葉景莘 (1960)「巴黎和会期間我国拒簽和約運動的見聞」(中国人民政治協商会議全国委員会文史資料研究委員会編 (1980)『文史資料選輯 第 2 輯』北京:中国文史出版社所収)がある.
57) こうした国民外交の総論としては,上記の研究のほかに,賈中福 (2010)「20 世紀 20 年代前後的 "国民外交" 論析」(『東岳論叢』第 31 巻第 8 期);印少雲 (2003)「北洋時期的国民外交運動」(『晋陽学刊』2003 年第 1 期)がある.
58) 許 (2007),前掲,217 頁.
59) なお,同協会は 1921 年 9 月に国際連盟同志会などと合併し,国民外交連合会となった.これについては,許 (2007),前掲,220 頁を参照.
60) 「国民外交協会成立会紀事」『晨報』1919 年 2 月 17 日.
61) 「国民外交協会之通電」『晨報』1919 年 2 月 23 日.
62) 国際連盟同志会の結成などの詳細については,唐啓華 (1998)『北京政府与国際連盟 (1919-1928)』台北:東大出版公司,60-65 頁を参照.
63) 他の知識人から見て,林長民は梁啓超に比しても多分に「政治的」であったという.それについては拙著 (2012 近刊),第 3 章を参照のこと.
64) 「国民外交協会紀事」『晨報』1919 年 3 月 1 日.
65) 研究系のメディアおよびその政治権力との関係については,拙稿 (2010) においてすでに論じた.
66) 「国民外交協会之重要文電」『晨報』1919 年 3 月 30 日.
67) 「国民外交協会之要電」『大公報』1919 年 4 月 1 日.
68) 「国民外交協会之決議」『晨報』1919 年 4 月 20 日.
69) 「誌国民外交協会職員晋謁総統談話」『晨報』1919 年 4 月 23 日.
70) 「国民外交協会関於扶助中国外交致美国総統威爾遜電」(1919 年 2 月 16 日),

中国第二歴史檔案館編（1991）『中華民国史檔案資料匯編　第3輯　外交』南京：江蘇古籍出版社, 426頁. 同文は「国民外交協会成立紀」『申報』1919年2月20日, および「国民外交協会之要電」『大公報』1919年4月1日にも記載がある. また, この檔案の作成日時については, 許冠亭（2006）「関於"国民外交協会"的三件檔案形成時間考」（『民国檔案』2006年1期）を参考にした.

71) 「国民外交協会之外交意見書」『晨報』1919年5月2日・3日・4日.
72) 時期はややずれるが, 地方からも政府がこの意見書をパリ講和会議において提議するよう求める請願が出されている.「黒竜江省議会及国民外交協会請願案」（1919年5月24日）北洋政府外交部檔案, 台北：中央研究院近代史研究所所蔵, 03-37-008-04-014.
73) 「国民外交之奮起」『晨報』1919年5月2日.
74) 同上.
75) 「国民外交之決心」『晨報』1919年5月4日,「国民外交協会議決案」『大公報』同日. ちなみに, 5月7日は, 対華21カ条要求が出された日にちなんだものである.
76) 「本報特別啓事」『晨報』1919年5月5日など.
77) 「警庁希望緩開国民大会」『晨報』1919年5月6日.
78) 「国恥紀念日之国民大会」『晨報』1919年5月8日. また, 協会は同日に各省の省議会や新聞社などに大会の様子を打電している.「昨日国民外交協会両要電」『晨報』同日. また, 協会の国民大会の呼びかけに各地が呼応した様子も, 同日の『晨報』に報道されている.「各地方之国恥紀念大会」『晨報』同日.
79) 前掲「昨日国民外交協会両要電」, および「国民外交協会之通電」『大公報』1919年5月9日.
80) 「被捕学生全体釈放」『晨報』1919年5月8日. 学生の釈放をめぐる動きについては, 前掲の梁敬錞による回想にも記述がある.
81) これ以降の学生の釈放をめぐる状況については, 劉広定, 前掲を参照のこと.
82) 「欧行途中」（1919）『欧遊心影録節録』『専集之二十三』, 38頁.
83) 「致梁思順」（1918年12月10日）張品興編（2000）『梁啓超家書』北京：中国文連出版社, 261頁.
84) 「国際連盟同志会之進行」『晨報』1919年2月11日.
85) 「国民外交協会関於推挙梁啓超為該会駐欧代表致梁任公電」（1919年4月1日）中国第二歴史檔案館編　前掲書, 427頁. また, この檔案の日時については, 許（2006）前掲を参照のこと.
86) 「梁任公与我国講和問題」『晨報』1919年4月6日, および「対日案件之質問」『盛京時報』1919年4月25日.
87) 顧維鈞著, 中国社会科学院近代史研究所訳（1983）『顧維鈞回憶録　第1分冊』北京：中華書局, 191-192頁.
88) 梁啓超自身は訪欧後も「私人」であることを強調している.「梁任公最近来電」『大公報』1919年4月20日.

89)　「巴黎使館及梁任公来電」『大公報』1919 年 3 月 31 日.
90)　「梁任公在巴黎時報之言論」『晨報』1919 年 3 月 30 日.
91)　「為梁任公弁誣各要電」『大公報』1919 年 4 月 10 日など.
92)　梁が林長民らに送った電報「山東青島等問題経提出後此間美英法等国深表同情　請把握時機統籌閣」(1919 年 2 月 26 日) 北洋政府外交部檔案, 台北：中央研究院近代史研究所所蔵, 03-33-146-02-026 など.
93)　拙稿 (2010), とりわけ 180-184 頁を参照のこと.
94)　応, 前掲書, 66-67 頁.
95)　最近の研究として, 小野寺史郎 (2010)「梁啓超と「民族主義」」(『東方学報』第 85 冊) がある.
96)　「論国家思想」(1902)『新民説』,『專集之四』所収, 17-18 頁.
97)　「中国立国大方針」(1912)『文集之二十八』所収にみえる. さらに, 閻潤魚 (2011)「中国近代思想史上的「強力政府論」：激進乎？保守乎？—基于梁啓超, 孫中山相関思想的考察」(鄭大華・鄒小站編『中国近代史上的激進与保守』北京：社会科学文献出版社所収), も参考になる.
98)　有田和夫 (1993)「辛亥革命後の梁啓超の思想—士人主導の運動から"国民運動"へ」(『東京外国語大学論集』第 47 号) 152 頁. 同様な立場をとる著名な研究に, Tang Xiaobing(1996), *Global Space and the Nationalist Discourse of Modernity: the Historical Thinking of Liang Qichao,*(California：Stanford University Press) がある.
99)　「先秦政治思想史」(1922)『專集之五十』, 2 頁.
100)　「『解放与改造』発刊詞」(1919)『文集之三十五』, 21 頁.
101)　陳立新 (2009)『梁啓超とジャーナリズム』東京：芙蓉書房, 245-249 頁.
102)　梁は「国際連盟とは人類が合同で改造する唯一の機能であり, まもなく実現する希望である」と述べている.「国際連盟論序」(1920)『文集之三十五』, 41 頁.
103)　班偉はこういった一連の言論を「愛国主義精神が体現されている」と積極的に評価した.「愛国主義精神」の内実はともかく, 当時は「世界主義」に傾きつつあった梁啓超ではあるが, その一方で一貫して「国」の枠組みが存在していたと言えよう. 班偉 (2005)「試論梁啓超的日本観与其思想転変的相互関係」(李喜所主編『梁啓超与近代社会文化』天津：天津古籍出版社所収), 727 頁.
104)　前掲「国民外交之决心」など.
105)　劉暁波 (1989)「中国当代知識分子与政治」(『争鳴』1989 年 11 月号など). 邦訳として, 野沢俊敬訳 (1992)『現代中国知識人批判』東京：徳間書店がある.

第3章

在奉天日本総領事による商租権問題解決交渉

佐 藤 元 英

はじめに

　満州における土地商租権は周知の通り,1915年5月25日に調印された「南満州及東部内蒙古ニ関スル条約」[1]の第2条で,日本が強引に袁世凱政権に要求した「特殊権利」[2]の1つである.商租権は,同条約第3条の南満州における雑居件・営業の自由権,および第4条の東部内蒙古における農工業の合弁経営権と共に,日本の満蒙植民政策の実行手段であった.中村覚関東都督は,「満蒙開発ニ関スル意見書」(1915年5月28日付)において,「満蒙ニ於ケル邦人発展ノ基礎茲ニ確立ス此時ニ当リ国家百年ノ大計ヲ立テ植民政策ノ基本ヲ定メ其ノ実果ヲ我ニ収メムトス」[3]と述べている.
　従来の商租権問題に関する研究は,日本の土地商租権設定に反対する抗日民族運動を解明の対象とし,中国側の法的手段,実力行使による商租契約の妨害分析に重点を置き論じたものが多い.その先駆的な代表論文として,浅田喬二『日本帝国主義と旧植民地主制』があげられる.同書は「日本帝国主義の,植民地への地主的侵略・土地侵略の具体的様相の解明,植民地支配の実態,植民地経営の特質の解明」(はしがき1頁)を課題として,台湾・朝鮮・満州における植民地型地主制の特質を鋭く分析した研究である.その

中の満州における日本人大土地所有者階級の存在構造では，日本帝国主義の土地収奪の最大の手段とされた土地商租権の活用が，中国官民の抵抗によって事実上不可能となったことが論じられている．そして，その対抗策として設立された，半国営的性格を持つ東亜勧業株式会社の小作制大農場経営も同様に失敗に帰し，本国地主制の満州への植民地的移植，定着は完全に挫折したと結論付けている．「土地商租権問題」の分析を通じて，日本の土地侵略と中国の民族運動の抵抗を究明し，満州植民地経営失敗の実態を論述しているのである．さらに同著者による「満州における土地商租権問題―日本帝国主義の植民地的土地収奪と抗日民族運動の一側面―」(満州史研究会編『日本帝国主義下の満州』)は，日本の土地商租権設定に対する中国民族の抵抗の形態をより具体的に分析した論考である．筆者はこうした浅田氏の研究成果を受けながら，商租権問題を日中間の外交問題としてとらえようとするものである．

また，満州における植民地的土地収奪と関連する対満移民政策に関しては，山田豪一「満州における反満抗日運動と農民移民」(『歴史評論』142, 143, 145, 146 号)がある．そこでは満州事変前の農業移民の失敗について，「満州事変後移民論者は事変前の失敗の原因を土地商租権問題としてのみ論じたが，これは事変によって商租権問題が解決し，以前にくらべて有利な環境がうまれたことを強調するために行なったものと考えられる．移民積極論者はそうすることで，もう一つの失敗の原因を誤魔化したかったのだろう．その原因，矢内原氏の経済原因というのは(矢内原忠雄『満州問題』)，日本人の移民による満州での農業経営が成立し得ないということである」と指摘している．

商租権問題と日本の土地経営および移民問題に深く関わっている在満朝鮮人問題は，満州支配と朝鮮支配との密接な関連，あるいは満州における抗日民族運動の具体的条件などを明らかにする上で重要な研究課題であるが，この問題について，万宝山事件を扱った論文に，緑川勝子「万宝山事件及び朝鮮内排華事件についての一考察」(『朝鮮史研究会論文集』1969 年 6 月号)があり，

「東北の朝鮮人をめぐる日中間の衝突は，一つは国籍問題・警察問題として現象し，一つは土地商租問題としてあらわれた」と論述している．

さらに，第一次世界大戦という国際環境と中国における日本の権益拡大という構図の中に「土地商租権問題」を位置付けた研究に，臼井勝美「欧州大戦と日本の対満政策―南満東蒙条約の成立前後―」（日本国際政治学会編『日本外交史研究―第一次世界大戦―』）があり，条約成立後の実施上の問題として，土地商租権設定をめぐる榊原農場事件と太平寺事件を分析している．

中国官民の執拗な土地商租権否認運動は，日本帝国主義の満州への全面的な軍事侵略を誘発させる有力な契機となるほどの高揚を引き起こし，実に満州事変勃発の主要原因のひとつとなったとする見解もあり，満州国成立後，日本の土地侵略の野望が「息を吹きかえし」，最終的には1937年の「商租整理事業」を通じてようやく実現したとされている[4]．

そこで，本稿の課題とするところは，「特殊権益」擁護という外交方針から打ち出されたいわば土地侵略＝植民地化政策，具体的には商租権施行細則に関する歴代在奉天総領事の交渉の実態を検証することにより，満州事変前の大陸政策の一側面を解明することにある．

1．商租権要求の目的

商租権が設定される以前，満州において，日本人に認められていた土地に関する権利は，1896年7月21日に調印（10月20日批准書交換実施）された日清通商航海条約の第4条に規定されていた，中国側の自開商埠地内における「地所ヲ賃借シ寺院，墓所，病院ヲ建築スルコトヲ得」[5]という内容であった．そして，日露戦争後に，日本は関東州租借地と南満州鉄道付属地を得ることになった．しかし，主として鉄道付属地に限られた土地利用では，「日本人が満州に於て経済的発展を為さんとしても不可能であり，日支間の真の経済提携は望まれない」[6]という不満があった．

だが実際には，日本人は日露戦争後，満州において諸事業を経営しようと企図し，典契約（抵当権）あるいは中国人名義，朝鮮人名義によって土地を買収し，広大な土地を獲得していた[7]。これらの既成事実を受けて，土地取得に関しての条約化を図ったのが対華21カ条要求の第2号第2条（土地所有権・賃貸借権）および第3条（居住往来権・営業権）である．

　1915年1月18日，日置公使から袁世凱大総統に提出された日本側の最初の要求は，南満州および東部内蒙古において土地の賃借権と所有権を要求するものであった[8]．これに対して中国側は，2月5日，治外法権を撤廃した後に実行したいこと，同月11日，東部内蒙古を除外し，南満州での土地賃貸借権を認めることを回答した[9]．日中双方の主張の対立によって交渉は難航したが，4月26日，日本側は，「各種商工業上ノ建物ヲ建設スル為又ハ農業経営ノ為必要ナル土地ヲ賃借又ハ購買スルコトヲ得」[10]という最終提案を出し，最後通牒提出の際，「第二号第二条中ニ土地租賃又ハ購買ト記載シアルハ暫租又ハ永租ト改ムルモ差支ナク或ハ永キ期限付且無条件ニテ更新シ得ヘキ租借ヲ含ムコトノ明カナル了解ノ下ニ商租ノ語ヲ用フルモ可ナリ」[11]との説明文を付して強引に迫った．これを受けて，已むなく中国側は，「商租」を使用して，日本側の要求に屈した．こうして「南満州及東部内蒙古ニ関スル条約」に「商租」が盛り込まれたが，この「商租」の用語には，日本側としては所有権に近い意味合いを込めており，中国側は賃貸借権に止めたい意向があったわけで，こうした齟齬が後の国家間の紛争にまで繋がった．

2．商租権施行交渉の前段階

　1915年5月25日「南満州及東部内蒙古に関する条約」[12]調印と同時に，中国側は第2条，第3条，第4条および第5条の実施において，その準備のため3カ月間の猶予を要求した．日本政府はこの実施延期に関する交換公文を認めることとしたが[13]，その間，中国側では「商租地畝須知」[14]を作成し，

奉天・古林省の官吏に配布していた．1916年7月，奉天交渉員より矢田七太郎在奉天総領事へこの規則の提示があり，日本官憲と協議決定の上実施したいという申込みがあった．日本側は満足すべきものではなかったが，当時，対華21カ箇条要求の最後通牒を発した5月7日を国恥記念日と定め，日貨排斥運動がさかんとなっていたのを考慮してか，中国官憲の希望に応じて適当な規則を制定することは差支えないと認められるので，これを非公式に受理して，調査の上回答すると返答した[15]．しかし，実はこの「商租地畝須知」の条項には，それぞれ中国側の商租権妨害と見られる解釈文が添えられていた[16]．もちろんこの解釈文は日本側に対して秘密にされ，南満州各地の地方官に内達されていたのである．その第1条に「土地の商租事項に関しては条約の規定する所により，地方官吏は応に以下各条に接照し注意弁理すべし」としながら，その解釈文においては「此弁法は日本人民に対し表示すること勿れ．而して各地方官は須く知悉して能く遵照弁理すべし．故に章程等の名目を用ひずして須知と云ふ．これ決して章程に非ざるを表示する所以にして，唯だ各条を地方官の為め須知せしむに過ぎざるのみ」とある．満州における土地商租権の実現を右左するのは，現地の地方官吏にあった．その地方官吏がこのような内規に縛られていたのであるから，商租権の実現はきわめて困難であったと思われる．

　1916年8月，再び奉天交渉員より協定が成立するまでの間「商租地畝須知」を仮規則として承認してほしいと申し出があり，日本側は，中国案は内容形式共に完備しておらず，条約に規定されている商租に関する根本観念と抵触し，条約の本旨に沿わない事項が少なからず見受けられ，殊に満州における土地制度および土地に関する旧慣の複雑不統一な状況に顧みて，また，商租規則は日本人の権利関係，事業の発展上重大の影響があるので慎重な調査の必要があるとの理由を述べて[17]，中国側の「商租地畝須知」の運用を保留した．そして，日本側としても，在満各領事に命じて詳細な実地調査を行なわせると共に，外務本省においても専門家に研究させた上で，10月に奉天総領事館で行われる領事官会議で討議させた．さらに本省において特別委

員会を設置して審査を加える一方，拓殖局とも協議を重ねた結果，1918年4月，次のような要旨の対案が作成された．

(1) 商租は当事者の契約により成立させ，その手続を簡単にすること．

(2) 30年の期限が満了すれば，無条件更新をすることができること．

(3) 租地は商租権の範囲内において債権または物権の目的物とすることができること．

(4) 商租地の制限を軽減すること[18]．

しかしその後，パリ講和会議が始まり，中国側との交渉の時機に不適当であるとして，この案を提示するには至らなかった．一方，中国側では施行細則協定が成立していない状況のもとで，1917年12月，張作霖督軍兼奉天省長は，「民国七年一月以後人民カ私ニ土地ヲ外人ニ貸与シ若クハ他人ノ土地ヲ担保ニ供スルコトヲ禁シ狂ス者ハ国土盗売罪又ハ外債私借罪ニ問フ」[19]という，厳罰を省内各県知事に訓令し，各地方区域に転令させている．

これに対し赤塚正助在奉天総領事は，条約により獲得した権利を阻害するものと認め抗議したところ，1918年2月，「不逞の徒が他人の土地又は地券等の証拠を以て私に之を外国人に租与し又は外債を借用し外国人は之が為に欺かれ損害を受け，勢ひ交渉を醸成することあるを恐れたるが故に須く官憲に届出で調査の上始めて契約訂止を許すべしといふに在り（中略）決して総て租借を許可せずと云ふにあらず」[20]と弁明してきた．そして，同年7月には，張作霖（奉天省長）の名で，「日本国民の南満に在りて需用土地を商租せんと願ふ者ある場合は，各該知事は立どころに迅速切実に弁理し並に法令上懇誠の援助を与ふべく絲毫も阻難するを得ず」[21]というように，明らかに商租権を認めた訓令を発出した．

こうして，商租権は表向きには実現できそうに思われた．しかし，中国側の手続きによる商租の内容では，「大体此の商租須知の取扱ひに依ったものでありますから殆ど問題にならない様なもので借地権に過ぎないものであります．日本人はそんなものを得たところで仕様が無い（中略）貧弱な権利にされて居ります」[22]，というように日本側の満足するところとならず，前述

の張作霖による商租権を認める訓令も，日本側からの抗議に対して已むを得ずとった処置にすぎず，商租に関する問題が起こるたびごとに奉天の日本領事館から中国側当局へ抗議を申込むというような状態であり，その上「大正八年以降財界の好況絶頂に達し満蒙の利権に着目して積極的に投資せんとするもの続出したる為商租問題に対する与論も喧しく」[23]，施行細則の法制が必要に迫られてきた．中国政府は表面上では商租権を認めながらも，裏面においては，奉天省長，財政庁長，県知事らを指導して，絶えず商租禁止の布告および訓令を発出させ，商租権の阻止に懸命であった．

3．赤塚総領事による施行細則交渉

　1921年7月に至り，初めて非公式的に商租権細則取決めの交渉会談が開始された．内田康哉外相は赤塚正助在奉天総領事に対し，「商租規則制定ニ関スル交渉方針」を以て，中国当局と非公式に交渉を進めるよう訓命した．この方針によれば，商租規則制定に関しては，日本側から提案することは穏当でなく，中国側の草案である「商租地畝須知」に基づいて協議するよう指示されていた[24]．しかし，交渉は進展せず，赤塚総領事は奉天における各方面の土地関係者を招集して，別個の対案「土地商租暫行規定」[25]を作成し，同年9月7日，非公式に中国側に提示した．ところがちょうどワシントン会議の開催中に当り，中国側はこの交渉に応ずる姿勢がなく，已むなく一時商議を差し控えることになった．

　1922年2月3日，ワシントン会議における極東総委員会の席上，米国委員ヒューズは，次のような発言をする一幕もあったが，日本側はこれに対して何ら反対も唱えず，結局商租権に関しては直接の影響を受けずに終わった．アメリカもまた最恵国条款によって，日本と同じ商租権の権利を中国より得ることができることを確認しようとしたのである．

一九一五年五月二五日の南満州及東部内蒙古に関する条約第二条，第三条，第四条に依り支那国政府は日本国臣民に対し南満州に於て商工業上の建物を建設する為又は農業経営する為土地を商租し，南満州に於て居住往来し且各種の営業及製造業に従事し又東部内蒙古に於て支邦国民と合弁に依り農業其の他同種の産業を営むの権利を許与せり．合衆国政府は勿論右許与が排他的の趣旨を以てせられたるものに非ずと解し，過去に於て為したるが如く米支間の条約中の最恵国条款に基き米国人民に帰属すべき利益を支那国政府に対し彼等の為に要求すべし．26)

　同年2月末，内田外相は再び赤塚総領事に対し，土地商租施行に関する交渉を開始するよう訓命すると同時に，同総領事作成の対案「土地商租暫行規則」に関しては大体妥当であるが，多少の変更を必要とする事項もあると電令した．しかし，赤塚総領事は，奉直戦争に次いで張作霖将軍の独立宣言などが起こり27)，交渉が難航し依然商議を開始することができない状態を内田外相に報告した．そして，「中国側ニ於テモ所謂二十一箇条取消ノ声高キ今日東三省ノ立場トシテモ本件交渉ニ着手ヲ附ケサルヲ賢明ノ策」28)と考えていたようである．

　北京政府は，1923年3月10日付公文書を以て，「該条約が支那共和国大総統に依り調印されているとは言へ憲法の要求する支那議会の協賛を得るに至らなかった」29)として，廖恩燾駐日中国代理公使より内田康哉外相宛に「大正四年日華条約及交換公文廃棄」30)の通告を行なった．しかし，これに対して内田外相は，中国側の提議する「旅順大連接収辮法及本件条約及交換公文廃棄」の善後措置の商議については，何ら応酬する必要がないとの強硬姿勢を伝え，次のように回答した．

　　大正四年ノ日支条約及交換公文ハ夫々正当ニ全権ヲ委任セラレタル両国代表者ニ依リ正式ニ調印セラルモノニシテ殊ニ条約ハ貴我両国元首ノ批准ヲ経タルモノニ有之而シテ右約定ニ関スル帝国政府ノ見解ハ既ニ華府

会議ニ於テ帝国全権カ声明セル所ニシテ貴我両国間ニ儼トシテ有効ニ存在スル条約及交換公文ヲ貴国政府カ随意ニ廃棄セラレムトスルカ如キハ啻ニ日支両国民ノ親善ヲ齎ス所以ニ非ルノミナラズ国際ノ通義ニ反スルモノニシテ帝国政府ノ断シテ承認シ難キ措置ニ有之候（中略）殊ニ本件条約及交換公文ノ一部ニ付キテハ既ニ新ニ条約ヲ締結シ又ハ抛棄若ハ留保ノ撤回ヲ声明シタル次第ニテ此ノ上更ニ変更スヘキモノ絶対ニ無之コトヲ茲ニ声明致候[31]

4．船津総領事による施行細則交渉

1923年8月15日，赤塚奉天総領事に代って船津辰一郎が奉天総領事に着任すると早々，商租権問題解決にとりかかった．同年10月13日，船津総領事が華興公司農場事件に関し，王永江奉天省長と面会した時，商租権問題に言及し，施行規則を作成する必要があることについて王省長の同意を得た．そこで，交渉開始については両国より数名の委員を選定し，予備的交渉をすることを希望したので，日本側としても双方意志の疎通を図ることを必要と認め，内山領事，後藤書記生，阿南書記生の3名を委員とし，中国側は丁鑑修を任命した．その後，王永江奉天省長は丁鑑修を奉天総領事館に派遣し，次の中国側の希望方針を述べた．

(1) 本交渉は北京対奉天関係および対華21カ条問題に鑑み，大正4年の日支条約に基づかず，単に土地に関する暫行的準備弁法協定の方針に拠ること．

(2) 本協定は先ず奉天省に限定し（南満全体に及ぼそうとすれば，南北満州および東部内蒙古との境界問題に触れなければならず，さらに吉林は奉天と事情異る点もあり，委員を選出することを拒否するであろう），結果を俟て吉林省においても同様の協定を為すこと．

(3) 本交渉に関連し，警察および課税問題をも討議したいこと[32]．

この提案について，船津総領事としても，商租権および居住権の行使を実施する以上，中国側の警察権，課税権を尊重することは当然のことと認められるとの考えを示した．また，奉直関係および「二十一箇条取消運動」も依然として続いている現況を見ても，商租権の細則協定を現状下で交渉することは困難な状況にあると判断し，王省長の提案する「暫行的準備弁法協定」の交渉に応ずるため，伊集院外相へ次のように請訓した．

此際新条約ニヨル正式商租細則ノ協定ヲ望ムハ困難ナル事情アルヤニ察セラルルヲ以テ本邦人ニシテ事実上土地ノ利用農耕ニ支障ヲ来タサシメサル準拠弁法即チ土地ニ関スル暫行的規則ヲ協定スルコトハ両国ノ為メ最モ緊要事ト認メラルルニ付未タ充分ノ成算無之候得共幸ヒ支那側ニ於テ我方ノ希望ニ応セントスル態度ヲ示シツツアル此機会ヲ逸セス商租細則ノ協議ヲ行ヒ同時ニ警察課税問題ヲモ附議スルコトニ致度[33]

外務本省（伊集院彦吉外相）は，1924年1月，次の各項に留意の上予備交渉を開始するよう回訓した．
(1) 中国側が従来の行懸にとらわれず，全然新規の立場において商議を希望するのであれば，必ずしも大正10年の我対案を固執する必要はないが，なるべくその対案内容の範囲内において折合うこと．
(2) 適用範囲を先ず奉天省（同省行政区域全部を意味する前提で）に定めることは差支えない．
(3) 警察および課税問題の討議は差支えないが，重大問題でもあり中国側の要求に対しては公正厳密なる審議を加え，在満領事会議の決議による警察および課税規則承認方針を斟酌して折衝すること．
(4) 奉天省内邦人居住往来営業の自由に対し，充分な保障をさせること．
(5) 日中間の訴訟の件について先方より提議あれば，本件は商租問題解決後に譲ること[34]．

また，この交渉の開始について，再び排日宣伝の火種となることを恐れ，

交渉の内容は絶対秘密として外部に目立たない方法により会議を進渉させるよう訓令した[35]．船津総領事は，ようやく5月30日になって王省長と交渉を開始した．一応日本側は1921年の「土地商租暫行規定」によって交渉を進めようとしたが，中国側はこれとは対立するような，かなり制限を加えた新対案を主張した．その要旨は，次の通りである．

(1) 商租区域を満鉄沿線各県に限ること．
(2) 商租期限を1年乃至5年とし，当然更新を認めないこと．
(3) 奉天省内の全ての日本人に，中国の一切の警察法規を適用すること．
(4) 領事裁判権を即時撤廃すること．
(5) 奉天省に在住する日本人を中国の課税に服従させること．
(6) 清皇室の私産および王公府土地は暫租させないこと．
(7) 日本人の暫租地居住地方より日本の警察を撤退させること[36]．

数回の会談を重ねたがどちらも譲らず，円満な協定はできなかった．そこで1924年7月，日本側は中国の最も嫌忌する商租問題の名目と形式とを保留して，実益を得るために「租地暫行規則（草案）」を立案して審議を申し入れた[37]．しかし，商租適用区域に関し，中国側は試弁的に満鉄沿線各県に限定することを主張，これに対して日本側は適用区域を少なくとも奉天省行政管轄区域とするべきであると主張して折合わず，領事裁判権問題に関しても，中国側はあくまでこれを撤廃することを要求，これに対して日本側はワシントン会議の多数国間決議であり日本単独で応じ得る問題ではないと反論した．また，商租期限について，日本側の要求している50年間の期間に対し，中国側はわずかに1年乃至5年間の商租を許すとしている[38]．

こうした議論が繰り返されている中で，奉天省議会は，巧に排日排貨の喧伝を利用して対内政策の口実のもとに商租問題の折衝を回避させようと働きかけた．そして，奉天省議会は，5月18日に東三省保安総司令，奉天省長に対し，「鉄道，鉱山，森林及び其他種々の施設にして既に条約に載列せるものを除くの外，嗣後我が奉天省の土地及び上地上に附属する一切の権利は仮令何国たるを論ぜず，総て奉天省議会全体の先決後に非ざれば妄りに条

約を締結するを得ず」[39)]と声明することを要請した．さらに12月30日には，次の建議案を可決している．

　　我等は二十一ケ条を以て国権を損失するの甚だしきものとなす（中略）商租の二字を狭義に解せば南満州東蒙古の一部分の関係なれども，広義に解せば実に中国全国の生死存亡に係る最大関係あり将来日本側が若し提出せざれば可なるも，万一天下の題を顧みずして提出し，利を以て誘ひ若しくは威を以て之を圧迫せんとする場合は省政府は毅然として拒絶し彼が牢籠中に陥るが如きことなきを要す．又事実上早くより既に雑居する者も二十一ケ条の商租関係を脱離することを要す．且須く中国の司法権警察権を回収し真正の親善を表示すべきなり．是則ち交渉当局に特別の注意を請はんとする所以なり云々[40)]．

　こうした奉天省議会による交渉阻止は，楊宇霆総参議一派の利権回収運動に影響された軍閥の干渉に基づくものであると，日本側では推測した[41)]．こうした中国側の土地商租権に対する否認的態度の対応作として，船津総領事は，「我方ニ於テ飽ク迄之ニ拘泥シ従来ノ主張ヲ固執スルニ於テハ遂ニハ其ノ実質ヲ失フニ至ルノ惧アルヲ思ヒ此際トシテハ寧ロ土地ノ権利ニ関シ其ノ実質ニ於テ日支条約ノ規定スル所ト大差無キ限リ支那側ノ承諾シ得ヘキ程度ノ条件ニテ本問題ノ解決ヲ討ルコト得策ナリ」[42)]との見地より，1924年11月，次の3つの案を述べ，そのいずれかに基づいて協定作成を進行させたいと幣原喜重郎外相に請訓した．

　　第1案
　　　領事裁判権の撤廃は時期の問題があるため，中国側司法官衙が日本の弁護士を認め，中央司法官すなわち奉天に日本の法曹の権威者を顧問として招聘させ，審判司獄の改善を促し，できれば吉林，長春，哈爾賓，安東等の主要都市の審判庁にも日本人司法顧問を聘用させるなどの条件により，東三省開放地以外における領事裁判権を撤廃し，その代償とし

て所有権に代わるべき土地の永租権を認めさせること．

　第2案

　租地期間を30年とし期間満了後続租する場合には，租地の時価による評価額より従前の租地料および土地改良その他の施設に要した増加評価額を控除した金額を続租料として支払い，また，期間満了の際，契約を解除する場合には，承租者の経営投資により生じた土地の増加評価額を出租者より補償させること．

　第3案

　土地経営に関しては，中国の法令に従い日中合弁会社を設立させ，中国法人として土地の経営利用をさせること[43)]．

時の外相は幣原喜重郎であり，(1)対支内政不干渉，(2)経済的提携による共存共栄，(3)支那の現状に対する同情と寛容，(4)合理的権益の合理的擁護，の4原則を以ていわゆる幣原外交を開始していた．1924年6月11日の外相新任挨拶ではまず，「日本は巴里講和条約，華盛頓会議諸条約諸決議等に明示又は黙示せられたる崇高なる精神を遵守拡充して帝国の使命を全うすることに努力せむと欲するものなり」と主張した．そして，同年7月1日の第49帝国議会において，幣原外相は，次のように演説している．

　第一に帝国の外交は我正当なる権利利益を擁護増進すると共に列国の正当なる権利利益は之を尊重し，以て極東並人平洋方面の平和を確保し，延ては世界全般の平和を維持することを根本主義とするのであります．（中略）第二に申し述べたい重要なる点は所謂外交政策の継続と云ふことであります．（中略）一国の政府が公然外国に与へた約束は条約に依ると否とを問はず，如何に政府又は内閣の更迭がありましても此等の更迭に依って変更し得べきものではありませぬ．之が外交政策継続主義の要諦であって，之に依って始めて国家の威信も保たれるものであります．其の遵守せらるると否とは国際平和の依って懸る所である．我々は自ら此の主義を遵守すると共に列国に於ても亦同様の精神を以て我国を迎ふる

ことを期待するものであります[44].

　幣原は「南満州及東部内蒙古に関する条約」の「特殊権利」について，あくまで擁護することを強調しているが，それと同時に，日本の執らんとする外交政策は，ワシントン会議の九カ国条約の精神と全然一致するものであると，ワシントン体制の国際協調政策も重要視している．商租権施行の交渉においても，そのまま幣原外相の外交方針が反影していると言える．
　外務本省は先の船津総領事の請訓に対して，次のような方針を考えていた．第1案については，ワシントン会議の決議に基づく中国治外法権委員会の調査[45]を無視して，日本側が単独に治外法権を撤廃し，この撤廃の条件の代償として特殊な権利，利益を得ようとすることは，ワシントン会議決議の精神と一致せず，今直ちに同案を採用することはできないと反対し，交渉再開にあたっては，次のような方針を指示した．

(1) 中国において，本件交渉を治外法権撤廃問題と切離して行なおうとする意向がある場合には，大正13年予備交渉における日本提案を基礎として討議すること差支えない．

(2) その見込みがない場合には，前記第2案を基礎として暫行弁法を提案すること．
　　㋑但し警察課税権に対しては，国民待遇の基礎に服従すること差支えなく，㋺法権問題に関する商議は，大正4年の日中条約の範囲内に止めること，㋩同案は単に個人間の租地契約様式を規定するに過ぎず，日中条約による商租権の細則ではないので，その適用区域を奉天省に限定せず，東三省全部に適用させること[46]．

(3) 中国側において第2案の交渉にも応じないときは，商租問題と離れ，土地利用の実際方法として，第3案による日中合弁案を中国側より提案させること．但し，合弁事業は日清追加通商航海条約第4条の規定により，当事者間の自由契約によること．

　しかし，この方針は奉天総領事に発訓されていない．こうした情況下にお

いて，中国内乱の奉直関係はますます緊迫状態に陥り，張総司令はしばらく交渉停止を申し出たため，予備交渉はその後停頓の状態になった．船津総領事の交渉失敗は，「出先総領事の態度方針が軟弱であったからだ」[47]というような，厳しい批判もあった．

幣原外交のもう1つの大きな特長は，田中外交のいわゆる満蒙分離政策に対して，中国の統一を是認しようとしている点にあり，一満州よりは中国全体を重視していた．1925年1月20日，幣原外相は，第50帝国議会の外交演説において，次のように述べている．

　　日本の懸念する所は満蒙地方の事態に限るものではありませぬ．支那全体に対して日本は国家的生存上極めて密接な利害関係を持って居りますことは現実であります．（中略）唯々我国として重きを置きます所は支那が外に対して誠実に国際義務を履行し内に在っては各地方の和平秩序を保つべき鞏固なる政府の樹立を見るに至るの一事であります[48]．

幣原には，満蒙における「特殊権利」を，中国自身によって樹立させた「鞏固なる政府」によって保障させようとする意図があった．

さて，外務省による1924年の予備交渉開始直前において，満鉄および東亜勧業株式会社の民間関係者からも，商租施行の細則に関する対案が提示されている．

　　満鉄案
(1) 船津案が，商租契約の期間満了の際，当然無条件更新ができるとしたことに対して，満鉄案は，満期の場合無条件続租の予約をすることができるとすること．
(2) 船津案が，承租人の権利が出租人の権利の変動により侵害を受けないと一方的に規定したのに対し，満鉄案は，契約の当事者双方に対手方の権利の変動により，互いの権利が侵害されることのないことを定めたこと．

(3) 船津案は，前清皇室および王公府所有の土地の商租において，永租権者の権利を害してはならないとしたのに対し，満鉄案は，広く第三者の権利を害してはならないとしたこと．

(4) 船津案は，隣家の耕作を妨害してはならないという特別の規定をしているが，満鉄案は，これを掲記しないこと．

(5) 船津案は，商租権消滅の場合，租地上の工作物の処分に関し，出租者の買収または承租者の収去の何れかを選択することができるとしたのに対し，満鉄案は，この場合の措置は別段の契約がある場合のほか民律によるとしたこと[49]．

満鉄案は船津総領事の対案と比べて特に著しい差異はないが，多少中国側に受諾しやすい改訂を施しているように思われる．

東亜勧業会社案は，商租細則案というよりは細則協定が難行している状態を顧み，実際問題に重点を置いて，当事者間における商租契約の規準とすべき基礎様式を作成した．そしてこれに基づく商租契約は全部有効となるものとし，目前の問題をまず解決しようとするものであった．大体において奉天総領事の細則案に準拠するものであるが特に注意すべきものは次のような点である．

　　　東亜勧業会社案
(1) 租地料の額を明記すること．
(2) 満期の際双方協議のうえ，続租しえることを明記すること．
(3) 満期の際契約を解除するときは，承租者に補償料を支払うこと．
(4) 続租の際はさらに租地料を支払うこと[50]．

しかし，こうした満鉄および東亜勧業の対案も，外務本省より抑えられ，奉天総領事が張作霖との交渉によって，商租暫行弁法を商議するよう訓令された．外務省外の出先機関によって，勝手に何らかの弁法を発布するようなことがあれば，徒に事態を紛糾させることになるとの警告を与えたのである[51]．

5．吉田総領事による施行細則交渉

　1925年10月22日，船津総領事に代り吉田茂が奉天総領事に赴任した．この両者の交代について『外交時報』は，「聞く所によれば吉田氏亦本問題の解決に意ありと云ふことである．世評によると吉田氏は船津氏の対外軟と云はれて居ったに反し，頗る対外硬の方針だと云ふことで，日本の腰の朱鞘は伊達ぢゃないと放言して憚らぬとか，外交畑の人としては珍らしい事と思ふ（中略）世人は我吉田奉天総領事に対し大に期待の目を向けて居る様である」[52]と伝えている．

　吉田総領事は1926年6月，幣原外相へ次のような意見を具申した．従来の商租権細則案は要するに登記に始まり裁判に終わる大綱を定めたものにすぎず，満州のように土地制度に関する成文も無く，慣習もまた一定しておらず明瞭でない．こうした満州においては在来の細則案では商租権獲得の実益をあげることは困難である．そこで満州のような特殊の事態に最も適合すべき「簡ニシテ要ヲ得タル施行細則案ノ審議ヲ必要トス」との見解から，この細則の審議研究を依託するための法律家を派遣してほしいこと，また，商租権を実際行使する方法としては，自開商埠地の開放を要望することが有益である，との具体案を示したものであった．

> 近時支那官民ニ鉄道敷設熱盛ナルハ鉄道敷設ニ因ル地価ノ騰昂ヲ歓迎スルニ存スル事情ヲ利用シ鉄道沿線ノ商埠地ヲ拡張又ハ新設セシメ洮昂線吉敦線等ノ新設鉄道ニ対シテハ主要停車場附近ニ自開商埠地ヲ開放セシメ之ニ依リテ商租ニ対スル支那側ノ理解ヲ促進セシムルノ有益ナルヘキ[53]

　これに対し幣原外相は，法律専門家を奉天に派遣することは，「商租問題

ニ対シ支那側ノ神経著シク鋭敏トナリツツアル現状ニ於テ大同上却ツテ不利ナル結果ヲ来ス惧アル」[54]と回訓した．その後，吉田総領事は関東長官の紹介により松本烝治博士を呼び寄せたものの，何の成果も見られなかった．

1926年7月，張作霖は，郭松齢の反乱に際し日本側に多大な迷惑をかけたとして，その挨拶のため，旅順においては関東長官，関東軍司令官，また大連においては満鉄社長を訪問した．その際，旅大に新聞通信記者団が押しかけ，時局問題の1つとして商租権問題に対する方針について質問すると，張作霖に代って随行の于国翰参謀長が答弁したことについて各紙新聞が取り上げた．「一新聞紙の伝へる所によると『商租問題の如きデリケートな問題の解決は一般国民の心理を与慮しなければならぬ』と答へたと云ひ，又或新聞には『東三省内に日本人が土地を商租して耕作することは支那国民の全部が反対する所である．（中略）条約を破棄するかドウかは今日言及を避ける』と答へたと云って居る」[55]と報じた．中国側は官民あげて商租権を否認し，その施行に抵抗していたのである．

1927年4月20日，田中義一による政友会内閣が成立した．田中首相は自ら外相を兼摂し，出淵勝次を事務次官に留任させ，森恪を政務次官に据え，山本丈太郎を満鉄社長，副社長には松岡洋右を任命した．この新しい人事のもとで，同年6月27日から7月7日まで，外務本省において東方会議が開催された[56]．会議最終日に田中兼摂外相が訓示した「対支政策綱領」[57]は，同内閣の外交方針をよく表わしている．いわゆる田中外交の対中国政策の特色は，(1)在中国の権益擁護のためには軍事干渉も辞さず，(2)満蒙全域の治安維持，(3)満蒙は中国において特殊地域とする，の3点にあった[58]．そして，満州問題の解決を一般中国問題とは別に切り離して，満蒙における事実上の権力者を相手として折衝するという点，すなわち張作霖を相手にして，日本の権益の増進を図るという点に特色があった．

田中外相は東方会議後，吉田総領事の対満蒙積極政策を採り上げた．吉田総領事は東方会議，旅順会議を終えて帰奉するとすぐ，京奉線の満鉄線横断を阻止するという英断に出た．しかし，満鉄，関東軍の反対があり，結

局期待された吉田総領事も何らの成果もあげることができず奉天を去ったのである．吉田のもとで実務に当たっていた守島守人領事は，次のように回想している．

　当時北京方面に進出していた張作霖にとって，一大痛棒たるを失わなかった．吉田としては此の痛手を与えた上で，張作霖政権相手の交渉を進める意図であった事は疑いないが，突如として旅順方面即ち関東軍や関東庁方面から時期尚早だとの非難が持ち上った[59]

6．林総領事による施行細則交渉

　1928年4月25日，林久治郎がタイ公使から簡抜されて，奉天総領事に就任するとまもなく，6月4日，張作霖は列車爆破により殺害された．そこで林総領事は，後継者の張学良と交渉を開始することとなった．東方会議，旅順会議では，対満蒙政策の基本方針が決定されたほか，懸案の新設鉄道敷設の問題は満鉄が担当し，商租権その他の現地における懸案は，奉天総領事館が担当することに決定されていた．しかし，林総領事は「奉天在勤ヲ命セラレ赴任ニ先チ実現希望事項」として「一，在満陸軍諸機関ノ対支交渉ハ総テ其他所管領事ヲ経由スルヲ原則トシ直接之ヲナス場合ニハ当該領事ノ承認ヲ経ヘシ（中略）一，満鉄ノ満蒙ニ関スル重要ナル対支交渉ハ総テ予メ奉天総領事ノ承認ヲ経ヘシ」[60]と述べ，この希望は田中首相兼外相において認められ，また白川陸相においても原則としてこれを認めている．そして，林総領事は，関東軍や満鉄などとも密接な連絡を保ちつつ，鉄道問題や商租権問題などの解決を図ろうとした．田中外相は，同年9月24日，上京中の林総領事に次のような方針を以て，商租権の交渉開始を訓令した．

　　甲　内地開放の予約
　(1)　主義として中国側をして東三省を日本人の居住営業のため開放さ

せ，日本人に土地の利用権を享有させるよう約束させる．
(2) 上記の目的を達成させるため，日本側は東三省における治外法権の撤廃を約束する．
(3) 前記治外法権の即時撤廃は，中国の現状では不可能であり，一定の準備期間を置いて，この期間の経過と共に治外法権を撤廃する．内地開放もまた，この準備期間において実行する．
(4) 取極の形式は，日中双方の声明書による．
　乙　大正4年満蒙条約の履行
(1) 内地開放が実現されるまでの差当りの措置として，中国側に同条約に定められた，南満州における居住往来の自由，および商租について履行させる．
(2) 日本側においては，同条約の規程により南満州において中国側の警察および課税に従う．
(3) 中国側においては，従来の経緯に鑑み容易に履行するに過ぎないことを明らかにし，その主張を貫徹することに努める．
(4) 本取極は，東三省政権と奉天総領事との間に公文を交換する．
　丙　将来国民政府との間に条約改訂問題に関する商議が開催されるか，もしくは満州問題について交渉する時期に至れば，東三省政権との交渉と並行して国民政府との間に，前記の主旨により正式条約による解決策を妨げない[61]．

この訓令には，田中外交の方針，「対支政策綱領」の特長が表われている．すなわち在中国の権益擁護のためには軍事干渉も辞さないとする積極政策，満州（関内）と中国本土（関外）とを分離する，すなわち満蒙分離政策の実践が述べられている．また，吉田茂次官（奉天から帰任後，外務事務次官に就任）が奉天総領事時代に述べた持論も含まれていた．

林総領事はこの訓令に基づき，同年10月13日，張学良を訪問し，日本政府は東三省において日中両国の緊密な関係に顧み，在来の懸案を「共存共栄ノ主義」により，速に解決したいという要望を伝え，懸案解決の第一歩とし

て最重要である土地問題を解決するための交渉を申し入れた」[62]. しかし, 張学良は次のように反問した.

　(1)　土地問題の解決に当っては領事裁判権の撤廃問題を伴うところ, 日本側にこれを実行する誠意があるか.
　(2)　右撤廃区あるいは租借地および鉄道附属地を含むか.
　(3)　たとえ交渉が纏まっても, 中央政府 (国民政府を指す) においてこれを承認しない虞があるので, 交渉を急ぐ必要はないのではないか[63].

　林総領事は(1)について, 東三省の内地開放に当り, 日本側には領事裁判権撤廃の覚悟があると明確返答し, (2)については, 特殊条約により設定されたものであり, 別問題であると答え, (3)については, 従来常に東三省政府と交渉してきた問題であり, 将来樹立する中央政府との関係を考慮する必要はない. また, 実際に中央政府の意見を合致するとしても, 領事裁判権撤廃までに中国側においてこれらに関する条件を研究し, 交渉するため特定の人物および関係機関を指示されることを希望すると述べた.

　以上のように, 治外法権撤廃, 内地開放を行なうまでの間は何らかの弁法を作成し, 土地利用を日本人にも許可する必要があるとして, この交渉のため適当な人員を選び, または機関を作って指示してほしいと述べたところ, 張学良は即答をさけ,「本件ハ重大問題ナルヲ以テ数日中ニ保案会ヲ召集付議シタル上何分ノ返事ヲ為ス」[64]と約束した. また, 林総領事は, 10月16日, 奉天省長翟文選に対しても同様に申し入れをし, 交渉の促進を期待したが, 19日の保安会における土地および法権問題討議では, 袁金鎧, 張景恵らによる,「本件日本側ト商議ヲ開始スルハ支那側準備整ハサル今日時期尚早ナルヲ以テ先ツ支那側ノミニ依ル下研究ヲ為スヲ要ス」[65]という反論があり, 交渉開始の段取りまでにはかなりの日数がかかる状況を日本政府に回答してきた.

　その後, 日本国内でも張作霖爆殺事件の責任追及問題が起こり, 1929年7月2日, 田中内閣は総辞職し, 代って浜口内閣が成立した. 外相には, 対中国内政不干渉主義, 共存共栄による平和主義,「合理的権益の合理的擁護」

等を外交理念としていた幣原喜重郎が再び登用されることとなった.

　林総領事は，行き詰った現地の事態を好転させる意味で，「我方から手出ししないで，而も中央の承認を行なわなくても，出先限りで解決し得る十数年来の懸案二,三を択んで矢つぎ早に警察力丈けで実力解決する方針を決定し」[66]，榊原農場を横断していた軽便鉄道を撤去する問題，吉田前総領事の手掛けた奉天十間房の陸軍用地を満鉄側敷地に編入する問題，関東州と満州領との間の中立地帯に不法侵入した東北軍の武装解除の問題などを強硬的に解決していった．これらの問題解決は，交渉の形式によらず一方的に解決する果断な方法に出たことにより，軍部の昂奪した空気を緩和することになり，総領事館の強硬手段だとして在満官民の満足をかった．

7．榊原農場問題

　榊原農場問題についてみれば次の通りである．1914年春，榊原政雄は，関東都督，満鉄の援助により，崔洶生，溥豊模範農場公司理事との間に，同農場租地全部を1913年4月30日にさかのぼり，30年間転租する契約を結んだ．この契約当初の榊原農場事件は，すでに臼井勝美氏の「南満東蒙条約の成立前後」[67]により明らかにされているところである．この問題は1915年9月，溥豊公司代表者張煥相より買戻の申し込みがあり，折衝の結果1916年2月，一応次のように解決された．

(1) 他日適当の土地を発見したときは，興京森林伐採権を榊原に与えること．

(2) 興京，撫順間の鉄道は，日本側資本および材料によって敷設するよう尽力すること．

(3) 買戻価額22万円

(4) 現農場中水田百余町を榊原に留保し，商租料年600元（小洋）を納入すること[68]．

しかし，その後問題となったのは，この留保された水田百余町に関してである．この商租権は1919年，榊原の弟浦本政三郎に譲渡され，浦本は三陵衛門に対し，1915年にさかのぼり商租料を支払う条件で商租契約を締結した．その後この土地は，さらに浦本より榊原タエ子に譲渡されたのである．この間榊原，浦本らは中国側の再三の請求にもかかわらず，商租料を支払わなかった．

そこで中国側は1924年6月12日，軍隊を農場に派遣して直接行動に出た．時の奉天総領事，船津辰一郎は中国側に抗議する一方，「此種事情ノ下ニ商租地ノ奪回ヲ行ハシムルトキハ他ノ商租土地関係者ニモ影響スル所多カルヘキ」との配慮から，同農場に債権関係を有する満鉄および東拓（東洋拓殖株式会社）と協議の上，とりあえず納入未済の商租料小洋5240元を支払わせようとした．ところが，中国側は受領を拒み，土地の返還に固執した．同年再び軍隊を派遣し，朝鮮人小作人に暴行を加えた．船津総領事は「在留民保護上並ニ商租権取消ノ他ニ影響スル所甚大ナルニ鑑ミ（中略）支那側カ飽迄直接行動ヲ取ルニ於テハ当方モ自衛手段ニ出ツヘキ旨ノ通告ヲ発シタ」[69]．厳重抗議の結果，中国側は撤兵し，ひとまず結末を見た．

1925年，郭松齢は航空所を建設するため，皇姑屯駅より北陵付近までの鉄道延長を計画し，榊原の承認を得ず農場を横断する軌道を新設した．日本側より厳重な抗議が提出され，貸償支払を要求したが，何ら回答がなく問題はそのままになっていた．

林久治郎が奉天総領事に着任すると，中国側へ交渉を再開し，数回にわたり賠償金支払による円満な解決方法を要求したが，中国側は応ぜず，さらに瀋海鉄路局は1929年4月，この軌道に北陵遊覧鉄道を敷設した．榊原は林総領事を介して，鉄道敷設軌道の撤回を厳重に申し込んだが，中国側は「租金不納に付商租権喪失」[70]を主張して譲らず，再び5月20日，林総領事は王鏡寰・遼寧交渉署長に宛て，「該農場を貴国が使用せるに対して相当の賠償なき時は，自ら貴鉄道を撤去すると榊原は云ふが，これは本官も正当な理由として差し止め得ぬから予め御承知を乞ふ」[71]という書簡を送付し，最後

的実力行使をほのめかす厳重な抗議を行なった.

　6月27日朝, 榊原は人夫20数名を以って鉄道の撤去工事を行なった. 奉天総領事館においては万一にそなえ, 興津副領事の統率のもとに武装警察官34名を現場に派遣し, 中国側も同様の措置に出たが, 何事もなく工事は遂行された. 同日, 榊原の願い出により, 林総領事は中国側に, 「榊原から本朝北陵遊覧鉄道遮断工事を実行した旨の通報に接したが, 右は前々公文をもって注意した通りなれば, 本問題解決を見るまで今後再び鉄道敷設等のことをせざるやう諒解を乞ふ」[72]と通告した.

　林総領事は商租権問題を対満蒙政策の中心問題と考え, そしてその実行のためには, 武力行使をも辞さないとする考えであった. この事件に対する林総領事の態度は, 「事態右の如き状況にある以上本件は, 単に一榊原のみの問題と認むるを得ず, 引いては我方の権益全般に影響を及ぼすべき事大なるものある点に鑑みるに, 権利者たる榊原が自己の権利を確保する為の鉄道を自ら遮断撤去せんとする以上, 奉天総領事館としては之を差止め得ない立場にあるので, 別に榊原の行動を制肘するの措置に出なかったのである」[73]としている. しかし「この農場ほど土地問題に就て系争のある農場はあるまい」[74]と言われた同農場の所有者, 榊原政雄なる人物を考え, また「非は我にあり」と思いながらも, 事満州における日本の権益全体に影響するとして, 榊原の行動を助けた林総領事の態度を考えるとき, やはり彼は強硬な既得権益擁護主義者であったとみるべきであろう. 当時領事として林総領事の下にいた森島守人は, 榊原政雄について次のように述べている.

　　農場の所有者, 榊原政雄は京都同志社出身のインテリで, 牧師の前歴まで持っていたが, 変り者を通り越してむしろ狂暴に近い男であった. 何処から入手したか, 奉天城内から商埠地全体をもふくむ広汎な土地に対する地券を所持して, この土地全部に対する商租権を主張して止まなかった. 城内全体について権利を主張する一点から見ても気狂いじみていることは明かで, 総領事館では榊原の主張中奉天の郊外, 北陵の前面

に位置していた農場に対する商租権以外のものはこれを承認しなかった．榊原はこの総領事館の方針に不満で，これくらい確実な権利を擁護しないなら，日本官憲が殺人強盗を公認したに等しいといって，自宅に殺人強盗免許所という看板を出したり，同土地に放牧されていた外人の牛馬を勝手に殺したりして，官憲を手こずらせたことは，在留民間の一つ話となっていた．じっさい大正四年の条約で商租権がその実施をしぶったについては，榊原の無軌道な振舞いが有力な一用をなしていると伝えられていた[75]．

おわりに

東北四省の最高政治機関である東北政務委員会は，国民政府の「土地盗売厳禁条例（1929年2月）」[76]に基づき，次のような商租禁止条例を発布した[77]．

遼寧交渉総署の外国人の土地購売拒絶令（1929年3月）

東北政務委員会の国土盗売禁止令（1930年11月）

日本人と中国人との商租取消通令（1931年1月）

商租権とは別に，鉄道の建設経営および保護のために必要な沿線の土地は，東支鉄道建設および経営に関する契約第6条により，満鉄が租用し得ることになっていたが，1915, 6年頃より中国側は極力満鉄の土地買収を妨害し始め，そのため懸案となったものは5, 60件に達した[78]．また，間島協約による朝鮮人の土地所有権も認めず，朝鮮人の土地買収を不可能とした．満州における朝鮮人のほとんどは農業に携わり，その耕地面積は間島地方において，畑約17万6000町歩，水田1万2500町歩，また間島以外の満州においては，畑約3万4000町歩，水田約4万5000町歩であった[79]．

そして，商租権問題と関連して中国人との間に土地をめぐる紛争も頻発するようになり，「日支間の政策の衝突の尖鋭化」[80]をさらに促進させた．中国官憲による朝鮮人に対する不当の迫害は，「昭和三年ヨリ同五年ニ至ル三ヶ

年間ニ於ケル退去強要，不当課税，学校ノ閉鎖回収改編，帰化強要小作禁止等被圧迫事例ノ顕著ナルモノノミニテモ凡ソ百件以上ニ達シ，微細ノ事例ニ至ツテハ一々列挙スル煩ニ堪ヘナイ」[81)]状態であった．生命の不安を感ずる鮮農は朝鮮へ帰還するようになり，満州事変の直前，1931年の1月より8月までの8カ月間に1万1000余人が本国へ逃げ帰ったほどであるという[82)]．朝鮮人農民に対する迫害の最も著しい例は，茶条溝事件，万宝山事件，三道溝事件，壊徳事件等がある．万宝山事件が朝鮮に伝わるや，7月3日，仁川における暴行事件を序幕として，京城，平壌など朝鮮全土に拡大し，中国人に対する報復行動を起こした．また万宝山問題の交渉中に起こったのが中村大尉事件であった．土地商租権に関する日中間の長期にわたる紛争は，さらに中国人地主と朝鮮人小作人という複雑な民族的対立をも内包し，次第に軍事力的対立を誘発させていった．

　かくして，満州の現地において，最も苦行を担っていた，赤塚正助，船津辰一郎，吉田茂，林久治郎の歴代奉天総領事の努力は，1915年の「南満州及東部内蒙古ニ関スル条約」の商租権，雑居および営業の自由権，農工業の合弁経営権の実施であり，すなわち日本の満蒙植民政策の実行にあった．総領事の任務として，日本の国益を擁護することは当然のことではあるが，それは国家権力の横暴による土地収奪にほかならなかった．中国側の自開商埠地の解放および商租地の拡大に対して，日本側は将来の治外法権の撤廃を代償としたが，少なくとも双方同時実施でなければ，相互利益とは成り得ない．そのため中国の民族的抵抗運動，国権回復運動に直面するのは当然のことである．満州における在留邦人の行動は，あまりにも急激な経済変動を巻き起こし，中国側の法制度，税制制度，警察治安制度などの整備が整わない中での，一方的な日本の要求になった．在奉天総領事館は在留邦人の生命財産を保護することに終始して，土地商租施行のための細則協定を要求し続けた．

　日本側の条約上の権利を一方的に主張する姿勢，そして，その条約不履行の紛糾をとらえて，武力解決を迫る必要を，歴代奉天総領事は主張していた．満州事変は，関東軍の独断暴走によるだけではなく，在満領事の間にも，近

く起こるであろう武力衝突は,「満州問題」を一気に解決する好機としていた.最後に,その事例として,林久治郎総領事の言説を述べておきたい.

> 支那側は不平等条約反対,利権回収を叫び,尚ほ奉天には中央政府より張群,呉鉄城等が乗込んでゐて,日支間の空気は著々険悪化し,更に一歩積極的に進めば大衝突を来すべき形勢にある.その時こそ満州問題の根本的解決を為す時期で,而してその時期の到来は最早敏捷の間に迫って居る[83].(1931年3月)
>
> 満州における日中の衝突は近く避くべからざる形勢にある.これを各方面より見て,我国に有利に発生せしめることが必要であるが,もし不注意に無鉄砲なる行動を以てする場合には,国際世論の反対を受くるに至る虞がある.今より充分の覚悟を以てこれが対策を講ずる必要がある[84].(1931年7月幣原外相へ進言)

1) 外務省編『日本外交年表並主要文書』上巻406-413頁.伊藤正徳『加藤高明伝』(下巻167頁)によれば,「此第二号こそ伯の要求の核心を成し,原則として不可譲の決心に立脚したものであった」という.
2) 信夫淳平『満蒙特殊権益論』154頁.布勢信平『満蒙権益要録』474頁.
3) 栗原健編著『対満政策史の一面』350頁.
4) 浅田喬二「満州における土地商租権問題」(満州史研究会編『日本帝国主義下の満州』)318頁.
5) 外務省編『日本外交年表並主要文書』上巻177頁.
6) 松木俠『商租権概説』(1930年)5頁.
7) 布勢信平『満蒙権益要録』の「土地租権関係」参照453-467頁.満鉄庶務部調査課編『満州に於ける邦人の土地利用状況』(1929年)16頁.
8) 外務省編『日本外交年表並主要文書』上巻383頁.
9) 外務省編『日本外交文書』1915年第3冊上巻139頁.
10) 外交時報社『支那及満州関係条約及公文集』(1936年)715-726頁.
11) 同上.
12) 対華21カ条要求の背景,内容,交渉経過などについては,堀川武夫『極東国際政治史序説―二十一箇条要求の研究―』に詳しく論述されており,商租権の条約上の交渉経過についても詳細である211-216頁.
13) 外務省編『日本外交年表並主要文書』上巻412頁.

14) 東亜勧業株式会社『南満州に於ける土地商租問題』48頁.
15) 外務省外交史料館所蔵記録「満州商租問題一件」.
16) 東亜勧業株式会社『南満州に於ける土地商租問題』付録. 外務省通商局『人口問題ヲ基調トシテ満蒙拓殖策ノ研究』270-274頁.
17) 外務省外交史料館所蔵記録「満州商租問題一件」.
18) 亜細亜局第二課『最近支那関係諸問題摘要　第一巻, 交渉問題』1928年12月調8頁.
19) 亜細亜局第二課『最近支那関係諸問題摘要　第一巻, 交渉問題』1927年12月調30頁. 1915年6月22日, 大総統令を以て「懲弁国賊条例」を発布した.「第1条　本国人民にして外国人と結託し売国の行為を為したる者は国賊と為し, 売国罪を以て治罪す. 第2条　売国罪を犯したる国賊は死刑に処す.」「土地, 鉱山, 森林等に関し何等契約を外国人と取結んだ者は, 第2条の第2号に依りて売国罪を以て問はれる. 商租契約も亦然りである.」(信夫淳平『満蒙特殊権益論』389頁).
20) 青柳篤恒「商租件と満蒙への移民」(『東亜』4巻10号) 29頁.
21) 川村宗嗣「所謂商租問題」(『外交時報』1926年9月号) 83頁.
22) 大連商業会議所『商租問題に就て』(1927年11月) 28頁.
23) 東亜勧業株式会社『南満州に於ける土地商租問題』』2頁.
24) 亜細亜局第二課『最近支那関係諸問題摘要　第一巻, 交渉問題』1928年12月調11頁.
25) 東亜勧業株式会社『南満州に於ける土地商租問題』39-41頁. 外務省外交史料館所蔵記録「満州商租問題一件」中国側の「商租地畝須知」, 外務省の方針, 東亜勧業の意見書などとそれぞれ比較された解説か加えられている.
26) 長谷部照正「満州国成立後に於ける商租権」(『満鉄調査月報』5巻8号) 14頁.
27) 張作霖は第一次奉直戦に敗れ, 1922年5月東三省の自治を宣言し半独立の態度をとり, 張は東三省議会連合会の推戴という形式により東三省保安総司令に就任した. 張作霖の独立宣言に関する日本の態度につき, 内田外相は次のように声明している.「満州ニ於テ帝国政府ノ地位ハ最近東三省独立宣言ニ依リ何等変更ヲ来スヘキ理由ナク, 将又帝国ノ態度若ハ政策ニ変更ヲ来スノ必要ヲ見ス (中略) 帝国臣民ノ生命財産ニシテ保障セラレムカ帝国ニ於テハ何等困難ヲ予想スヘキ理由ナシ帝国ハ如何ナル点ニ於テモ厳正不立ヲ守ルヘク何レノ党派ニ対シテモ援助ヲ与フルカ如キ事ナシ」(外務省『大正一一年　外務省公表集』第3輯331頁).
28) 亜細亜局第二課『最近支那関係諸問題摘要　第一巻, 交渉問題』1928年12月調12頁.
29) 長谷部照正「満州国成立後に於ける商租権」(『満鉄調査月報』5巻8号) 13頁.
30) 外務省編『日本外交年表竝主要文書』下巻33-35頁.
31) 外務省編『大正十三年　外務省公表集』第4輯18頁.
32) 外務省外交史料館所蔵記録「満州商租問題一件」.
33) 同上.

34) 亜細亜局第二課『最近支那関係諸問題摘要　第一巻，交渉問題』1928年12月調15頁．
35) 外務省外交史料館所蔵記録「満州商租問題一件」．
36) 外務省準備委員会『日本ト満蒙』105頁．
37) 東亜勧業株式会社『南満州に於ける土地商租問題』42-44頁．
38) 亜細亜局第二課『最近支那関係諸問題摘要　第一巻，交渉問題』1928年12月調17頁．
39) 川村宗嗣「所謂商租問題」（『外交時報』1926年9月号）86頁，国際連盟支那調査外務省準備委員会『日本ト満蒙』(107頁）によれば，「一九二四年五月奉天省議会ハ東三省ニ於ケル商相権ヲ飽ク迄防止セサル可カラサル旨ヲ決議シ，他方益々商租妨害ヲ盛ニシ或ハ，㈠刑事法規又ハ行政命令ニ依リテ商租ヲ禁止シ，㈡商租地契ノ記載事項ニ制限ヲ設ケテ商租ノ内容ヲ限定シ，㈢税金前納ノ規定スハ商租ノ成立ヲ許可主義ニ拠ラシムルコト等ニ依リ，其ノ成立ヲ実際上困難ナラシムル等ノ手段ヲ溝スル外，㈠土地ヲ担保トスル外国借款ノ禁止，㈡外人ニ対スル国有土地払下ノ禁止，等間接ニ商租ノ成立ヲ妨クヘキ有ラユル方法ヲ廻ラシ，之ニ関スル法令訓令等ハ実ニ多数ニ上レリ」とある．
40) 同上．
41) 亜細亜局第二課『最近支那関係諸問題摘要　第一巻，交渉問題』1928年12月調15頁．在奉天全満州日本人大会本部『排日の巨頭楊宇霆を排す』(1928年12月）は，「土地商租問題其他重大なる我が交渉案件の解決せざるは，彼れが持論たる日本の勢力をして今日以上満蒙に侵入せしむべからず，と云ふ抗争的主張に基くもの」であると述べている．
42) 亜細亜局第二課『最近支那関係諸問題摘要　第一巻，交渉問題』1927年12月調18-20頁．
43) 同上．
44) 貴族院制度研究会編『国民必携帝国議会史』604-605頁．
45) 「各国政府ハ委員会ヲ組織シ，支那ニ於ケル治外法権制度ノ実施ノ現状，支那国ノ法律司法制度及司法運用手続ヲ調査セシメ，依テ以テ右事項ニ関スル委員会ノ事実調査書竝支那国ニ於ケル司法運用ノ現状ヲ改善スル為，及治外法権ニ関スル各自ノ権利ヲ漸次ニ又ハ其ノ他ノ方法ニ依リ撤去スルコトニ付，各国ヲ首肯セシムヘキ立法及司法上ノ改正ヲ実行セムトスル支那国政府ノ努力ヲ援助促進スル為，適当ト思惟スル手段ニ関スル勧告ヲ前記各国政府ニ報告セシムルコト．（中略）如何ナル場合ニ於テモ，右各国ハ右勧告ノ全部又ハ一部ノ受諾ヲ以テ支那国ヨリ政治上タルト経済上タルトヲ問ハス，何等カノ特殊利権恩典利益ヲ免除ヲ直接間接ニ許与セシムルノ条件トナスヲ得サルコト」（外務省編『大正十一年　外務省公表集』第三輯「支那国ニ於ケル治外法権ニ関スル決議」）．
46) 亜細亜局第二課『最近支那関係諸問題摘要　第一巻，交渉問題』1927年12月調20-21頁．

47）川村宗嗣「所謂商租問題」（『外交時報』1926年9月号）87頁.
48）貴族院制度研究会編『国民必携帝国議会史』622頁.
49）亜細亜局第二課『最近支那関係諸問題摘要　第一巻，交渉問題』1927年12月調 24-29頁.
50）同上.
51）外務省外交史料館所蔵記録「満州商租問題一件」.
52）川村宗嗣「所謂商租問題」（『外交時報』1926年9月号）88頁.
53）亜細亜局第二課『最近支那関係諸問題摘要　第一巻，交渉問題』1927年12月調 22-24頁.
54）同上.
55）川村宗嗣「所謂商租問題」（『外交時報』1926年9月号）80頁.
56）田中義一伝記刊行会編『田中義一伝』上巻649-650頁.「第四日（七月一日）午前，満蒙問題に関し研究，列席者の一般的意見　一，諸懸案の未解決，経済的の行詰りの原因は，(1)鉄道附属地租借地以外に於いて土地所有権のないこと，(2)商租問題が未解決であること，(3)交通機関が未整備のこと，(4)一貫せる満蒙政策を確立せず又かかる政策の実現に一定不変の行動を執らざりし点に帰することであるが，(4)を最大のものとする．午後，満蒙問題に関し研究，列席者の一般的意見　一，資源開発には支那，ロシアと協同しなければ発展せぬが，根本をなすのは土地の所有権を得ることである．」
57）外務省編『日本外交年表竝主要文書』下巻101-102頁.
58）外務省百年史編纂委員会編『外務省の百年』上巻920頁.
59）森島守人「林久治郎氏を語る」（『霞関会会報』1964年8月号）7頁.
60）外務省外交史料館所蔵記録「満蒙行政統一関係一件」.
61）亜細亜局第二課『最近支那関係諸問題摘要　第一巻，交渉問題』1928年12月調29-31頁.
62）外務省外交史料館所蔵記録「満蒙問題ニ関スル交渉一件」.
63）亜細亜局第二課『最近支那関係諸問題摘要　第一巻，交渉問題』1928年12月調31-32頁.
64）外務省外交史料館所蔵記録「満蒙問題ニ関スル交渉一件」.
65）同上.
66）森島守人「林久治郎氏を語る」（『霞関会会報』1964年8月号）9頁.
67）栗原健『対満蒙政策史の一面』.
68）外務省外交史料館所蔵記録「在外本邦人経営農場関係雑件　奉天榊原農場」.
69）同上.
70）1929年6月28日付「奉天新聞」では，「大正十三年七月奉天総領事館は榊原の依頼により公文に添えて大正十三年迄の租金として奉小洋五千二百四十元を支那側に送付した．是に対し，交渉署から七月十八日付を以て領収證を送付して来たにも拘らず，其後右金円を返還して来たので，右金円は今日に至る迄奉天領事

館に保管して居る」と述べている.
71) 1929 年 6 月 28 日付「満州日報」.
72) 同上.
73) 1929 年 6 月 28 日付「奉天新報」.
74) 「奉天榊原農場問題」(『調査時報』9 巻 5 号) 42 頁.
75) 森島守人『陰謀・暗殺・軍力』40 頁.
76) 信夫淳平『満蒙特殊権益論』398-401 頁.
77) 長谷部照正「満州国成立後に於ける商租権」(『満鉄調査月報』15 巻 8 号) 4 頁.
78) 外務省情報部『満州ニ於ケル支那側ノ条約蹂躙』21 頁.
79) 満州国史編纂刊行会編『満州国史』総論 64 頁.
80) 国際連盟協会『リットン報告書』116 頁.
81) 外務省情報部『満州ニ於ケル支那側ノ条約蹂躙』22 頁.
82) 東亜同文会編『続対支回顧録』上巻 16 頁.
83) 東亜同文会編『続対支回顧録』下巻 1008 頁.
84) 竹内好, 橋川文三編『近代日本と中国』108 頁.

第4章

国民参政会と国共関係

斎 藤 道 彦

は じ め に

　中華人民共和国は，中国共産党（略称，中共）の1949年革命によって樹立されたのであるが，国共間の抗争は軍事的に決着がつけられた．しかし，国共関係は抗日戦争期および戦後の一時期は軍事抗争と並行して共同・連携が追求され，複雑な政治闘争が行なわれていた．

　国民参政会設置　　国民参政会は，中国国民党（略称，国民党）の「訓政」段階において民意を聴取し，国民を団結させることを目的とし，国民政府によって「民意機関」として日中戦争開始1年後の1938年7月に設置され，日中戦争終了後，「訓政」を終結させ，「憲政」に移行する直前の1948年3月まで存在した．国民参政会の権限は，当初，①政策提案権，②政策決議権，③国民政府への質問権（国民政府には回答の義務がある）であり，その後，④調査権，⑤予算第1次審議権が追加された．国民参政会参政員は，各省市代表，モンゴル・チベット代表については各省市政府からの提案を受け，国防最高委員会の審議・決定を経て国民政府の決定として発表され，華僑代表，「文化団体代表・経済団体代表」は国防最高委員会によって決定され，国民政府の決定として公布された．

国民政府のすべての政策は，国民参政会の設立により，国民党「訓政」時期とはいえ，国民参政会の決議を必要とすることとなった．国民参政会と国民政府との関係は，国民参政会での決議は国民党中央執行委員会を経て国防最高委員会に送られ，国防最高委員会での審議・決定を経て国防最高委員会から国民政府に送られ，国民政府の方針として決定される，というものだった．参政員の選出方法は普通選挙による民選ではなく，国民政府による指定であったとはいえ，実質的にかなり民主的な議会に近い権限が与えられており，議会制民主主義に準ずる機能を持っていたと言えよう．国民参政会は当時，各界から歓迎され，中共・民主諸党派・無党派も「文化団体代表・経済団体代表」として加えられた．

　民主諸党派　「党派」という用語は，中国近現代史では中身を検討することなく用いられることが多いが，ここで言う「民主諸党派」とは，「民主主義」を要求する諸集団，諸個人を指す．複数の集団に同時に属している人物も少なくない．しかし，民主諸党派で曲がりなりにも政党の態をなしていたのは，中国青年党（略称，青年党）と国家社会党（略称，国社党）ぐらいであり，その他は都市の一部知識人グループの域を出ず，政治綱領も全国的組織も大衆的基盤もないものが多かったが，世論形成上，国民党から見て無視できない政治勢力ではあったのだと見られる．中共は，彼らを「中間派」「中間党派」と呼ぶ．「民主政団同盟」は，これらの政党・グループの連合体であった．「民主政団同盟」に参加した中国青年党と国家社会党は，1947年11月の国民大会参加後は民主同盟から排除され，中共から「民主党派」とは呼ばれなくなるが，本稿では「民主諸党派」に含める．中華人民共和国樹立後，中共と「民主諸党派」の関係は，「中共指導下の多党制」あるいは「中共指導下の統一戦線」と言われるが，他党の指導を受け入れる集団は「政党」概念に値せず，「中共指導下の多党制」なる規定は，「民主諸党派」の実態が「政党」要件を備えていないことから成り立っているのである．

　中共の「民主主義」主張　中共は，1930年代半ばから40年代半ばにかけて国民参政会および1946年1月政治協商会議で言論・出版・結社の自由，

普通選挙の実施,憲政の実施などの「民主主義」を要求したが,中共党史,中国革命史における中共の「民主主義」の位置付けを解明するには,少なくとも国民党の「訓政」への着手から憲政への移行問題,日中戦争開始後の1938〜48年の国民参政会,日中戦争の戦局の推移,アメリカの対中国政策,中共の「連合政府」構想,日中戦争終了後の国共内戦の開始,1946年1月の政治協商会議,中華人民共和国の樹立を前にしたソ連・中共関係およびこれらに関連する多岐にわたる諸問題を検討する必要がある[1].

中共は,1927年以来の「三民主義」否定の方針を1936年に180度転換し[2],国民参政会および1946年1月政治協商会議においては孫文三民主義を支持し,「民主主義」を主張した.

研究史・論述史　　国共政治闘争の舞台となった国民参政会は,中国政治史上きわめて重要なテーマであるが,中国でも日本でも,かつては中共史観の影響が濃厚であったため,無視ないし軽視されてきた.

日本のこれまでの中国近現代史研究,中国近現代史像は,中共の公式発表を単純に鵜呑みにし,それをなぞってきたという面がなかったとは言えまい.中国近現代史の概説書では,竹内好・山口一郎・斎藤秋男・野原四郎『中国革命の思想』(岩波書店,1953年9月),岩村三千夫・野原四郎『中国現代史［改訂版］』(岩波書店,1964年7月),丸山松幸・小島晋治『中国近現代史』(岩波書店,1986年4月)などは,国民参政会を中共革命史に埋もれさせており,しかるべき注意が払われてこなかった.姫田光義ほか『中国近現代史　上・下』(東京大学出版会,1982年6・7月)には国民参政会に若干の言及があったが,同じく姫田ほか『20世紀中国史』(東京大学出版会,1993年7月)では言及すらなくなった.今井駿・久保田文次・田中正俊・野沢豊『世界現代史3　中国現代史』(山川出版社,1984年8月)には,わずかな言及があるにとどまっていた.これに対して,平野正の『中国革命の知識人』(日中出版,1977年4月),『中国民主同盟の研究』(研文出版,1983年12月)などは,知識人研究,民主党派研究の角度から国民参政会にも言及している.しかし,国民参政会そのものがテーマではないことから,しかるべき位置付けが与えられているとは

言い難い.

　中華人民共和国では，中華人民共和国成立以来，文化大革命（1966年～1976年）の崩壊に至るまで国民参政会が正面から取り上げられることはなかったが，文化大革命の崩壊後，資料集として四川大学馬列教研室編『国民参政会資料』[3]（四川人民出版社，1984年6月），『国民参政会紀実　上編・下編』（重慶出版社，1985年8月，10月）および『国民参政会紀実　続編』（重慶出版社，1987年6月）が編纂された．これらは，地道ではあるが国民参政会研究の基礎条件を提供する重要な仕事であった．本稿で使用する主な資料は，この3点である．

　中国では，1980年代に文化大革命の呪縛から抜け出したのち，張憲文主編『中華民国史綱』（河南人民出版社，1985年10月）などが国民参政会についても一定の記述を行なうようになったが，張憲文の場合では第1期国民参政会に触れているのみであった．しかし，21世紀に入って研究状況には大きな変化が生まれた．

　日本では，西村成雄『中国ナショナリズムと民主主義――20世紀中国政治史の新たな視界』が先駆的に彼の「訓政国家」論との関連で国民参政会を論じた．西村は，さらに近著，『20世紀中国政治史研究』（財団法人放送大学教育振興会，2011年3月）でも，従来の中国近現代史叙述の枠を破り，国民参政会を中国近現代史の中に位置付けた．西村は，続いて「憲政をめぐる公共空間と訓政体制」（久保亨・嵯峨隆編『中華民国の憲政と独裁　1912-1949』所収，慶應義塾大学出版会，2011年9月）も発表している．このほか，概説書ではあるが，久保亨・土田哲夫・高田幸男・井上久士『現代中国の歴史』（東京大学出版会，2008年5月）は，国民参政会を一定程度，位置付ける言及を行なっている．

　台湾では，李雲漢『中国国民党史述』（国民党党史会，1994年11月）が国民参政会の成立については叙述しているが，全体像は論じていない．張玉法『中華民国史稿』（連経，1998年6月）も，それぞれの時期ごとに簡単に言及しているにとどまる．これに対し，インターネット上に公開された呉永芳『従国

民会議到国民参政会』(原載誌,発行年月とも不明)は,国民参政会成立前史を明らかにしており,国民会議が職業団体代表制による民意機関であったことを指摘している.

　中国では,21世紀に至り,連合政府をテーマとする鄧野『連合政府与一党訓政　1944～1946年間国共政争』が出現した.これは,従来の中国における中国近現代史研究の枠を乗り越える意欲的な労作であった.ここでは,国民参政会が主要テーマであるわけではないが,国民参政会研究にも重要な視点を提供している.筆者は,遅ればせながら2012年3月訪中のさい,同書の存在を知った.中国で国民参政会に正面から取り組んだ研究としては,王鳳青『黄炎培与国民参政会』(社会科学文献出版社,2011年9月)が出版された.王鳳青は,黄炎培との関わりに限定してはいるが,中国における国民参政会に関する最新の専論である.しかし,なお中共史観の大枠からははずれていないのではないかという不満が残る.

　国民党は憲政を追求しなかったのか　　西村と鄧野の労作は,わたしには及びもつかないほど多くの資料に入念な目配りをしており,その仕事ぶりには五体投地せざるを得ない.わたしがここで用意不十分なまま提起したいのは,わずかに中国近現代史の全体の基本的な文脈をどう見るかという視点・視座・方法論であり,特に国民党の憲政追求の位置付け,中共の民主主義要求論の位置付け,意味付けおよび民主諸党派の位置付けなどの問題だけである.

　二,三の例をあげるなら,西村は「中国抗日政治の枠組のなかで」「憲政運動の高揚」があり,中共・民主党派などの「思想的・理論的基礎に孫中山の三民主義と五権憲法」があって,「国民党側も無視しえない状態に置かれた」(1991年,128頁)と述べ,また国民党は「憲政への移行」を「ほのめかさざるをえなくなっていた」(同186頁),連合政府樹立の方向性に対して「『訓政』を維持しようとする国民党」(同294頁)などと論じ,国民党は実は憲政を追求せず,「訓政」を永続化しようとしていたかのように描いているが,果たしてそうであろうか.国民党は,憲政を追求しなかったのだろうか.

西村は,「訓政」を経て「憲政」へという国民党のプログラムに対して,「憲政への移行を支える民衆的基盤そのものがもはや『訓政下の憲政への移行』を拒否するほどに，その政治的意識の高揚をもたらしていた」(同292頁)と指摘しているが，中共はいったい憲政運動を追求したことがあるのだろうか．中共が本当に「孫中山の三民主義と五権憲法」の実現を願っていたのなら，なぜ中華人民共和国樹立後にそれを実行しなかったのだろうか．あるいは，当時の中国社会にそれほどに強固な「政治的意識の高揚」が形成されていたのなら，国民党一党独裁打倒後，中国民衆はなぜやすやすと中共一党独裁の実現を許したのだろうか．

　西村はまた，蔣介石が「国民党以外に民主を許さないとしていた」(同163頁)と本文で記述している．これには注がついており，根拠資料は林伯渠・董必武・王若飛の「当面の情勢と談判問題について」であるとしているのではあるが，この行論からは林伯渠・董必武・王若飛の主張を西村はみずからの視点としているのだと受け取らざるを得ない．このような中共側資料の吟味を経ない（あるいは経てもなおかつの）記述は，再検討を要すると筆者は考える．西村は，依然として中共史観，西村の言う「革命史パラダイム」(同337頁)の枠内にあるのではないか．西村の『20世紀中国政治史研究』および「憲政をめぐる公共空間と訓政体制」は,『中国ナショナリズムと民主主義』について特に言及していないので,『中国ナショナリズムと民主主義』の観点を継承していると受け取ってよいだろう．

　しかし，かく言う筆者も『国民参政会資料』は1985年に入手し,『国民参政会紀実　下編』のみは1986年に入手してはおり，西村『中国ナショナリズムと民主主義』も出版後すぐに読んではいたが，国民参政会を正当に位置付けない中共史観の影響を免れてはおらず，これまで注意を向けることがなく，筆者の近著『アジア史入門　日本人の常識』(白帝社，2010年11月)でも，適切な位置付けは与えていなかった．このテーマの重要性を認識するに至ったのはつい最近のことで，まだほんの数カ月にしかならない[4]．

　本章の課題　そこで本章は，わたしにとって国民参政会に正面から取り

組む初仕事となる．作業半ばにも至らず，おおざっばな素描の域にとどまり，不完全であることは十分に自覚している．原稿締め切りまでの時間的制約による絶対的準備不足と特に国民党側資料の入手不足を痛感しており，とりあえずわかる範囲で輪郭の一部だけでも復元し，少しずつでも空白を埋めてゆく出発点としたい．

　筆者の問題関心は，第1に国民党は軍政・訓政・憲政3段階論の中で国民参政会をいかに位置付けていたか，第2に中共は中共革命を追求する中で国民参政会をいかに位置付けていたか，そして第3に「民主諸党派」は国民参政会の中でいかなる役割を果たしたか，を検討することである．本稿では，国民参政会が中国近現代史の重要な柱であることを提起し，その第1歩として「訓政」下国民参政会の概観とそれに関連する国共関係および民主諸党派の動向の一端を取り上げる．国民参政会における提案および議論については，国民党の憲政移行の試み，中共および民主諸党派の民主主義要求関係を中心とし，経済政策その他は今回は原則省略する．

　国共関係については，国民党の主張する「事実」と中共の主張する「事実」が食い違っている場合，どちらが真実であるかを判断することは，多くの場合，中共史観による先入観が濃厚であることと国民党側資料の不足のため，きわめて困難であるが，残された資料を突きあわせて少しずつでも真実に近づこうとする努力は放棄されるべきではあるまい．

　本章は，筆者が1980年代に「李大釗研究史覚書・中国編」（中央大学『人文研紀要』第2号，1983年7月）で中共史観，五・四運動像の見直しの課題を提起し，それに続いて「五・四運動史像再検討の視点」（中央大学人文科学研究所編『五・四運動史像の再検討』所収，中央大学出版部，1986年3月）で提起した中共史観への疑問と「民国史」研究の提唱以来の仕事の一環であり，従来の中共史観プリズムを通して見た中国近現代史像を再検討し，その歪みを正したいという課題の中に位置付けられる．

　略称一覧

　　国民党　　　　　　中国国民党

中共	中国共産党
国革軍	国民革命軍
青年党	中国青年党
国社党	国家社会党
民主同盟	中国民主同盟
民社党	中国民主社会党
平野	平野正『中国革命の知識人』(日中出版, 1977年4月)
『国参資料』	四川大学馬列教研室編『国民参政会資料』(四川人民出版社, 1984年6月)
『国参紀実』	『国民参政会紀実　上編・下編』(重慶出版社, 1985年8月, 10月)
栄孟源(下)	栄孟源主編『中国国民党歴次代表大会及中央全会資料(下冊)』(光明日報社, 1985年10月)
『国参紀実続』	『国民参政会紀実　続編』(重慶出版社, 1987年6月)
孟広涵	孟広涵「歴史の経験を総括し, 祖国の統一を促進する―『国民参政会紀実』出版のために」(『国参紀実続』所収)
周・周・劉	周永林・周勇・劉景修「論国民参政会」(『国参紀実続』所収)
馬起華	馬起華「国民大会―戦時中央民意機構」(『国参紀実続』所収)
西村	西村成雄『中国ナショナリズムと民主主義―20世紀中国政治史の新たな視界』(研文出版, 1991年9月)
『国民党史述』	李雲漢『中国国民党史述　第1編～第5編』(近代中国出版社, 1994年11月)
鄧野	鄧野『連合政府与一党訓政　1944～1946年間国共政争』(社会科学文献出版社, 2003年初版, 2011

	年 11 月修訂再版.2011 年版は 2012 年 3 月に入手したが,2003 年版は入手できていないので 2011 年版による).
斎藤 2005	斎藤道彦「孫文と蒋介石の三民主義建国論」(中央大学人文科学研究所編『民国後期中国国民党政権の研究』所収,中央大学出版部,2005 年 3 月)
斎藤 2010	斎藤道彦「戦後国共内戦起因考」(中央大学人文科学研究所編『中華民国の模索と苦境 1928 〜 1949』所収,中央大学出版部,2010 年 3 月)
王鳳青	王鳳青『黄炎培与国民参政会』(社会科学文献出版社,2011 年 9 月)
斎藤 2012	斎藤道彦「内戦・46 年 1 月停戦命令・軍事調停」(斎藤道彦編著『中国への多角的アプローチ』所収,中央大学出版部,2012 年 1 月)

　このほか,新聞発行日付は,例えば「1943 年 5 月 21 日」とも,「43・5・21」とも記述する.

1．「訓政」下国民参政会の設置

　孫文・国民党の革命プログラムは,「軍政 3 年・訓政 6 年」を経ての憲政への移行というものであった.国民党は 1928 年 6 月,北京政権の首都,北京を掌握した.10 月,南京を首都とする全国政権としての国民政府が成立すると,軍政は終了し訓政に移行すると宣言した.これを起点とするなら,憲政への移行タイムリミットは 1934 年に設定されたことになる.このような設定に対応した動きは見られないが,1940 年国民大会開催の予定はあった.しかし,これも実施はされなかった.

　「中華民国訓政時期約法」制定（1931 年 6 月 1 日）　　しかし,「中華民国訓政時期約法」を制定し,訓政の法的な準備を整えたのは 1931 年 5 月 12 日採

択，6月1日公布であったので，これを起点とするならタイムリミットは1937年に設定されたことになる．同約法は，訓政時期の根本法となる．しかし，1937年7月には盧溝橋事件が発生し，国民党・国民政府は「徹底抗戦」態勢に入ったので，憲政への移行は日中戦争／抗日戦争の終了後に持ち越された．国民参政会は，抗戦開始翌年の1938年に設置された．

1-1 「訓政」下「民意機関」設立経過

　この国民参政会は通常，「抗戦中に民意機関として設置された」と記述されており，また中共から民意機関設置要求があり，国民党はそれに押されてしぶしぶ設置したとの印象を与えている．しかし，国民参政会が設置された時期は確かに抗日戦争中であったが，馬起華も言うように（『国参紀実続』593頁），国民党は訓政から憲政に移行するプログラムの中で早くから「民意機関の設置」を決定していた．

　「国難会議」（1932年4月）　　国民党第四回全国代表大会（1931年11月12日～23日）は1931年11月22日，日本が引き起こした九・一八事件に対抗し，「国難会議」を設置することを決定し（栄孟源（下）37頁），四期二中全会は1932年3月5日，「国難会議を洛陽に招集」した（栄孟源（下）156頁）．

　「国民参政会」設置決定（1932年12月19日）　　国民党四期三中全会は1932年12月19日，「1933年中に国民参政会を招集」し，「民意を集中し訓政を1日も早く完成させる案」を決定した（栄孟源（下）181頁）．

　「国民参政会」という用語は，国民党四期三中全会で初めて使われた（徐乃力「中国的"戦時国会"：国民参政会」，『国参紀実続』619頁）．国民党四期三中全会は1932年12月19日，次のように決議した．

　　　「期日を定めて国民参政会を招集し，組織の要点を規定し，常会［常務委員会］に送って適切に準備して民意の集中を期し，訓政を早期に完成させる案」を「決定．常務委員会に送り，適切に準備する．」
　　　「原案に要点を付す．

（一） 国民参政会は，民国22年［1933年］中にこれを招集する．
（二） 国民参政会の代表の選考は，選挙と招聘という2つの方法を用いる．
（三） 国民参政会の職権は，訓政時期約法を基礎とし，中央政治会議および国難会議があげた各点を斟酌し，これを定める．
（四） 国民参政会に関する一切の法規は，中央執行委員会常務会議により4カ月以内に立法の手順に従い制定・公布・施行する．」（栄孟源（下）181頁）

国民党四期三中全会は1932年12月20日，次の決議を行なった．

「（一） 民族の力量を集中し，徹底的に外患に抵抗し，危亡を救うために，近い時期に『建国大綱』[5]が規定している地方自治工作を積極的に推進し，引き続き憲政開始の準備を進める．」
「（二） 1935年3月に国民大会を開催し，憲法を議決し，憲法発布の日程を決定する」ことを決定した．
「（三） 立法院は速やかに憲法草案を起草してこれを発表し，国民の研究に備える」（栄孟源（下）180頁）．

国民党四期三中全会は1932年12月21日，次のように決議した．

「中央民意機関［について］はすでに参政会設立を決議したほか，その省市民意機関は設立の必要があることを認め，速やかに適切に処理するよう政治会議に送ることとした．」（栄孟源（下）180頁）．

国民党四期三中全会は1932年12月21日，「本党の責任は，訓政を完成させたあとに憲政を実施し，政権を全民に返すことである」との「宣言」を採択した（栄孟源（下）172頁）．

国民党としては,「訓政」の枠内に国民参政会を位置づけていたことは明らかである.

国民党第五次全国代表大会（五全大会.1935年11月12日～23日）は11月21日,「国民大会招集および憲法草案宣布案」を決定し（栄孟源（下）310頁),11月23日の「大会宣言」は,「国民大会は1936年以内にこれを招集する」とした（栄孟源（下）299-310頁).

この国民参政会設立の経過は，国民参政会が抗日戦争以前から国民党によって訓政から憲政への移行を準備する機構のひとつとして位置付けられていたのだということを意味する.

「抗日救国宣言」（1935年8月1日）　コミンテルン書記長ゲオルギ・ディミトロフは，コミンテルン第7回大会（1935年7月～8月）で「反ファシズム人民戦線」の結成を呼びかけ，中共は8月1日，この方針に基づき，それまでのソヴェート革命路線から「抗日統一戦線」戦術に転換し,「抗日救国宣言」（八・一宣言）を発表した.

「五・五憲草」発表（1936年5月5日）　国民政府は1936年5月5日,「中華民国憲法草案」（五・五憲草）を発表した（斎藤2005,76-78頁参照).

西村は，この「五・五憲草」の国民大会規定は「国民党以外の各党各派は事実上選出されないことになっていた」（140頁）としている．石川禎浩『革命とナショナリズム　1925-1945』（岩波書店,2010年10月）も，五・五憲草が「三民主義と国民党の優位性を相対的に強調」している（84頁）としているが,「三民主義」は当時の世論の合意であり,「相対的」どころか絶対的な基準であったが,「国民党の優位性を相対的に強調」しているとか,「国民党以外の各党各派は事実上選出されないことになっていた」といった解釈・評価が，どの条文を根拠にして可能なのか，筆者にはわからない.

「国防会議」（1936年8月）～**「国防最高委員会」**（1939年2月）　国民党第5期中央執行委員会第2回全体会議は1936年7月,「国防会議」を設置し，軍事委員会委員長蔣介石を議長とした．1937年7月，盧溝橋事件が発生すると，国民党中央政治委員会は国防会議の機構を拡大して「国防最高会議」

に改組し，戦時国防最高決策（政策決定）機構とし，軍事委員会委員長蔣介石を主席とし，党権・政権・軍権を集中する体制をつくり，抗日戦争に取り組んだ．続いて国民党第5期中央執行委員会第5回全体会議は1939年1月，「国防最高会議」を「国防最高委員会」に改組し，国民党総裁蔣介石を委員長とし，同年2月発足した（1947年4月廃止）[6]．

「七君子事件」(1936年11月22日)　1936年11月，沈鈞儒・鄒韜奮らは，上海で「全国各界救国連合会」を結成し，「内戦停止・連共抗日・統一抗日政権樹立」を要求したところ，国民政府は11月22日，「民国に危害を及ぼす」との理由で，「救国会」メンバー7名（沈鈞儒・鄒韜奮・李公樸・沙千里・章乃器・史良・王造時）を逮捕したが，1937年7月31日，釈放した．国民党にとって，中共は当時，武装反乱勢力であり，殲滅の対象であった．

西安事件（1936年12月12日）　東北軍の張学良と西北軍の楊虎城は1936年12月12日，督軍に来た蔣介石を捕らえ，「内戦停止・連共抗日」を迫るという西安事件が発生した．

中共「国共合作宣言」(1937年7月15日)　1937年7月7日，盧溝橋事件が発生すると，中共・周恩来は7月15日，廬山で蔣介石に「中国共産党，国共合作を公布する宣言」を手渡した（『国参資料』507頁）．

紅軍の国革軍への編入（1937年8月19日）　中共は1937年8月9日，「国共合作宣言」発表について国民政府と協議したが，中共の主張がすべて削除されたので，合意は成立しなかった．しかしその後，国民政府は8月19日，紅軍を国民革命軍（略称，国革軍）第八路軍に編入し，朱徳を正総指揮，彭徳懐を副総指揮に任命した．国民政府は8月22日，正式に紅軍改編命令を発布した（『国参資料』508頁）．

中共「抗日救国十大綱領」(1937年8月25日)
　中共は8月25日[7]，洛川会議で「中国共産党抗日救国十大綱領」を発表し，①「日本帝国主義の打倒」，②「全国軍事総動員」を行ない，「抗日遊撃戦争を発展させ，主力軍の作戦に呼応する」こと，③「全国人民の総動員」を行ない，全国人民は「抗日救国の言論・出版・集会・結社および武装抗敵の自由」を有し，

少数民族は「民族自決と自治の原則」で「共同抗日」すること，④「政治機構を改革」し，「国民大会」を招集し，「民主憲法」を制定し，「国防政府」を選挙すること，など10項目の方針を示した（『国参紀実』29-31頁）．

国民党中央通信社は1945年9月22日，「中国共産党中央委員会は国共合作宣言を公布した」ことを発表し，蔣介石は翌日，中共の合法的地位を承認した（『国参資料』508頁）．

> **中共「四項目約束」**
> 　中共は1937年9月，中共軍が国民革命軍に編入されるにあたっての声明で，次の4項目を表明した．
> (1) ［孫］中山先生の三民主義は，中国の今日に必要なものであり，本党はその徹底的実現のために奮闘したい．
> (2) 中国国民党政権を転覆する一切の暴動政策および赤化運動を廃止する．
> (3) 現在のソヴェート政府を廃止し，民権政治を実行して全国政権の統一を期す．
> (4) 紅軍の名義と番号を廃止し，国民革命軍に改編し，国民政府軍事委員会の統轄を受ける．

中共が抗日戦争という大状況下で1945年8月，紅軍の国革軍への編入に同意し，9月に中共「四項目約束」を行なったことは，国民党「訓政」という枠組を大筋で承認したことを意味し，この時点ではそのそれぞれについて条件付けや解釈の付与は行なっていなかった．特に重要な点は，中共軍が「国民政府軍事委員会の統轄を受ける」と表明している点であろう．

「国防参議会」（1937年8月17日～1938年6月17日）　1937年7月，日中戦争が始まると，国防最高会議主席蔣介石は同年8月17日，全国各党派の指導者を集め，「国防参議会」を設置，南京で第1回会議を開催した．国防参議会主席には蔣介石が就任し，実際には国防最高会議副主席汪兆銘が主宰し，秘書長には甘乃光があたった．参議員は当初，17名で，その後，24名に増員され，毎週2回会議が開かれた．参議員には，「国民党・青年党・国社党・第三党・救国会派・職業教育会・村治派・教授派・中共」が含ま

れたが，中共・周恩来は出席しなかった（鄒韜奮，『国参紀実』43 頁）．

　国防参議会は同年 11 月 17 日，武漢の特三区管理局で開催され，昼，梁漱溟・李幼椿・左舜生・晏陽初・沈衡山（鈞儒）・楊賡陶・瞿菊が海軍青年会で食事をともにした（黄炎培「国民参政会日記」，『国参紀実続』535 頁）．同年 11 月 20 日，国民政府が重慶遷都を発表すると，軍事指揮機関は武漢に移動した．首都南京は 12 月 13 日，陥落した．国防最高会議は 12 月 31 日，国防参議会の参議員数を 75 名に拡充した．

　国防参議会は 1938 年 2 月 14 日，漢口商業銀行で開催され，黄炎培は湖南・広東・広西の政治状況を報告した（黄炎培「国民参政会日記」，『国参紀実続』535 頁）．

　『国参紀実続』所収の黄炎培「国民参政会日記」は，日付が飛んでいるが，もともと飛んでいるのか，『国参紀実続』収録時に編集されたものなのか，確認できていないが，おそらく抜粋編集であろう．

　1938 年 3 月 7 日，国防参議会が開催され，黄炎培は第五戦区の民衆動員状況を報告した（黄炎培，『国参紀実続』535 頁）．

　国防参議会は 1938 年 6 月 17 日，第 64 回会議を開き，国立北京大学校長蔣夢麟以外，全員出席した．同日，国民党中央執行委員会が「国民参政会」の第 1 期参政員名簿を決定したのち，国防参議会は解消された（黄炎培，『国参紀実続』535 頁）．

　国民党臨時全国代表大会は，1938 年 3 月 29 日から 4 月 1 日まで武昌で開かれた．国民党「抗戦建国綱領」[8]（1938 年 4 月 1 日）は，当時は国民党の規定する「訓政」時期ではあったが，「国民参政機関を設置し，全国の力量を団結させ，全国の思慮と識見を集中し，もって国策の決定と推進に利する」との方針を発表した（『国参紀実』35-37 頁，栄孟源（下）484-488 頁）．

「抗戦建国綱領」（1938 年 4 月 1 日）
　「抗戦建国綱領」は，7 項目にわたり，（甲）「総則」は「三民主義と総理の遺教が抗戦行動および建国の最高の基準である」，「全国の抗戦力量は本党および蔣委員長の指導」に従うべきこととし，（乙）「外交」は「日本帝国主義の侵略に反対

する一切の勢力と連合」すること，(丙)「軍事」は「各地の武装人民を指導・援助し，各戦区司令長官の指揮のもとに正式軍隊と呼応して作戦」すること，(丁)「政治」は「国民参政機関を設置し，全国の力量を団結させ，全国の思慮と識見を集中し，もって国策の決定と遂行に利さしめる」とし，(戊)「経済」は「軍事を中心とし，同時に人民の生活を改善することに注意を払う」とし，(己)「民衆運動」は「抗戦期間には，三民主義という最高の原則および法令に違反しない範囲内において言論・出版・集会・結社について合法の十分な保障を与える」とし，(庚)「教育」は「戦時教程を推進」すること，などを示した．

　中共および民主諸党派は，こぞってこの「抗戦建国綱領」を支持した．38・11・8『申報』も，「抗戦建国綱領は，実際上，今日の中国民族革命の共同綱領となっている」と評した．のちに，民主諸党派・中共などが批判・反対するに至る「言論弾圧」事件等の根拠は，(己)の「三民主義という最高の原則および法令に違反しない範囲内において」という条件に抵触するとしてとられた措置であったと見られるが，「言論弾圧」の対象の内容検討，取り締まりの判断の当否についての個別的検討などはこれまでにほとんど行なわれていないようである．

　「国民参政会」設置決定　国民党臨時全国大会は1938年3月31日，胡健中ら37名による「非常時期国民参政会を設置し，国民の意志を統一し抗戦力量を増強する案」と国民党中央執行委員会提案「国民参政会組織法大要案」を決議し，「国民参政会」設置が決定された．

　国民党臨時全国代表大会の「大会宣言」(4月1日)は，次のように述べている．

　　「政府はこのとき，国民会議が制定・公布した約法に依拠してのみ治権を行使する．ただ戦時の需要に適応すべく，各機関の組織に調整を加え，簡単化・有力化させなければならない．また，国民参政機関を設置し，全国の賢智の士を集中させて大計に参与させなければならない．ただこの非常時にあたり，政府はおのずから緊急処分の権を持ち，危に臨み変に処し，対応せざるを得ない．これを要するに，民衆方面は能力

の養成に注意を払い，政府方面は機能の適応に注意を払うのである．これは，もとより抗戦の力量を充実させることであり，民権の基礎もまたここに打ち立てられ，抗戦勝利の日には軍事を終息させ，憲政を推進し，もって民権主義の建設を完成させるのであり，その勢いはもとより至順である．」(『国参資料』2頁)

「国民会議」とは，中共および孫文が1923年に提唱した構想であった．

「国民参政会」発足準備　こうして，国民党訓政下の民意機構として「国民参政会」が設置されることになり，根拠規程の整備が行なわれていった．

国民党5期4中全会は1938年4月7日，「国民参政会組織条例」を制定した(『国参紀実』45-48頁)．国民政府は4月12日，「国民参政会組織条例」を公布し，国民政府行政院は4月26日，各省市政府に参政員候補者を推薦し，国防最高会議に報告するよう通知した．

1-2　国民参政会諸規程

「国民参政会組織条例」による諸規定は，以下の通りである．

1-2-1　権限・提案条件・任期・成立要件等

権限　国民参政会の権限は，1938年4月12日国民政府公布「国民参政会組織条例」第5条によれば，「抗戦期間には，政府の対内対外の重要施政方針は実施以前に国民参政会に提起し決議しなければならない」，「国民参政会は建議案を政府に提出することを得」となっており(『国参資料』7頁)，運用次第で大きな幅を生ずるだろうが，権限規定上は「訓政」システムの枠を超える可能性を持っていた．

国民参政会の権限は，国民党中央執行委員会によって与えられたもので，「国民参政会組織条例」第5条・第6条・第7条によれば，①政府施政方針を決議する権(5条)，②政府に建議を提出する権(6条)，③政府施政報告を聴取し，政府に質問案を提出する権(7条)であり(『国参資料』7頁)，その後，

④調査権，⑤国家予算の第1次審議権が追加された（孟広涵，『国参紀実続』3頁）．調査権は，1940年12月24日修正公布の「組織条例」で追加された（馬起華，『国参紀実続』609頁）．予算権は，1944年9月16日修正公布の「組織条例」によって追加された（馬起華，『国参紀実続』610頁）．

孟広涵は，これらについて「すべてにせであり，ひとつとして実質的なものはない」，「立法権がないだけでなく，政府に対する監督権もなかった」（『国参紀実続』3頁）と完全否定しているが，このような評価でよいのか，疑問がある．

提案条件　　提案の内容については，「抗戦建国と関連する事項」（1938年7月1日国民政府公布「国民参政会議事規則」第16条，1938年7月1日国民政府公布）とされ，「三民主義に抵触してはならず」（同前第16条），提案は参政員「20人の連署で提案できる」（同前第17条），「参政員が政府に質問するときは参政員5名の連署を要する」（同前第30条）ものとされた（『国参資料』31-32頁）．

任期・成立要件　　参政員の任期は，「1年」（同組織条例8条），国民参政会は「3カ月ごとに開催」され，会期は「10日間」（同組織条例9条），「2分の1以上の出席」で成立とされたが（同組織条例10条），1939年4月28日修正「国民参政会組織条例」により，会議は「6カ月に1回」となった（『国参資料』10頁）．

なお，「中央各院部会の長官」も「出席できるが，表決に参加することはできない」（同組織条例11条）とされた（『国参資料』7-8頁）．

1-2-2　参政員候補者の選出方法

参政員の「選任」は，推薦・審査・選定の3段階を経る（同組織条例4条）．

（一）　推薦

（甲）項は「各省市政府および各省市党部連席会議」で定数の2倍の候補名簿を提出し，国防最高会議も定数と同数の候補を提出でき，日本軍占領地については，国防最高会議が各省市の定数の2倍の候補を提出する．

（乙）（丙）項は，蒙蔵委員会・僑務委員会が定数の2倍の候補を提出する．

（丁）項は，国防最高会議が定数の2倍の候補を提出する．

（二）　審査

国防最高会議は，これらの名簿を国民党中央執行委員会に送り，同委員会内の「国民参政会参政員資格審査委員会」が審査し，その結果を国民党中央執行委員会に報告する．

（三）　選定

国民党中央執行委員会は，それに基づき，参政員を選任する（『国参資料』6-7頁）．

したがって，参政員の選定権は「訓政」システムにより完全に国民党が握っていたが，のち，一部修正される．

1-2-3　第1期国民参政会参政員[9]（1938年7月～1941年2月）

(1)「国民参政会組織条例」（1938年4月12日，国民政府公布）第3条では，国民参政会参政員の定数は「150名」とされたが，これは当初案であり，第1期第1回大会以前に定数は修正される．「150名」の内訳は，次のように定められた．

（甲）各省市（行政院直轄市）公私機関あるいは団体で3年以上勤務の者のうち信望のある者から「88名」を選任．

①江蘇・浙江・安徽・江西・湖北・湖南・四川・河北・山東・河南・広東　各4名．

②山西・陝西・福建・広西・雲南・貴州　各2名．

③甘粛・チャハル・綏遠・遼寧・吉林・新疆・南京市・上海市・北平市　各2名．

④青海・西康・寧夏・黒竜江・熱河・天津市・青島市・西京市　各1名

（乙）モンゴル・チベット地方の公私機関あるいは団体に勤務し信望ある者，あるいは各当該地方の政治社会状況を熟知する者で信望久しい者から6名を選任（モンゴル4名，チベット2名）．

（丙）海外華僑で居留地で3年以上働き，信望著しい者，あるいは華僑の

生活状況を熟知し信望久しい者から「6名」を選任.

（丁）各重要文化団体あるいは経済団体で3年以上勤務し，信望著しい者，あるいは国事に努力し信望久しい者から「50名」を選任.（『国参資料』5-8頁）.

（丁）項には，国民党および中共，民主諸党派・無党派が含まれた（『国参資料』5-8頁）. 1938年6月21日，国民政府が公布した第1期国民参政会参政員名簿によれば，国民政府による「（丁）項文化団体・経済団体」遴選（選抜）者中に，中共党員7名（毛沢東・秦邦憲・陳紹禹・董必武・林祖涵・呉玉章・鄧穎超）が含まれた. ただし，国民党党員・中共党員・民主諸党派メンバーは政党代表として受け入れたのではなく，「文化団体・経済団体等」代表に分類されていた（『国参資料』9頁）. 中共代表だけが，特別の扱いを受けたわけではなかった.

(2)「国民参政会組織条例」（1938年6月16日修正,国民政府公布）第3条は，参政員総数を「200名」（1938年4月12日「国民参政会組織条例」より50名増員）に増員し，国民参政会第1期第1回会議はこれに基づいて開催された.

（甲）88名.

（乙）6名（モンゴル4名，チベット2名）.

（丙）6名.

（丁）100名（1938年4月12日「国民参政会組織条例」より50名増員）（『国参資料』9頁）.

(3)「国民参政会組織条例」（1939年4月28日修正,国民政府公布）第9条は，「6カ月」に1回開会に改めた（『国参資料』10頁）.

(4)「国民参政会組織条例」（1940年4月16日修正,国民政府公布）第8条は，参政員の任期を「1年」とするが，「国民政府が必要と認めるときは延長できる」と改めた（『国参資料』11頁）.

(5)「国民参政会組織条例」（1940年9月26日修正,国民政府公布）第3条は，参政員定数を「220名」（1938年6月16日「修正国民参政会組織条例」より20名増員）に増員した. 内訳は，次の通りである.

（甲）90名（1938年6月16日修正「国民参政会組織条例」より2名増員）.

①江蘇・浙江・安徽・江西・湖北・湖南・四川・河北・山東・河南・広東 各4名.

②山西・陝西・福建・広西・雲南・貴州 各3名.

③甘粛・チャハル・綏遠・遼寧・吉林・新疆・南京市・上海市・北平市・重慶市 各2名.（新たに重慶市が加えられた.）

④青海・西康・寧夏・黒竜江・熱河・天津市・青島市・西京市 各1名.

（乙）6名（モンゴル4名, チベット2名）.

（丙）6名.

（丁）118名（『国参資料』12-13頁, 16頁）.

さらに第4条で，参政員の選定方法を，（一）（甲）項は「各省市臨時参議会が無記名連記投票法により選挙する」と変更された（『国参資料』13頁）.

これによって，国民党の権限は一部弱められ，一歩民主化された.

第5条は，「国防最高委員会」が「国民参政会参政員資格審査会」を設置するものとした（『国参資料』13頁）.

第12条は，国民参政会駐会委員会委員数を「25名」とした（『国参資料』15頁）.

第16条は，国民参政会は「主席5名」を選出し，「主席団を設置」すると改め，第2期から実施された.

1-2-4　第2期国民参政会参政員定数（1941年3月1日～1942年10月21日）

1940年12月23日, 国民政府が公布した第2期国民参政会参政員名簿には, 中共党員6名（秦邦憲・陳紹禹・毛沢東・林祖涵・呉玉章・鄧穎超）が含まれた（『国参資料』64-65頁）.

(1)　「国防最高委員会第48次常務会議」（1940年12月23日）は, 国民参政会秘書処による国民参政会組織規則修正草案の提案を決定し, 甲項90名, 乙項6名, 丙項6名, 丁項138名, 参政員定数は「240名」に増員した（1940年9月26日修正「国民参政会組織条例」よりさらに20名増員）.

(2)　「国民参政会組織条例」（1942年3月16日修正, 国民政府公布）第3条は,

国民参政会参政員定数は国防最高委員会第48次常務会議決定と同じ「240名」であるが（『国参資料』17頁）．内訳は，異なる．

(甲) 164名（1940年9月26日修正「国民参政会組織条例」よりさらに74名増員）．

　①四川・湖南・浙江・江蘇・広東・安徽・河北・山東・河南・湖北・江西　各8名．

　②陝西・福建・広西・雲南　各6名．

　③貴州・山西・甘粛・遼寧・吉林　各4名．

　④チャハル・綏遠・新疆・上海市・重慶市　各3名．

　⑤青海・西康・寧夏・黒竜江・熱河・南京市・北平市　各2名．

　⑥天津市・青島市・西京市　各1名（『国参資料』17-21頁）．

(乙) 8名（モンゴル5名，チベット3名．1940年9月26日修正「国民参政会組織条例」より2名増員）．

(丙) 8名（1940年9月26日修正「国民参政会組織条例」より2名増員）．

(丁) 60名（1940年9月26日修正「国民参政会組織条例」より58名減員）（『国参資料』17-18頁，21頁）．

これにより，(甲) 項が大幅に増員され，(丁) 項が大幅に減員された．

第16条では，国民参政会は主席は「5名から7名を選出」し，主席団を設置することになった（『国参資料』20-21頁）．

1-2-5　第3期国民参政会参政員定数（1942年10月〜1945年7月）

(1)「国民参政会組織条例」（1944年4月5日，国民政府修正公布）第11条では，国民参政会の会期は原則「14日」とされた（『国参資料』22頁）．

(2)「国民参政会組織条例」（1944年9月16日，国民政府修正公布）第3条では，参政員定数は「290名」（1942年3月16日修正「国民参政会組織条例」より50名増）に増員された（『国参資料』23頁）．その内訳は，次の通りである．

(甲) 199名（1942年3月16日修正「国民参政会組織条例」よりさらに35名増員）．

　①四川・湖南・浙江・広東・安徽・山東・河南・湖北・江西　各10名．

　②江蘇・河北・陝西・福建・広西・雲南　各8名．

③貴州・甘粛　各6名.

④山西・遼寧・吉林・新疆・重慶市　各4名.

⑤チャハル・綏遠・上海市・青海・西康・寧夏　各2名.

⑥黒竜江・熱河・南京市・北平市　各2名.

⑦天津市・青島市・西京市　各1名(『国参資料』23-28頁)

(乙) 8名 (モンゴル5名, チベット3名).

(丙) 8名.

(丁) 75名 (1942年3月16日修正「国民参政会組織条例」より15名増員) (『国参資料』23-24頁, 27-28頁).

　第7条では,「政府が国家総予算を編制するには決定以前に国民参政会あるいはその駐会委員会に提出し, 初歩的審議を行なわなければならない」とされ, 国民参政会は国家総予算の「初歩的審議」権を有するようになった (『国参資料』25頁).

　第13条では, 国民参政会駐会委員会は「31名」とされた (『国参資料』26頁).

　1942年7月27日, 国民政府が公布した第3期国民参政会参政員名簿によれば, 中共党員6名 (毛沢東・林祖涵・秦邦憲・陳紹禹・鄧穎超・董必武) が含まれた (『国参資料』73頁).

1-2-6　第4期国民参政会参政員定数 (1945年7月7日〜1948年3月28日)

　国民政府は1947年12月25日, 国民参政会第4期参政員の任期を1948年3月28日まで延期するよう命令した. 従って, 大会は1947年6月2日に終了したが, 機構としては1948年3月28日が終結日となる.

　1945年4月23日, 国民政府が公布した第4期国民参政会参政員名簿によれば中共党員8名 (毛沢東・林祖涵・秦邦憲・陳紹禹・鄧穎超・董必武・周恩来・呉玉章) が含まれた (『国参資料』83頁).

1-2-7　各期各回「出席すべき人数」・実出席者数

　王鳳青によれば,「出席すべき人数」は各期のみならず各回ごとに異なっ

ており，表1の通りであったとする．

　このうち，第2期第1回の「出席すべき人数」を「220名」，第2期第2回「239名」，第3期第3回「226名」としているのは，「国民参政会組織条例」規程の根拠は不明である．王鳳青の言う「出席すべき人数」とは，「定数」とは異なるのかもしれない．おそらく定数に基づいて選出された人数に欠員があったということであろう．

表1

	出席すべき人数	実出席者数	『国参資料』で数えた人数確認（斎藤）
第1期第1回	200名	146名	
第1期第2回	194名	140名	
第1期第3回	194名	146名	
第1期第4回	193名	141名	
第1期第5回	190名	145名	
第2期第1回	220名	203名	『国参資料』に記載された第2期実数は239名であった
第2期第2回	229名	173名	
第3期第1回	240名	218名	
第3期第2回	240名	191名	
第3期第3回	226名	186名	
第4期第1回	290名	238名	『国参資料』に記載された第4期実数は283名であった
第4期第2回	282名	234名	
第4期第3回	362名	302名	

出所：王鳳青243頁．

1-3　国民参政会会期・開催地・参政員定数・出席者数・提案数

表2

	会期	開催地	参政員定数 各省市	モンゴル・チベット	華僑	文化・経済団体	定数	出席者数	参政員提案数	政府提出議案	合計	決議案
第1期第1回	1938年7月6日～15日	漢口	88	6	6	100	200	146	129	9	130	120
第1期第2回	1938年10月28日～11月6日	重慶					194[10]	140	93		93	80
第1期第3回	1939年2月12日～21日	重慶					194	146	83	13	96	96
第1期第4回	1939年9月9日～18日	重慶					194	141	82		82	82
第1期第5回	1940年4月1日～10日	重慶					193	145	78		78	78
第2期第1回	1941年3月1日～10日	重慶	90	6	6	138	240(241)[11]	203	155		155	152
第2期第2回	1941年11月17日～30日	重慶					229	173	115		115	115
第3期第1回	1942年10月22日～31日	重慶	164	8	8	60	240	218	255		255	255
第3期第2回	1943年9月18日～27日	重慶					240	191	179		179	179
第3期第3回	1944年9月5日～18日	重慶					226	186	200	2	202	202
第4期第1回	1945年7月7日～20日	重慶	199	8	8	75	290	238	422		422	415
第4期第2回	1946年3月20日～4月2日	重慶					282	234	436		436	436
第4期第3回	1947年5月20日～6月2日	南京	227	8	8	119	362	302	480		480	480
合計								2699		24	2723	2666

出所：『国参紀実続』617頁，643頁[12]．

1-4 国民参政会駐会委員会

　国民参政会の休会期間には，常駐の「駐会委員会」が設置された．

　「国民参政会組織条例」（国民政府1938年4月12日公布）第9条は，「国民参政会の休会期間には，国民参政会駐会委員会」を設置し，参政員15名から25名を互選し，これを編成し，任務は「政府の各項報告および決議案の実施経過を聴取することに限る」とした（『国参資料』5-6頁）．

　「国民参政会駐会委員会規則」（1938年9月9日第1期第1回大会休会期間駐会委員会決定）第2条は，駐会委員会の任務は，「政府の各種報告を聴取すること」および「国民参政会の決議案の実施経過を聴取すること」とした．

　同第5条は，駐会委員会は政府報告を研究するため，「①軍事国防組，②外交組，③財政経済組，④内政および教育文化組」を置く，とした（『国参資料』47頁，61-62頁）．

　「国民参政会組織条例」（1939年4月28日修正）新9条は，「国民参政会の休会期間中，国民参政会駐会委員会を設置し，参政員の互選により15人から25人でこれを組織する」（『国参資料』10頁）とした．1940年9月26日修正では駐会委員会は「25名」とされ（『国参資料』12頁），1944年9月16日修正「国民参政会組織条例」第13条は，駐会委員会は「31名」（1940年9月26日修正「国民参政会組織条例」より6名増員）とした[13]（『国参資料』26頁）．

　「国民参政会駐会委員会」は，「毎週1回」会議を開くこととされた（「国民参政会駐会委員会規則」（1938年9月9日，第8条．『国参資料』48頁）．

1-5 各省県参議会設置

　1938年6月21日修正「国民参政会組織条例」により，1939年には各省市臨時参議会が設置され，国民参政会各省参政員は省市臨時参議会から選出されるように変更された（馬起華，『国参紀実続』596頁）．

　1942年10月23日成都『新中国日報』は，「現在，四川省100余県にすでに県参議会が設立され，地方自治の新紀元が開かれた」と述べており（『国参紀実』1073頁による），日中戦争中にもかかわらず，孫文三民主義構想によ

る県単位の地方自治が推進されていた．

　国防最高委員会は，県以下のレベルの民意機関の設置に取り組み，1943年5月，各省に対し，1944年末までに一律に県参議会を設置するよう通知した．これにより，内政部が公布したすでに設置された県参議会数は四川・雲南・広西など計13省784，すでに実施された郷鎮民代表会の郷鎮数は河南・四川・浙江など8省1万5703，すでに設置された保民大会の保数は四川・浙江・湖北など13省32万2689であった[14]．

　国民政府主席蔣介石は1944年9月5日，国民参政会第3期第3回大会（1944年9月5日～18日）での訓詞で，県市参議会は国民参政会第3期第2回大会（1943年9月）のさい，300余単位であったが，現在すでに900余単位に増加しており，鎮民代表会は500余県市に，保民大会は1000余県市に設置された，と報告している（『国参紀実』1305頁）．

　1944年9月内政部発表によれば，臨時参議会がすでに成立した県数は784，郷鎮民代表会がすでに実行された郷鎮数は1万5703，保民大会がすでに成立した保数は32万2689であった（王鳳青113頁）．

1-6　各界の歓迎

　国民参政会の設置は，当時，各界から歓迎された．

　1938年4月10日『申報』は，「われわれは，世論界の多数者が提出した答案，つまり民意機関を設立するということに賛成である」と述べた．

　同年6月18日漢口『大公報』は，国民参政会は「民権主義の精神を発揮したもので，将来の憲政の基礎」と受けとめている（『国参資料』237-239頁による）．

　参政員張君勱（国社党）は，やや保留し，国民参政会が「ここから中国民主制度の基礎樹立できるかどうかは，政府がどのようにやるかを見なければならない」と述べた．参政員羅隆基（民主同盟）は，国民参政会は「北伐以来，破天荒な新しい機構だ」と讃えた．参政員梁実秋（国社党）は，「第1に，参政員は各方面から推薦され，政府が選抜したもので，当然まだ本当に民意を

代表できるとは言えない」,「200名という数はやや少ない」が,「みな異なる地方から出て来ており,しかもみな社会的に声望のある人々」だと評価し,「第2に」「一部の参政員を会内に留め」,「重要な問題を」「研究討論させる」よう,常設機関の設置を提案している (38・6・24, 26, 7・3『新華日報』).

参政員杜重遠は,「国民参政会は政府と人民の意思を疎通させる機関である」と語った.参政員王卓然は,200名の参政員が「連名で宣言を発表し,抗戦建国綱領を擁護し,政府の徹底抗戦政策を擁護してわが国民参政会内部の一致団結を表明しよう」と訴え,さらに「地方行政機構の改革」を建議している (38・6・24, 26, 7・6『新華日報』).

参政員章伯鈞 (第三党) は,国民参政会は「戦時民意機関と称することができる」と述べた (38・6・25『新華日報』).

参政員沈鈞儒 (救国会) は,「参政員の人選に満足している」と述べ,一部に「重視に値しない」との意見があるが,「多少なりとも人民の意見を反映できるので,重大な意義があると思う」とし,各方面の参政員が積極的に提案し,政府が国民参政会の決議案を受け入れること,発言の時間と自由をあまり制限しないように,と希望を述べている.参政員史良 (全国各界救国連合会) は,国民参政会は「各方面の民意を代表できる」,「女性は20分の1」だが「以前にくらべれば大進歩」と評価している.参政員王造時 (全国各界救国連合会) は,国民参政会は「政府と民衆の間の意思疎通機構」であり,「民主政治に向かう中枢」であり,「中国が真に民主憲政国家になる」ための「過渡段階」と述べた.民主同盟参政員の張申府は,国民参政会の招集は「民権主義あるいは民主政治の完成にさらに一歩近づいた」,「政府がますます民意を採用することは国家をさらに一歩前進させる」,国民参政会は「戦時の臨時民意機関」である,と述べた (38・6・25, 7・6『新華日報』).

参政員鄒韜奮 (全国各界救国連合会) は,国民参政会は「非常なる時期の非常なる民意機関」であり,欧米の議会と違って「政府の指導のもとで抗戦建国という共同の目標のために努力するのである」とその特色を語り,「一般の世論も民意機関として国民参政会に願いを託している」,「参政員の職権は

3種，すなわち決議・建議・質問」であるが，①「会期が10日にすぎないのは短かすぎる」，②「合併できる議案はできるだけ合併させる」，③「各参政員は会外で大いに意見を交換し，大いに共通点を見つける」，④「各参政員は」「会外専門家や特殊工作者の意見」を吸収して提案を充実させる，などの提案を行なっている（38・7・3『新華日報』）．

参政員梁漱溟（村治派）は，「国防参議会はいささかの成果をあげた」と肯定的に評価し，国民参政会は「無意味な口頭の論争を避けなければならない」と危惧を表明した．参政員晏陽初（郷村建設運動）は，中国の人口4億のうち「農村大衆は3億6000万人を占め」，抗戦を支えるのは農民であること，「中山先生は臨終のとき，『国民会議』の開催を強調した．今回の参政会は初歩的に建国方略のプログラムを実践すべく，新中国民主政治史の第1ページを描き出している」と述べた（38・6・25『新華日報』）．

参政員劉蘅静（国民党）は，国民参政会は「訓政時期から憲政時期への過渡期の民意代表機関である」と述べ，参政員中女性は10名で少ないが，「女性が政治に参与するのは，中国でははじめて」と評価している（『国参紀実』103頁）．

参政員王雲五（無党派）は，自分は平時なら参政員を引き受けないが，今回参政員を引き受けるのは壮丁が入隊するようなものだ，と述べている．参政員胡文虎は，「今回政府が国民参政会を開催したのは，十分に各党各派の一致団結の精神を表している」と述べた．参政員褚輔成（国民党／のち九三学社）は，各県の自衛隊から徴兵すること，郷村の保甲長は選挙により，「郷村自治制度を完成させる」ことを提案している．参政員張季鸞は，「抗戦建国綱領」は原則規程を決めているが，「現在の問題は方法的にいかに実践するかだ」と述べている（38・6・25, 29, 7・5『新華日報』．『国参紀実』103-105頁による）．

国民党員参政員で，のち一時期，汪兆銘と行動を共にした陶希聖は，国民参政会は「民選の議会ではない」が，「戦時民主制度と戦後民主政治発達の基礎である」と述べた（『国参紀実』85頁）．同じく国民党員参政員の陳伯生も，

国民参政会の成立は「中国が民主政治に向かって大道を前進しており，将来の憲政のために有力な基礎を打ち立てた」と述べた（『国参紀実』85-86頁）．

参政員曽琦（青年党）は，国民参政会は「純粋の民意機関ではないが，少なくとも準民意機関である」と述べた．参政員左舜生（青年党）は，国民参政会は「民主政治の発端」であると述べた（38・6・26,27『新華日報』．『国参紀実』87頁による）．

参政員黄炎培（職業教育会）は，「民族・国家の利益は何よりも高い観念」であり，「みなは相互猜疑の観念を放棄しなければならない」と訴えた．参政員江恒源（職業教育会）も，「もっとも重要なのは『誠』の一字」と述べた．参政員冷御秋（遹）（職業教育会）は，「参政会についての意見」は「おおかた一致している」，「今回の参政会の前途はかならずや光明である」，「後方では地方自治を完成させ」，「戦区では政治動員を実現し」，「被占領区では政治工作を強化しなければならない」と述べた（38・7・3,4『新華日報』）．

以上により，国民参政会の設置は国民党「訓政」下の「戦時の民意機関」であり，「民主憲政への一歩」を意味する「過渡的機関」だ，というのが国民党・中共・民主諸党派・無党派の当初（1938年6月～7月）の大方の理解であった，と確認できる．また，孫文三民主義，「抗戦建国綱領」は，中共を含む各方面から支持された．

1-7　中共の参加とボイコット

中共の参加　中共，民主諸党派および国民党は，「訓政」の建て前から国民政府による「文化団体・経済団体等」分類「遴選」（選抜）者として参政会に参加した．

参政員に指名された中共の毛沢東・陳紹禹・秦邦憲・林祖涵・呉玉章・董必武・鄧穎超は連名で「国民参政会についてのわれわれの意見」（1938年7月5日）を発表し，国民参政会の開催は「民主制度に向かうひとつの進歩」と評価し，「人民の言論・集会・出版・結社の自由」および各抗戦党派の合法的権利を確保」することを主張し，国民党の「抗戦建国綱領」は「本党の

抗戦期の綱領と基本方向が一致している」のみならず、「その他の党派も賛意を表明している」と支持する姿勢を示した (38・7・5『新華日報』)。

呉玉章 (中共) は 1938 年 3 月 20 日、フランスをたち、香港経由で帰国し、6 月 25 日、重慶から漢口に赴き、国民参政会に参加した (『国参紀実続』470 頁)。

中共が国民参政会に参加した理由は、国民党政権打倒の暴力革命戦略を放棄したからではなく、参加することによって合法性を獲得し、国民政府に対する合法的な発言の場を確保することにあった、と思われる。

中共のボイコット　　中共は、国民参政会で基本的に参加・協力の姿勢をとったものの、1941 年には新四軍事件などを理由として第 2 期第 1 回大会 (1941 年 3 月 1 日～10 日) をボイコットし、第 3 期第 2 回大会 (1943 年 9 月 18 日～27 日) では中共批判があったことを理由に抗議・退席し、1945 年 7 月には国民党が国民大会を開こうとしているということを理由として第 4 期第 1 回大会 (1945 年 7 月 7 日～20 日) をボイコットし、国民党二中全会 (1946 年 3 月) への不満を理由に、第 4 期第 2 回大会 (1946 年 3 月) をボイコットし、東北地区の争奪戦の開始を機に 1946 年 6 月 16 日、中共は国民参政会にはもはや参加しないと表明し、公然と「武装闘争」方針を掲げるに至った。

つまり、中共の国民参政会参加は第 3 期までで、抗日戦争終了直前の 1945 年 7 月以降は第 4 期第 1 回大会から第 3 回までのすべてをボイコットしたわけである。それは、抗日戦争終了と共に国共内戦期に入ることと裏腹の関係にあったと見られる。

李公樸拘禁 (1938 年 6 月)　　1938 年 6 月、李公樸・沙千里が漢陽兵工廠で抗戦講演を行なったところ、ストライキを扇動したとされ、李公樸は 1 カ月拘禁されたという。

2．国民参政会第1期
（1938年7月6日〜1941年2月28日）

2-1　国民参政会第1期第1回大会（1938年7月6日〜15日）

　国民参政会第1期第1回大会は，首都南京が1937年12月，日本軍に占領され，さらに1938年5月には中国軍の徐州撤退という軍事状況の中で，1938年7月6日，漢口両儀路上海大戯院で開催された．会期は，10日間であった（『国参紀実』170頁）．

　参政員定数は200名，男190名，女10名（うち喩維華女士は参政会開会直前に殺害された），平均年齢は50歳で，最高年齢は73歳1名（張一䴎[15]），最年少は31歳3名，最多年齢は45歳16名，次は42歳12名，50歳11名であった．籍貫別では，江蘇20名，浙江18名，湖南14名，広東14名，福建14名，湖北12名，四川12名，河北12名，安徽10名，江西9名，山東8名，遼寧8名，陝西6名，広西5名，河南4名，雲南4名，山西4名，貴州3名，吉林3名，新疆3名，青海3名，綏遠2名，甘粛2名，黒竜江2名，西康1名，寧夏1名，チャハル1名，熱河1名，モンゴル1名，チベット1名．職業別では，教育界59名，政界54名，党務者37名，商界11名，軍人7名，著作家6名，新聞界6名，外交界5名，銀行界5名，社会事業家5名，弁護士4名，宗教家1名であった（38・7・6『申報』）．

　馬起華によれば，第1期参政員中，国民党員は5分の2であった（『国参紀実続』598頁）．『国参紀実続』によれば，第1期参政員200名中，国民党は89名（44.5％），無党派89名（44.5％），5抗日党派22名（11.0％）で，5抗日党派の内訳は中共7名，青年党7名，国社党6名，社民党1名，第三党1名だった，という（17頁）．西村は，第1期第1回大会の参政員中，「国民党系」は「4分の3」を占めていたとするが（118頁），馬起華，『国参紀実続』のあげた数字を否定する根拠は示されていない．

毛沢東は,「歯病および雑務多忙」を理由に第1期第1回大会に欠席を通知した(『国参紀実』80頁).

議長は,汪兆銘が務め,国民政府主席林森,国民政府軍事委員会委員長蔣介石,副議長張伯苓が挨拶を述べた.黄炎培は,張伯苓の発言が「失礼」だったと不快感を示しているが,具体的には述べていない(黄炎培「国民参政会日記」,『国参紀実続』536頁).

蔣介石は,「2つの基本的任務」として,①「抗戦建国」,②「永久的な真の民主政治の基礎を打ち立てる」ことをあげた.張伯苓も,各参政員が「民衆の公意を代表し」,「今後,民主政治を樹立する出発点とする」よう希望する,と述べた(『国参紀実』164-167頁).

第1期第1回大会は,政府提案および参政員提案計120件(林祖涵・董必武によれば125件.汪兆銘は第1期第2回会議の開会の辞で130数件と述べている)の提案を決定した.

そのうち,1938年7月12日には「抗戦建国綱領案を擁護する」決議3件(①鄭震宇参政員ら28人の提案.②陳紹禹(中共)ら67人の提案.③王家模参政員ら21人の提案)が採択された(『国参資料』90-91頁).中共は,単独では提案要件「20名以上」には足りなかったが,他の参政員と共同で各種提案を行なっていった.

蔣介石,保甲制度維持主張　　褚輔成(国民党/のち九三学社)ら22名は1938年7月,「速やかに下級自治を実行し,民衆の兵役志願を発動する案」を提案したが,蔣介石は国民参政会議長汪兆銘あてに「現行の保甲制度」はすでに定着しており,成果もあがっているのに,「速やかに下級自治を実行し,閭隣長・郷鎮長を選挙するのは,保甲制度を根本からくつがえす」ことになり,「この軍事緊張の折に,各省地方にはのんびりと制度改革をする余裕はない」と反対する代電を発した(『国参紀実続』258-259頁).蔣介石らが保甲制にこだわった理由は,何であろうか.

李聖五提案,非難される　　のちに汪兆銘と行動をともにする李聖五は,「ドイツ・イタリアとの国交に注意を払おう」との提案を出し,大多数の参

政員から非難をあびたという(『国参紀実続』22頁).

第1期第1回大会は,「国民参政会第1回大会宣言」を発表した(『国参資料』92-97頁).

すべての国民参政会決議案は,国民党中央執行委員会を経て国防最高委員会に提出された.

第1期第1回大会休会期間駐会委員　7月15日決定の常駐機関,「国民参政会第1期第1回大会休会期間駐会委員名簿」全25名中には中共から董必武・秦邦憲・陳紹禹の3名が入った(『国参資料』55頁).

林祖涵(中共)は,「最近閉幕した国民参政会」は「民国以来中国政治史上,もっとも輝かしい1ページ」だった,と書いている(『解放』週刊1938年第49期,『国参紀実』234頁による).

2-2　第1期第1回大会後,第2回大会まで (1938年7月～10月)

1938年10月28日『申報』「社論」は,国民参政会第1期第1回大会では「160件」の提案があり,政府が提出した議案が「9件」あったが,発表されたのは「3,4件」にすぎなかったと問題を指摘している.

「戦時図書・雑誌原稿審査措置」(1938年7月21日)　国民党第五期中央常務委員会第86回会議は1938年7月21日「戦時図書・雑誌原稿審査措置」を決定し,同委員会第106回会議は同年12月22日,修正を行なった.同措置は,適用期間を「抗戦期間」と限定し,「国民の思想を統一する」ことを目的として「中央図書・雑誌審査委員会」を設置し,原稿の検閲を行なう,というものであった(『国参紀実続』271-273頁).

これは,戦時下の言論統制法であるが,国民党と「民主諸党派」との対立要因のひとつとなった.検閲の必要は,戦時だからだというものであるが,いかなる言論が戦争遂行に不都合と判断されたのかが解明されるべき問題である.

2-3　国民参政会第1期第2回大会（1938年10月28日〜11月6日）

　1938年10月21日，広州が陥落し，10月25日には国革軍が武漢から撤退するという状況の中で，国民参政会第1期第2回大会は10月28日から10日間の会期で会場を重慶に移して開かれ，88件の提案が採択された．陳嘉庚（華僑）は，欠席を通知した．

5組審査委員会設置（1938年10月29日）

　第1期第2回大会は1938年10月29日，次の5審査委員会を設置した．

表3

各組審査委員会	委員96名・招集人15名
第1審査委員会（軍事国防組）15名 招集人3名	郭英夫　王亜明　李永新　胡景伊　沈鈞儒　秦邦憲　韓克遹 于明洲　周士観　劉百閔　姚仲良　陳錫珖　王葆真　馬乗風 李中襄 招集人：張君勱　孔庚　　左舜生
第2審査委員会（国際外交組）21名 招集人3名	王家楨　張元夫　陳時　　張彭春　杭立武　陶希聖　譚文彬 王冠英　陳希豪　王卓然　陸鼎揆　陳博生　江庸　　王啓江 張熾章　斉世英　張忠紱　張奚若　呉玉章　陳紹禹　羅衡 招集人：周覧　　于斌　　銭端升
第3審査委員会（内政組）21名 招集人3名	龔体要　李元鼎　王幼僑　章伯鈞　席振鐸　馬亮　　張瀾 史良　　呉緒華　謝健栄　陶百川　朱之洪　駱力学　褚輔成 張剣鳴　張一麐　冷遹　　邵従恩　仇鰲　　李治　　楊子毅 招集人：劉孝炎　梁漱溟　董必武
第4審査委員会（財政経済組）21名 招集人3名	羅隆基　黄元彬　陳石泉　范鋭　　羅文幹　郭任生　居励今 奚倫　　高惜氷　張竹渓　杜秀叔　胡兆祥　劉古模　陳経畬 陳其采　李仙根　麦斯武徳　王世穎　馬君武　鄧飛黄 周星棟 招集人：陳豹隠　林祖涵　楊端六
第5審査委員会（教育文化組）18名 招集人3名	黄建中　陳裕光　鄧穎超　楊振声　茹欲立　鄒韜奮　劉薇静 盧前　　梁実秋　張申府　シェーラブギャムツォ　　欧元懐 胡元懐　陳啓天　胡石青　江恒源　陶行知　韋卓民 招集人：傅斯年　周炳琳　呉貽芳

出所：38・10・30，11・3『申報』．

このほか，1938年10月30日，特に重要な議案について全参政員を委員とする「全体審査委員会」が設置されることになった（38・10・31『申報』）．また，11月2日，「特種委員会」の設置が決定された（38・11・3『申報』）．

第1期第2回大会は1938年11月1日，「蔣委員長の持久抗戦宣言を擁護する等の案および決議」4件を採択した．そのうち，①胡景伊参政員ら提案の提案者44名のうちには，呉玉章・秦邦憲・陳紹禹ら中共党員が含まれていた．②張一麐参政員ら提案の提案者41名のうちには，董必武・秦邦憲ら中共党員が含まれていた．③陳紹禹ら提案の提案者73名のうち，提案人6名は全員中共党員（陳紹禹・秦邦憲・林祖涵・呉玉章・董必武・鄧穎超）だった．④王造時参政員ら提案の提案者66名のうちには，林祖涵・陳紹禹・董必武・呉玉章・秦邦憲ら中共党員が含まれていた（『国参資料』98-103頁）．

第1期第2回大会は11月3日，「抗戦建国綱領を擁護し，戦時新聞政策を確立し新聞事業の発展を促進する決議案」を採択した（『国参資料』104-107頁）．

第1期第2回大会は11月4日，鄒韜奮ら参政員74名が提案した「図書雑誌原稿審査措置を廃止し，十分に世論を反映し，出版の自由を保障する案」を採択した（38・11・5『申報』）．

第1期第2回大会は11月5日，林祖涵ら参政員20名提出の「漢奸・傀儡の厳罰案」を採択した．提案人は林祖涵，連署人に秦邦憲・鄧穎超・董必武・陳紹禹・呉玉章らが含まれていた．第1期第2回大会は1938年11月5日，林祖涵参政員ら20名提出の「漢奸・傀儡の厳罰案」を採択した．提案人は林祖涵，連署人に秦邦憲・鄧穎超・董必武・陳紹禹・呉玉章らが含まれていた（『国参資料』108-109頁）．

第1期第2回大会は11月5日，陳紹禹参政員ら22名提出の「持久抗戦に関する案」を採択した．提案人には，陳紹禹，連署人に秦邦憲・林祖涵・呉玉章・董必武・鄧穎超らが含まれていた（『国参資料』110-115頁）．

第1期第2回大会は11月5日，呉玉章参政員ら32名提出の「国民外交強化案」を採択した．提案人には，呉玉章，連署人に秦邦憲・林祖涵・陳紹禹・董必武・鄧穎超らが含まれていた（『国参資料』116-118頁）．

張君勱らは1938年10月,「政本を刷新し,抗戦に利する案」を提案し,3項目のうち,第2項目では「近代民主国にはかならず議会がある」と述べ,議会制民主主義を主張した(『国参紀実続』93-94頁.『国参紀実続』は提案日付未記載).

梁漱溟らは1938年10月,「兵役実施措置改善建議案」の中で「速やかに省県民意機関を設立する」ことを要望した(『国参紀実続』106-109頁.『国参紀実続』は提案日付未記載).

第1期第2回大会休会期間駐会委員　1938年11月5日決定の「国民参政会第1期第2回大会休会期間駐会委員名簿」には,中共から董必武・呉玉章・秦邦憲の3名が入った(『国参資料』56頁).

2-4　第1期第2回大会後,第3回大会まで (1938年11月〜1939年2月)

駐会委員会　1938年11月11日,第1回駐会委員会が開催され(38・11・12『申報』),11月25日にも駐会委員会が開催された(38・11・12『申報』).

汪兆銘,重慶離脱 (1938年12月18日)・**艶電** (12月29日)　国民党副総裁・国民参政会議長汪兆銘と陳璧君・陶希聖・周仏海・褚民誼・曽仲鳴らは12月18日,重慶を密かに離れ,19日,昆明を経てハノイに飛んだ.汪兆銘は,国民党中央党部蔣介石総裁および中央執行委員会監察委員あてに艶電(12月29日.『国参紀実』388-390頁)を発し,日本政府が12月22日,和平提案をしてきたことに対応すべきと提案した.国民党は1939年1月1日,汪兆銘を除名した.1月20日,汪兆銘は国民参政会議長を解職され,蔣介石国民党総裁が議長に交代した.汪兆銘と行動を共にしたのは,そのほか,梅思平・高宗武・彭学沛・陳公博・李聖五らであった.広州陥落,武漢撤退という軍事情勢は,国民党内に深刻な動揺を引き起こしたものと見られる.

張君勱,毛沢東あて書簡 (1938年12月25日)　交通部長張公権の兄,張君勱(国社党)は,1938年12月25日『中央日報』に中共・毛沢東あての公開書簡を発表し,中共が陝西省北部の行政権・指揮権を国民政府に返還するよう要求した(38・12・27『北京益世報』).

「毛沢東ら参政員が華北視察団の件につき参政会秘書処に送る電報」(1940年2月3日)によれば,「第2期参政会」[16)]で国社党員梁実秋と青年党の余家菊は汪兆銘を弁護し,中共および抗戦堅持論の参政員と激論をかわした,という(40・2・3延安『新中華報』.『国参資料』135-136頁による).

「図書・雑誌原稿審査措置」問題 (1939年1月10日) 　国防最高会議秘書処は1939年1月10日,第1期第2回大会(1938年10月28日〜11月6日)での鄒韜奮らによる「図書・雑誌原稿審査措置を廃止するよう要請する案」について,国防最高会議常務委員第113回会議は討論を経て,「同措置は施行以来,何ら問題はないが,出版界の利便のために」「同措置第6・第7・第8の各条をそれぞれ修正することとした」との回答を国民参政会に送った.

それによれば,同措置第6条の原文「印刷する図書・雑誌」は「所在地の審査機関に提出し,審査を受ける.審査され許可を得たのち,発行できる.もし所在地に審査機関がない場合は中央審査機関に直接提出し措置を受けることができる」で,修正文はそのあとに「純粋に学術的な著述で時事問題および政治社会思想に言及していないものは,原稿を審査に送らなくてよい.ただし,出版するさい,まず審査機関に送り審査を経たのち発行できる」が追加された.同措置第6条の原文は「本党および各級軍政機関の出版物は原稿審査の手続を免除される」で,修正文では「出版物」が「公報」に変更された.措置第8条原文「図書・雑誌の原稿を提出して審査を請求するさい,校了ゲラ3部を追加提出しなければならない」を,修正文では「図書・雑誌を提出して審査を請求するさい,原稿1部あるいは校了ゲラ2部を提出しなければならない」とし,追加条文として「審査ののち,内容に不適当なところがあれば,原稿あるいは校了ゲラに『審査済み』の判を押し,審査申請者に返却する」,というものであった(『国参紀実続』268-270頁).鄒韜奮らの提案は,肩すかしを食わされたという印象であったに違いない.

国民党五期五中全会 (1939年1月21日〜30日)　国民党五期五中全会(1939年1月21日〜30日)は,「抗戦を継続し連共抗戦する」ことを確認すると共に,「異党活動制限措置」,「党務整理決議案」を決定し,「防共委員会」を設置

した.「異党活動制限措置」は，中共・民主諸党派との対抗軸となる.

陝甘寧辺区の「省参議会」設置　　国民参政会は1939年1月27日，陝・甘・寧の各省参議会が設置されたと国民政府行政院に通知し，これに対して行政院秘書長は同年2月3日，当該辺区の各県は各当該省参議会に参加してよいが，単独で招集することはできないとすでに通知してあるので，それに従っていただきたいと返信した（『国参紀実続』274頁）.

これは，中共陝甘寧辺区が省レベルの参議会を設置したというものであるが，「単独で招集」とは行政院の許可なく省参議会を「開会」することを意味しているものと思われ，中共陝甘寧辺区が国民政府の統制から離れた動きをしないよう封じようとしたものであろう.

2-5　国民参政会第1期第3回大会 （1939年2月12日[17]～21日）

国民参政会第1期第3回大会は，近衛声明，汪兆銘の重慶国民政府離脱ののち，1939年2月12日，重慶国民政府軍事委員会礼堂で開催された（『国参紀実』421頁）. 中共参政員毛沢東・陳紹禹は1939年2月12日，国民参政会秘書処に欠席通知電を打った（『国参資料』119頁）.

第1期第3回大会では，蒋介石国防最高委員会委員長が参政会の議長を兼任し，96件の提案を採択した.

第1期第3回大会は2月18日，周覧参政員ら51名提出の「民主法治制度を確立し建国の基礎を打ち固めることを要請する案」を採択した. 提案者には呉玉章（中共）が含まれていた（『国参資料』120-124頁）.

第1期第3回大会は2月18日，陶百川参政員（国民党）ら25名提出の「国民抗敵公約宣誓運動を要請する案」を採択した（『国参資料』125-127頁）.

第1期第3回大会は2月19日，「政府の国策擁護案」を採択した（『国参資料』128-129頁）.

「文盲一掃」提案　　鄒韜奮らは1939年2月，「全国知識分子を動員し，文盲を一掃し，民族意識を普及して抗戦建国に利する案」を提案し，その中で中国の人口は「4億5000万（1928年海関推定に基づく）」とし，そのうち「1

歳から16歳まで」および「47歳から60歳まで」が「全人口の50%」であり，「17歳から46歳」が「全人口の50%，2億2500万人」であるとし，「そのうち文盲は約80%，1億8000万人」と指摘するとともに，「全国の小学教師，中学教師，専科以上の学校教師」，中等学校以上学生・大学生・高級小学生・社教機関の教職員は，合計260万余人」，「その他の知識分子250〜260万人」で「総数500万人」いるので，「1人が毎年，文盲20人」を克服すれば「1年で文盲1億人」を克服できるので「2年」あれば文盲すべてを一掃できる，と述べている（『国参紀実続』114-118頁．『国参紀実続』は提案日付未記載）．

「川康建設期成会」設立（1939年3月2日）　国民参政会議長蔣介石は1939年3月2日，「国民参政会川康建設期成会の設立，および川康建設訪視団設置案」を提案し，3月5日，同期成会・同訪視団設立を決定し，（川）北路視察組組長に張瀾（統一建国同志会）が選出された（1939年11月，『国参資料』130-132頁）．

「**国民精神総動員綱領**」（1939年2月20日発表／3月12日公布）
　国民参政会議長蔣介石は2月20日，国民参政会第1期第3回会議で「国民精神総動員綱領」を発表し，3月12日，公布された．同綱領は，①「国家至上民族至上」，②「軍事第一勝利第一」，③「意志集中力量集中」を掲げ，①「国民革命の最高原則である三民主義に違反しない」，②「民族の理想を踏み越え，国家の絶対性に害を与える言論を鼓吹しないこと」，③「軍政・軍令および行政系統の統一を破壊しないこと」，④「抗戦情勢を利用して国家・民族の利益を達成する以外のいかなる企図も行なわないこと」を求めた．

　　　　　　　　　　　　　　　　　　（『国参紀実』445-460頁）

「軍政・軍令および行政系統の統一を破壊しないこと」という要求は，中共に向けられたものであることは明らかである．この綱領は，さらに「抗戦に害のある論争および不法な活動を取り締まる」，「各種新聞・定期刊行物の言論傾向を正す」としており，これが民主諸党派の反発を招くことになった．

蔣介石，閉会の辞（1939年2月21日）　蔣介石議長は1939年2月21日，第1期第3回大会閉会の辞で，民主政治の樹立はわれわれの責任であるこ

と，孫文の軍政・訓政・憲政三段階論に基づいて革命工作を進めるべきこと，現段階は軍政であるが，軍政を妨げない範囲で訓政工作も積極的に進め，軍政を補助すべきこと，民主政治を実現するにはこの順序をおろそかにしてはならないこと，民主制度の法律を人民は順守すべきこと，などを述べた（39・2・24『申報』）．

第1期第3回大会休会期間駐会委員　2月20日「国民参政会第1期第3回大会休会期間駐会委員名簿」には，中共から董必武・秦邦憲の2名が入った（『国参資料』58頁）．

2-6　第1期第3回大会後，第4回大会まで（1939年2月～9月）

平江惨案（1939年6月12日）　1939年6月12日，国民革命軍第27集団軍が新四軍駐湖南平江嘉義鎮通信処を包囲し，新四軍・八路軍6名を殺害する「平江惨案」（事件）が発生した，という．

張君勱通電（1939年8月17日）　参政員張君勱は，1939年8月17日，国民が中央政府のもとで抗戦の国策を擁護し，国家を分裂させる一切の行為を拒絶するよう呼びかける通電を発した（39・8・18『申報』）．

2-7　国民参政会第1期第4回大会（1939年9月9日[18]～18日）

第1期第4回大会は，重慶大学講堂で開催された．同大会は，第1審査委員会の軍事報告についての審査意見，第4審査委員会の交通・財政報告についての審査意見，第3審査委員会の政治・内政報告についての審査意見，第5審査委員会の教育報告についての審査意見，特種委員会の司法制度改善各案についての審査意見を討論し，82件の提案を採択した．

第1期第4回大会は1939年9月15日，「逆賊汪兆銘を糾弾する電文」を発表した．

第3審査委員会は9月16日，民主憲政実施要求7項提案についての審査報告を行ない，大会は討論の上，これを採択した．

鄒韜奮によれば，第1期第4回大会では憲政に関する提案が7件あり，採

択された．憲政提案に関しては，第3審査委員会が審査することになっていたが，「拡大会議」を開けという要求があり，ある夜，重慶大学講堂で「拡大会議」が開催され，第3審査委員会委員のほかに，他の参政員も参加して議論が行なわれた．この会議で，羅隆基と李璜の発言がもっとも多く，激烈だったが，徐傅霖（国社党）は「一党専政を取り消さなければ，すべては空談だ」と叫んだ，という（『国参紀実続』441-446頁，596頁）．

　鄒韜奮は，「第1期国民参政会親歴記」（1941年発表）で国民党が「憲政運動を誹謗する『理論』」を発表したり，「各地方では憲政運動を厳禁」したりし，「一方では憲政をやろうとしているかのようであり，他方ではまた憲政はいらないかのようである」と評している（『国参紀実続』455-456頁）．筆者には，国民党は明らかに憲政を追求していると思われるが，鄒韜奮は国民党は憲政をめざしていないと認識していたわけである．

　張君勱らは，第1期第4回大会で「政治を改革し，非常局面に対処する案」を提案し，その中で「ただちに党治を終息させ，憲政を実行する」ことを要求した．

　沈鈞儒らは1939年9月，「政府が先に命令した人民の権利を着実に保障することを再度表明するよう要請する案」を提案し，この中で「『反動の嫌疑』，『土匪』，『逃亡兵』，『漢奸』」などの言葉を使って「任意に青年・一般良民に濡れ衣を着せることを厳禁する」よう求めた（『国参紀実続』131-132頁）．

　第1期第4回大会は1939年9月18日，「国民大会を招集し憲政を実行する案」を採択した（39・12・19『申報』，39・12・24『中央日報』，『国参資料』133頁）．

　「華北視察団」結成（1940年1月）　　沈鈞儒らは1939年9月，第1期第4回大会で，日本軍は現在，河北で掃蕩戦を行なっており，抗戦のもっとも緊張した地域は河北に移りつつあるとして，参政員11名〜15名からなる「華北視察団」結成を提案した（『国参紀実続』129-130頁．『国参紀実続』は提案日未記載）．

　国民参政会は1940年1月23日，第1期第4回大会で「華北視察団」を編成することを決定し，すでに国防最高委員会の決定を経，参政員李元鼎を

団長, 参政員鄧飛黄（国民党）を副団長とし, 参政員李鴻文・余家菊（青年党）・梁実秋（国社党）・于明洲・斉世英（国民党）を団員として河北・河南・山西・陝西を慰労・視察の対象とする, 「本月」[1月] 29日, 重慶から出発する, と国民政府軍事委員会に通知し, 軍事委員会は同年2月3日, 各戦区司令長官にその旨連絡すると返信した（『国参資料』521頁,『国参紀実続』275-278頁).「華北（慰労）視察団」は1940年1月30日, 河北・河南・山西・陝西4省を「慰労・視察」するため重慶を出発した（『国参資料』521頁).

中共参政員毛沢東・陳紹禹・林祖涵・呉玉章は1940年2月3日,「華北視察団」について参政会秘書処に打電した. それによれば, 陝甘晋冀豫等の省の特務機関は国民参政会華北視察団の主要任務は材料の収集であり, この数省での（国共間の）摩擦事件の責任は共産党八路軍陝甘寧辺区にあることを証明することであり, 後方に帰ったのち, 辺区と八路軍の特殊化を取り消すよう次期参政会に提案することになっており, この視察団には中共参政員は1人も参加しておらず, 第4回参政会でこの視察団結成を提案した沈鈞儒・鄒韜奮・陶行知も, 張一麐・黄任之［炎培］・江恒源・張表方らも参加しておらず, 団長・団員は梁実秋・余家菊のほかは全員国民党員である, 張君勱が1938年に辺区と八路軍の特殊化を取り消し, 共産主義を取り消すよう主張し, ほどなくして汪兆銘が艶電を発表し, 反共を唱えた, 20～30万字の視察報告書は中共を痛罵している, という（1940・2・3延安『新中華報』,『国参資料』136頁による).

ここでは, 中共と張君勱との間に対立が発生していることが注目される.

新四軍参謀処蕭正岡は1940年4月17日, 国民参政会河北視察団報告書「豫東偽軍組織系統一覧表」中に新四軍第3支隊司令彭雪楓部と新四軍独立支隊司令馮勝部が入っていると抗議した（『国参紀実続』79頁).

第1期第4回大会休会期間駐会委員　1939年9月17日, 選出された「国民参政会第1期第4回大会休会期間駐会委員名簿」には, 中共から董必武・秦邦憲の2名が入った（『国参資料』59頁).

2-8 第1期第4回大会後，第5回大会まで（1939年9月〜1940年3月）

中共，地方紙幣発行　　国民党は，地方紙幣の発行を認めていないが，中共7参政員（毛沢東・陳紹禹・秦邦憲・林祖涵・呉玉章・董必武・鄧穎超）連名による「われわれの過去の参政会工作と当面する時局についての意見」（1938年9月8日）は「戦区では，とりわけ被占領区の省では，一定額の地方紙幣と流通券の発行を認める」べきと主張している．1945年7月に黄炎培らが延安を訪問したときには，地方紙幣が発行されていたことを目撃している．これは，国民政府が禁じているものであった．

中共の1939年「民主」規定（1939年9月）　　毛沢東・陳紹禹ら7名連名の「これまでの参政会工作と当面の時局についてわれわれの意見」は，「政治分野の5大任務の中の中心目的は，戦時民主を実現することである」と述べられていることに触れ，「共産党が抗戦という歴史的時期に主張し，堅持する民主政治は，資本主義国家のブルジョア民主ではなく，社会主義国家ソ連の完璧な民主でもなく，わが解放戦争中に必要とされる民主政治である」と述べている（39・9・16『新華日報』，『国参紀実』604頁による）．

「憲政期成会」設置（1939年9月20日）　　第1期第4回大会は「憲政期成会」を設置し，憲政期成会は1939年9月20日，第1回会議を油市街4号の国民参政会で開催され，黄炎培が主席（議長）に選出された（黄炎培，『国参紀実続』542頁）．

「統一建国同志会」設立（1939年11月23日）　　国家社会党・第三党・救国会代表および無党派の張瀾・光昇らは1939年11月23日，重慶で「統一建国同志会」設立を発表し，黄炎培が主席を務めた．統一建国同志会は1940年3月29日昼，康寧路3号で会食し，参政会駐会委員邵明叔が川康建設期成会の経過報告を行ない，張君勱・周枚蓀（炳琳）・黄炎培が憲政期成会の憲法討論経過を報告した（黄炎培，『国参紀実続』542頁）．

国民党五期六中全会（1939年11月12日〜20日）　　国民党五期六中全会は，1940年11月12日に国民大会を開催することを決定した（『国参紀実』600頁）．

これに対して，周・周・劉は，「国民党は当時，真に憲政を実施する誠意

はもっていなかった」,「彼ら［国民党］は参政会の憲政決議案を受け入れたが,世論に対応しただけにすぎなかった」(『国参紀実続』28頁)と断定しているが,このような評価でよいかどうか,見直す必要があると思われる.

毛沢東は1940年1月,「新民主主義論」を発表した.

「搶米事件」（1940年3月）　呂先光によれば,国民党は1940年3月,成都で「搶米事件」をでっち上げて中共党員朱亜凡らを殺害し,中共川康特委羅世文・車耀先らを逮捕した.張瀾は,逮捕された中共党員の保釈のために奔走した,という(『国参紀実続』496頁).

憲政期成会第3回会議（1940年3月20日〜30日）　憲政期成会は1940年3月20日〜30日,第3回会議を開催した.会議は10日間だったとのことなので,うち1日は休日だったことになる(『国参紀実続』543頁).20日は黄炎培が,21日は周枚蓀（炳琳）が,22日は張君勱が主席を務めた.9日目の29日で憲法討論は完了した.10日目の30日,憲法草案全8章138条が決定された.この日,汪兆銘が南京で国民政府を樹立したことが憲政期成会に伝えられた(黄炎培,『国参紀実続』543頁).

汪兆銘国民政府設立（1940年3月30日）　汪兆銘は1940年3月30日,日本軍占領下の,1937年まで中華民国首都であった南京に中華民国国民政府を設立し,蔣介石国民政府と異なる和平解決の道を追求した.

2-9　国民参政会第1期第5回大会　(1940年4月1日[19]〜10日)

国民参政会第1期第5回大会は,汪兆銘国民政府の成立をうけ,重慶国民政府軍事委員会講堂で開催された.陳嘉庚・荘西言・陸費達・劉哲は,仕事・健康などの理由で欠席した(『国参紀実』674頁).

第1期第5回大会は,第1審査委員会の軍事報告についての審査意見,第2審査委員会の外交報告についての審査意見,第3審査委員会の内政報告についての審査意見,第4審査委員会の財政・経済・交通報告についての審査意見,および第5審査委員会の若干の審査報告を討論した.

第1期第5回大会は1940年4月2日,「逆賊汪兆銘南京偽組織を糾弾す

る通電（修正案）」を採択した.

何応欽軍事報告（1940年4月2日[20]）　何応欽は，第1期第5回大会で「冬季攻勢開始以来の晋（山西）冀（河北）魯（山東）各省で発生した不幸な事件」と題する次の軍事報告を行なった.

(1)　山西方面

（一）　1939年12月10日，晋西の六区専員張文昂・独立第一旅政治部主任韓鈞が独二旅・一六九旅，二六九旅，および六区保安隊第十一・十二両団等の部に反乱を起こさせたので，十九軍，六十一軍，警衛軍，七三師，暫一旅，および三四軍，八三軍の各一部を指揮して反乱を討伐した．本路（国革軍）主力は12月12日，反乱軍が盤踞する地区を討伐した，との報告があったとのことである．同時に，第2戦区で一一五師（師長林彪）独立支隊陳支隊全部3000余が2旅の徽章をつけ，密かに参加したという．独七旅と第三遊撃縦隊は十八集団軍（総司令朱徳）一部の支持のもとに反乱を起こした．これは，第一二〇師賀竜部の三五八旅の援護を受け，赤尖嶺の七一四団は国革軍の脅威となっている．

（二）　①本年1月，十八集団軍朱徳部および反乱軍1万余人は国革軍の隙をつき，嵐県等で国革軍を襲撃した．②同時に太武鎮の敵は国革軍に反撃し，後方の輜重，小部隊，押機銃等の隊の半ばが十八集団軍によって殲滅された．③捕虜鹵獲文献によれば，晋西北の中共軍は彭徳懐の指揮で武力奪取するとのことである．中共山西省執行委員会は政府・「領袖」（蔣介石）を侮辱し，階級闘争を宣伝しているとのことである．また，胡宗南電によれば，①山西西北の臨県が反乱軍に侵入され，山西西北の大部分は八路軍と反乱軍に占領された．②山西東三区の薄一波が鉄血総司令と称したのち，所属各県署に山西省政府から離脱するよう通電した.

（三）　1月29日電の報告によれば，山西省旧軍は抗戦中の新軍に軍事攻撃を加えている.

(2)　河北方面

（一）　本年1月真日［11日］，国革軍部隊は十八集団軍劉伯承二八五旅部隊 4000 余人に包囲攻撃された．（二）　1月 31 日，沙河渡口近辺で十八集団軍一二九師李団に包囲された．（三）　十八集団軍の暴行をまとめると，①故城県「政府」（原文「城府」は誤植であろう）は1月真［11日］夜，八路軍部隊に包囲殲滅された．②八路軍青縦隊は1月文［12日］夜，わが新河県政府に進攻し，250 余人の大部分が殲滅された．③1月真［11日］夜，わが曲周県政府が十八集団軍に襲撃され，6名が殺害された．④わが方の諜報員2名が十八集団軍に捕らえられ，生き埋めにされた．1月文［12日］晨，省党部委員等が殺害された．（四）　中共河北西 18 ＡＧ軍は国革軍侯・喬両部を殲滅したのち，艶山川区に集結し，わが軍を威嚇，食糧封鎖を強化した．（五）　1月，八路軍所属遊撃隊，冀南行政公署は，不法な各県県長を派遣し，公務員を捕らえ，92 人を生き埋めにした．また，同月，十八集団軍一二九師の3個基幹団が国革軍を攻撃した．十八集団軍は，2月佳日［9日］より国革軍石友三部隊を攻撃し，孫良誠の謝団は全滅した．渉県付近の十八集団軍計 5000 名は石友三部隊を攻撃している．十八集団軍一一五師，一二九師，呂正操・宋任窮等の部は，磁・邯・漳河南北両岸および林県東南地区で同時に国革軍を包囲攻撃している．

（3）　山東方面

十八集団軍は，魯西行署を包囲攻撃している．濮県を包囲攻撃している十八集団軍陳光・楊勇等の部隊3万余人は，国革軍高樹勲などの部隊を包囲攻撃している（『国参紀実』708-716 頁）．

董必武否認（1940 年4月2日[21]）　董必武（中共）は，何応欽軍事報告は「事実無根」と否認し，「最近，十八集団軍と石友三部隊は不和」であると述べたが，歯切れが悪い．これに対し，何応欽は，報告は「事実である」と反論した（『国参紀実』717-718 頁）．

梁漱溟の質問と何応欽の回答（1940 年4月2日[22]）　梁漱溟は，「各地で我が軍が武力衝突しているというのは，敵（日本軍）が我を傷つけるのでは

足りず，自分でお互いに傷つけているのか」と嘆き，政府はどうするつもりなのかと質問した．

　何応欽は，「①軍令の統一，②軍政の統一，③軍訓の統一，④政訓の統一」を強調し，十八集団軍が陝北に「陝甘寧辺区政府」「晋察辺区政府」「冀中冀南行政主任公署」という特殊組織をつくり，「糧税を徴収」し，「勝手に銀行をつくり，数千万元以上の紙幣を発行し，行政系統を破壊し，現行法令に違反している，軍隊を利用し，割拠を行なっている」，「十八集団軍は3個師，4万5000人と規定され，毎月経費は67万5000元まで増額されている」のに，兵員を拡充し，「兵士月給1元，排・連長2元，営・団長3「元」（原文「万」は誤植であろう），旅長4元，師長5元」となっており，朱徳総司令らによれば，全軍「23万」人である．「昨年，120Dの359Bは命令に従わず，山西省五台から河西に進み，綏米葭呉清県を力ずくで占領した．蔣介石委員長は27年［1938年］に命令を出し，山西省作戦部隊は一兵一卒も渡河してはならないとしており，軍事委員会は期限を切って河東の元の防衛地にもどるよう厳命したが，現在なお順守されていない」と十八集団軍の軍令違反を指摘し，陝北行政管区問題については，名称を「行政督察専員区」とし，「陝西省政府」に所属させ，「区内の政令はすべて中央の現行法令に従って処理」し，「専員区発表後，十八集団軍は陝甘寧各辺区留守部隊とし，すべて専員区内に撤退する」，区域は「中央が規定する」，「軍令に服従する」などとし，「本年1月4日より」何応欽と葉剣英参謀長が何度も協議しているが，「何の結果も得られず，十八集団軍は各地方で不法事件を繰り返し起こしている」と回答した（『国参紀実』708-721頁）．

　周・周・劉は，「第1期第5回会議になって，国共の摩擦はついに公開となった」（『国参紀実続』30頁）と述べている．何応欽報告が事実とすれば，中共が勢力拡張をめざして軍事行動を起こし，国共両軍の衝突が発生したということとなろう．

　第1期第5回大会は4月5日午前，2日目の審査会を開き，黄炎培が主席となった．梁漱溟は，5件提案したが，すべて中共軍と中央軍（国革軍）の摩

擦に関するもので，激しい議論が起こり，これについての特種委員会の設置を要請することになった．午後の第1期第5回大会にこの5件が提出され，政府がこの紛争を解決することに協力することとなった．次に，孫科が立法院長として五・五憲草を説明し，張君勱が憲政期成会の草案を説明した（黄炎培，『国参紀実続』544頁）．

孫科憲草草議経過報告（1940年4月5日）　孫科は1940年4月5日，国民参政会第1期第5回大会で憲草草議経過報告およびその内容に関する次の説明を行なった．

（一）「五・五憲草」作成経過　国民党四期三中全会は1932年12月，①「建国大綱」に規定された地方自治工作を推進し，憲政開始の準備を行なう，②1935年3月に国民大会を開催し，憲法を議決する，③立法院は速やかに憲法草案を起草し，発表して国民の研討に備えることを決議した．

立法院はこの決議に基づき，1933年1月，憲法起草委員会を設置した．起草工作は1934年10月までを，①憲法原則研究および最初の起草時期，②主稿共同審査時期，③初稿起草時期，④初稿審査修正時期，⑤第1次草案完成時期の5期に分け，第1次草案は1934年10月16日，三読手順を終了させ，国府（国民政府）に上程し，国府から中央（国民党中央執行委員会）に転送し，中央が審査した．

1934年12月，国民党四期五中全会は第1次草案を審査し，次の2点を決議した．

甲．草案審議順序：①草案を常務会議に渡し，憲法草案審査委員会を設置する．この会は，少なくとも毎週1回開会し，立法委員および専門家を招集し，列席させ，諮問に備える．②国民党第5回全国代表大会の2カ月前に修正意見を立法院に渡し，それに基づいて修正する．③立法院の修正ののち，常務会議の審査を経て，第5回全国代表大会に提出する．④第5回全国代表大会が決定したのち，本党決定の憲法草案として，法に基づき国民大会に提出する．

乙．憲法草案内容：①中華民国憲法草案は，総理（孫文）の三民主義に従い，

民有・民治・民享の国家の樹立を期さなければならない．②同時に中華民族が現在直面している環境とその危険を審査し，実際の政治経験を斟酌し，もって機敏に運用し，国力を集中できる制度をつくり出す．行政権行使を制限し，剛性の規定があってはならない．③中央政府および地方制度は憲法草案において職権上大体の規定とし，その組織は法律をもってこれを定める．④憲法草案中には規定すべき条文があり，事実上ただちに施行できないか，あるいは同時に全国で施行できないものは，その実施の手順は法律をもってこれを定める．⑤憲法の条款は多くあるべきではなく，文字は簡明であるべきである．

　立法院はこの原則を奉じたのち，草案は再審査され中央が指示した原則に基づき，修正を加え，第2次草案となった．

　1935年11月の四期六中全会は，第2次草案についての審査を終え，以下の決議を行なった．本会は立法院が最近修正した憲法草案はおおむね妥当だと考えるが，ただ国家の現実の情勢に適応し，実施の便宜という観点から，なおも十分な時間があるので研究と討論を尽くすべきであるが，現在，代表大会までの日は多くはなく，代表大会の会期もはなはだ短く，おそらく逐条（検討）のいとまはないであろうから最後の決定を行なう．この理由に基づき，本憲法草案とともに第五回全国代表大会（五全大会）に送り，憲法草案を宣布して国民大会招集の日取りを先に決め，あわせて本草案について大体の審査を行ない，大綱を指示した上で，次期中央執行委員会に授権し，比較的長時間をかけた精密な討論ののち，国民大会にこれを公布していただくこととした．

　中央はこの決議に基づき，憲法草案を五全大会に送った．五全大会は1935年11月12日，挙行され，国民大会招集および憲法草案宣布について以下の決議を行なった．……立法院が最近修正した憲法草案は総理の遺教に基づいている，……．この案は，上述の決議のほか，憲草審議会の審議意見23点とともに第五期中央執行委員会に送られた．

　五期一中全会は，1936年5月5日に憲法草案を宣布し，11月12日に国民

大会を開催する．国民大会代表の選挙は10月10日以前に完了することを決定した．

　その後，中常会は1936年4月23日，審査意見通りに決定して立法院に引き渡すと共に，草案第76条の公務員懲戒規定を削除した．

　立法院は，中常会が修正草案をもどしたのち，1936年5月1日，第4期第59回院会において修正案を三読して決定し，立法院第3次草案とした．国府は同年5月5日，公布し，「中華民国憲法草案」と命名した．これが，「五・五憲草」である．「五・五憲草」は，公布後，1937年4月23日，中央第42回常会で再度修正を加え，「国民大会組織法」内に国民大会は憲法を制定し，実施の日取りを決定すると規定され，憲草第246条「第1回国民大会の職権は，憲法を制定する国民大会がこれを行使する」を削除した．その後，立法院は決定に従い，国府に上程し，1937年5月18日，修正案を公布したのが現在の「五・五憲草」である．

　(二)　「五・五憲草」の内容　「五・五憲草」は，第1条で三民主義を最高原則とした．第5条で中国内民族の一律平等を規定した．第116条で民生主義を規定した．国民経済は行政方針に属するので憲法に入れるべきではないという人がいるが，それは誤解である．また，総理の遺教により，政権と治権を規定した．第32条では国民大会の職権を規定した．

　(三)　地方制度　省には省政府を置き，中央の法令を執行し，地方自治を監督する．省長は中央が任免し，民選ではない．省は，中央行政区である．

　総理の「建国大綱」第16条は，「およそ1省全体の県がみな完全自治に達したら，憲政開始の時期であり，国民代表は省長に選挙されることができる」と規定しており，その第23条は「全国の半数の省が憲政開始時期に到達したら，全省の地方自治が完全に成立する時期であり，国民大会を開催し，憲法を決定してこれを公布するのである」と規定しているが，最近十数年来，われわれは十分には地方自治を完成していない．今日，国家の必要に適応し，県自治完成以前に繰り上げて国民大会を招集し，憲法を公布するので，省の性格をすこし変更するのである（『国参資料』139-149頁）．

孫科は，孫文の「建国大綱」構想を変更せざるを得ない理由を説明しているのである．その変更要因には，南京国民政府が全国政権化したのちに国民政府が直面した中国の現実，とりわけ日中戦争の勃発が関わっている．

胡石青参政員（国社党）らは1940年4月8日，第1期第5回大会で「政府が明確に『領土保全』の意味を説明し，民心を励まし抗戦に利するよう要請する決議案」を提案した（『国参資料』150頁）．

第1期第5回大会は4月9日，梁漱溟提案の5件を審査し，特種委員会第1回会議は①すべての軍隊は番号のいかんに関わりなく一律に最高統帥の命令に従い，決して自由行動をしてはならない，②もし軍隊で近隣の軍隊の行動に疑いを抱いた場合は，事実を上級長官に報告し，最高統帥の処置に従い，命令がないうちは自由行動をしてはならない，の2点を決議した（黄炎培，『国参紀実続』544-555頁）．

国民参政会が，中共軍を含む軍隊は国民政府・国革軍に服従しなければならないと合意したことは，抗日戦争遂行上，当然のことだと思われるが，中共はあくまでも独立性を維持しようとしたのであった．

張申府らは，「講学の自由を保障し，学術を発展させ，社会進歩を促す案」を提案し，「三民主義と抗戦建国綱領という最高原則のもとで，講学と学術研究の自由を保障する」よう要請した（『国参紀実』706-707頁）．

第1期合計議案数　　第1期第5回大会休会式での副議長張伯苓あいさつによれば，第1期第1回〜第5回までの5回の大会で計450〜460件の議案を討論したという．

国民参政会第1期第5回大会駐会委員　　1940年4月9日「国民参政会第1期5回大会休会期間駐会委員名簿」には，中共から董必武・秦邦憲の2名が入った（『国参資料』60頁）．

2-10　第1期第5回大会後，第2期第1回大会まで（1940年4月〜1941年2月）

十八集団軍・陝甘寧辺区政府通電　　国革軍第十八集団軍総司令朱徳および陝甘寧辺区政府主席林伯渠らは「銃口を内に向け辺区に進攻すること

に反対する通電」を発し,「陝甘寧辺区23県は, 25年［1936年］12月, 西安事変が平和的に解決されたのち, 蔣介石委員長がつとに承認した区域」であるとし,「本年」［1939年］3月,「異党活動制限措置」が発表されて以来,「湖南で平江惨案［1939年6月］, 河北で張允梧事件, 山東で秦啓栄の進攻, 河南で碓山県の流血」が起こり, 西北では「辺区を消滅せよ, 共産党を打倒せよ」と叫び,「辺区には至る所で進攻が行なわれ」,「寧県・鎮原は2カ月間包囲され」,「栒邑では人が殺され城が奪われ」,「鄜県は大軍で圧迫され」,「靖辺は撹乱され」,「安定は2度襲撃され」,「綏米河防区域の専員何紹南はなぜか防軍を破壊し, 八路の人員を暗殺し」,「蒸日［10日］, 97師1000余人と保安隊は寧県を襲い」,「寒日［14日］, 97師2000余人は鎮原を襲い, わが駐軍王営は死傷100余名を出し, 両城は奪取された」と国革軍の行動を非難した(『国参紀実』724-726頁.『国参紀実』は同電の年月日未記載).

十八集団軍・陝甘寧辺区政府電　　国革軍第十八集団軍総司令朱徳らおよび陝甘寧辺区政府主席林伯渠らは, 政治部主任陳誠が中共軍は日本軍と戦っていないとの批判に反論し,「2年半のうちに, わが八路の傷亡は10万に達し, 敵［日本軍］偽［中国人対日協力部隊］の傷亡は20余万である. わが敵偽の俘虜は2万, 敵偽の銃器4万を没収した.［十八集団軍］全軍は22万人, 月給は60万元にすぎず, 平均1人当たり毎月2元7角2分にすぎない. 幣価は下落し, 実値は15万元である」と述べている(『国参紀実』727-730頁.『国参紀実』は同電の午月日未記載). これは, 何応欽軍事報告(1940年4月2日)に対する反論でもあろう.

特種委員会(1940年4月14日)　　国民参政会特種委員会は1940年4月14日, 第2回会議を開いた. 出席者は, 張伯苓・黄炎培(以上, 招集人)・張君勱・傅斯年・褚輔成・林虎・左舜生・李中襄・許孝炎・秦邦憲・毛沢東(欠席)で, 秦邦憲(中共)が何応欽参謀総長との話し合いの状況, 全地域の区分, 職権の所属, 軍隊の改編, 防衛線の画定を相談中と報告した. 事情の報告および各種文件に基づき, 本委員会は一致して次の4点の建議を行なった.

①地方政治制度およびその職権については, かならず中央の正式な決定・

公布を経て統一の実をあげなければならない．この事は中央が速やかに解決することを希望する．

②民衆運動は，絶対に「抗戦建国綱領」の規定を順守し，国家の法令に服従しなければならず，あらゆる政治的防止措置は一律に廃止し，団結の効をあげなければならない（外部では「異党活動防止措置」は領袖の批准を経ていないと伝えられるが，特にここに補述しておく）．

③貨幣に関しては，中央が地方の需要によって相当な数量の供給を行ない，同時に局部的に施行されている通貨を廃止して幣制の紊乱を避けるよう希望する．

④経済抗戦は，各方面が厳格に執行するすることを命令し，絶対に敵貨［日本製品］を流通させてはならない（黄炎培，『国参紀実続』545-546頁）．

このうち，①の「地方政治制度」とは，辺区／解放区を指しており，国民政府への従属を要求しており，③の「局部的に施行されている通貨」とは，辺区／解放区で発行され流通している通貨を指している．黄炎培は，秦邦憲が反対したとは書いておらず，特種委員会は1940年4月時点で秦邦憲を含めて国民参政会成立当時の合意順守の立場に立っていたものと見られる．

黄炎培は1940年4月18日，張伯苓副議長・王雷艇（世杰？）秘書長と共に蒋介石議長に面会し，特種委員会の2議案を説明した（黄炎培,『国参紀実続』546頁）．

沈鈞儒らが暴動計画？（1940年5月初め）　七君子の1人，沙千里によれば，国民党参謀総長兼軍政部長何応欽は1940年5月初め，「国防最高会議」（1939年1月，「国防最高委員会」に改組）での報告で，沈鈞儒・鄒韜奮・沙千里が「七・七」の日（1940年7月7日）に重慶で暴動を起こそうとしており，もし駄目なら「双十」（10月10日）に再び暴動を起こすと報告したので，何応欽に会いに行き，抗議したところ，何応欽は2人の学生が自首して供述したと答えた．のちに知ったところでは，国民党頑固派が拷問で自白させたものだとのことであった，という（『国参紀実続』484-485頁）．

朱徳ら電（1940年11月15日）　第十八集団軍総司令朱徳・副総司令彭徳

懐・新四軍軍長葉挺・副軍長項英は1940年11月15日，国民党中央・国民参政会に打電し，「(甲) わが軍のあらゆる部隊は，国策に従い，命令に服従し，抗戦を唯一の任務としていない部隊はひとつとしてありません」と国民政府・国革軍への服属の原則を確認した上で，次のように述べている．

「そのうちの一部分が他軍［国革軍］と齟齬・紛争を生じたものがあることは，まことに痛心にたえません．それらが発生したのちは，除去する方策をとり[23]，その都度ご報告申し上げています．最近の蘇北事件についてはわたしたち［徳等］は馬［21日］電で詳しく委座［蔣介石］にご報告しました．魯南事件も複雑な原因があり，深く注意致しており，当該地の部隊に対し，ご命令に服従し行動を制約するよう命じたほか，中央が公正な高官を派遣し徹底的にご調査くださるようお願いしたいと存じます．もしわが軍に咎があれば，わたしたちは決してかばい立てはせず，国家の法律の処罰を受けたいと思います．もし咎が他方にあれば，事実に照らして処理し，責任を明らかにしていただきたく存じます．」(『国参紀実続』75頁)

これは，中共がかなり低姿勢に徹し，中共軍側が国革軍にしかけた事例もあることを認め，謝罪・恭順の姿勢をとっているかのように見えるが，もちろん本心はそうではない．しかし，ほかの場合のように国民党に非があると糾弾一方の論法をとっていないことは注目していいだろう．中共としては，この時点での決裂は得策ではないと判断したためと思われる．

朱徳らの電文は，次に(乙)「防地」問題では国民党中央の命に従い，新四軍江南部隊を北上させると言い，(丙)「編成」問題では，十八集団軍・新四軍「50万人」に「4万5000人分の食糧」しか国民政府から支給されていないので，編成の拡充を許可していただきたいと願い出，(丁)「補給」問題では，弾薬・医薬品の欠乏を訴え，「すでに4カ月」それらを受け取っていないと窮状を訴え，(戊)「辺区」問題では，「陝甘寧辺区23県」周辺には国

革軍20余万人が駐屯し，5本の封鎖線が敷かれ，西は寧夏，南は涇水，東は河曲に及び，数省にわたっていること，辺区にやってくる人間が「時には拘留・暗殺あるいは集中営に監禁」されていること，(己)「団結・抗戦の大計」問題では，中共軍はそれに務めている，と述べている(『国参紀実続』74-78頁).

中共・救国会，参政会出席拒否　1941年1月，皖南事変[24]が発生すると，中共はただちに強硬姿勢に転じ，第2期第1回大会への出席を拒否した. 史良は，第2期第1回大会には「わたしと救国会のその他の多くの同志も出席拒否を宣言した」と述べている(『国参紀実続』478頁).

「1月17日命令」　国民党は1941年1月17日，新四軍が反乱を起こしたので,同軍の番号を取り消し,軍長葉挺を軍法裁判にかけると宣言した(『国参紀実』916頁).

黄炎培は1941年1月18日，皖南新四軍が中央軍によって殲滅されたことを新聞報道で知り，昼，董必武と話しあった，と書いている(黄炎培,『国参紀実続』548頁).

「老12条」(1941年1月20日)／**「善後措置12条」**(1941年2月19日)　中共は「中共中央1941年3月政治情報」で，1941年1月20日,「老12条」(旧12条)で反共「高潮」に対抗したとしている(『国参紀実』919頁). 中共は2回提案しているはずなのだが，「老12条」と，1941年2月19日，中共が国民参政会秘書処に送った「善後措置12条」，および3月2日提案の「臨時解決12条」との関係がわからない.

褚輔成「政党問題根本解決案」(1941年2月5日)　蒋介石は1941年2月14日,参政員褚慧僧(輔成)が国民参政会第2期第1回大会に提案する「政党問題を根本的に解決する案」(2月5日)を国民参政会に書簡で送ったと国民参政会王秘書長あてに代電を発している.

それによれば，褚輔成は「昨年夏以来，新四軍がたびたび蘇北で友軍(国革軍)を攻撃し，民衆の銃器を没収していることは世の共に知る罪行である. 中央が軍紀を正すためにやむを得ずそれを解散させたことは，実に正当な処置である」，「新四軍に対する制裁は党派問題とは無関係」と国民党の対応を

支持し,「新四軍（原文「第因軍」は「新四軍」の誤植と見る）は政党との関係を離脱していない」と述べ, 次の提案をしている. ①「第十八集団軍は明確に共産党から離脱することを宣告し, 完全に国家の軍隊となり, 最高統帥の命令に服従すべきである」, ②「新四軍の残部は命令に従って北へ移動し, 第十八集団軍を改編する」, ③「第十八集団軍が必要とする武器・弾薬は, 中央が他の各軍と同じく待遇すべきである」, ④「中央が共産党は合法集団であり, 法律の保障が与えられると承認することを明示する」, ⑤「政府は全国の軍政各機関に共産党の党員に対して一般国民と同等の待遇が与えられ, 差別してはならないと命令する」, ⑥「参政会は特種委員会を常設し, 党派問題に波及した場合は公正な措置をとり, 政府に執行していただく」(『国参紀実続』279-280頁).

これは, 当時の国民党の対新四軍対策と一致している. 褚輔成については, 国民党員だったとの記述と「九三学社」だとの記述が見られるが, この提案およびのちの党団活動にも参加していることから見ると, 少なくともこの時期は国民党員であったと見られる.

毛沢東ら7参政員公開書簡（1941年2月15日）　毛沢東ら7参政員（毛＋陳紹禹・秦邦憲・林祖涵・呉玉章・董必武・鄧穎超）は1941年2月15日, 政府の新四軍に対する措置に抗議する公開書簡を国民参政会に送り, ①挑発制止, ②1月17日命令取り消し, ③皖南事変の首謀者, 何応欽・顧祝同・上官雲相の3名の処罰, ④葉挺の自由を回復し, 引き続き軍長に充当する, ⑤新四軍の全人員, 武器の返還, ⑥皖南新四軍の全傷亡将兵への補償, ⑦華中剿共軍の撤退, ⑧西北封鎖線解除, ⑨全国のすべての被逮捕愛国政治犯の釈放, ⑩一党専政を廃止し, 民主政治を実行する, ⑪三民主義を実行し, 総理の遺教に服従する, ⑫親日派各首領を逮捕し, 国法による裁判にかける, の12項目を要求し, これが実現されなければ中共参政員は参政会に出席しない, と通知した（『国参資料』151頁).

十八集団軍電（1941年2月19日）　十八集団軍は2月19日, 国民参政会秘書処に代電を送ってきたので, 秘書処は周恩来と連絡をとったが, 結果が

得られず，删(さん)(15日)代電の撤回を求めた．2月25日，王世杰は周恩来と協議し，中共が欠席すれば状況が悪化すると説明した．2月27日，黄任之（炎培）は張君勘・左舜生・褚輔成・沈鈞儒・張表方の5名と蔣介石国民党総裁に会い，中共の出席を要望した．蔣介石は，毛沢東ら7名は引き続き参政員であり，彼らの出席を希望していると述べた．黄炎培らは中共と政府の関係などを検討する特種委員会の設置を要望し，蔣介石も賛成した．黄炎培によれば，中共も大体賛成とのことだった．蔣介石は，中共の主席団参加も問題ないと表明したが，周恩来は延安からまだ返事がないと答えた．臨時主席は，3月2日に予備会を延期した．「昨日」(2日)，秘書処は「臨時措置新12条」を受け入れなければならないとの董必武らの手紙が届けられたと発表した（『国参紀実』878-880頁）．

鄒韜奮，参政員辞任（1941年2月24日）　参政員鄒韜奮（救国会）は1941年2月24日，黄炎培を訪れて話しあい，貴陽生活書店問題で呉達銓主席に打電し同店職員の釈放を要請したが，同時に各地の生活書店十数店が封鎖されたので，当夜，重慶を離れる決心をし，二人は大いに泣いて握手し，分かれた，という（黄炎培，『国参紀実続』549頁）．鄒韜奮は2月24日（『国参紀実上』468頁によれば「25日」），国民参政会に対し打電し，自分は生活書店で抗戦建国文化に努力し，雑誌8種，書籍1000余種を出版し，すべて政府機関の審査を経て許可されたが，1941年2月8日から21日までに，成都・桂林・貴陽・昆明などの支店が封鎖され，営業停止を命じられた，16年にわたる経営，50余カ所の支店のすべてがだめになったと述べ，参政員を辞任する，と通知した（『国参資料』152-153頁）．

鄒韜奮の参政員辞任は，「抗戦体制下の統制」と「言論・出版の自由」をめぐる国民党と民主諸党派との対立激化のひとこまである．このほか，経済学者馬寅初の逮捕，『救亡日報』停刊処分，『星島日報』停刊処分，洪深自殺なども発生したという（1941年3月16日延安『新中華報』，『国参資料』378頁による）．

中共参政員出席問題（1941年2月28日）　黄炎培によれば，蔣介石委員長は1941年2月28日，特種委員会設置に完全に同意し，規程の作成を命

じ，あわせて人選について各党各派をいれ，中共を含むこととした．中共参政員の出席問題について，もし（中共が）出席しなければ，根本的決裂となるので，黄炎培は左舜生・梁漱溟・［沈］衡山（鈞儒）と共に曾家岩50号を訪れ，周（恩来）・董（必武）・鄧（穎超）にこれは分水嶺の関頭であるので，十分注意されたいと告げた（黄炎培，『国参紀実続』549頁）．

蔣介石は，新四軍事件（皖南事件）等については国民参政会第2期第1回に出席した国民党員参政員に対して説明を行なっている（1941年3月4日，後述）．

3．国民参政会第2期
（1941年3月1日〜1942年10月21日）

国民党党団指導委員会設置（1941年2月）　第2期参政員は，200名から240名に増員され，そのうち国民党員は約140名（58％）となり，その中に元中共党員張国燾も入った（『国参紀実続』35頁）．国民党は，第2期第1回大会前に「国民参政会国民党党団（党グループ）指導委員会」と幹事会を設置した．葉楚傖・朱家驊・陳立夫・王世杰・李文范・張厲生・梁寒操・谷正綱・段錫朋を指導員とし，そのもとに幹事会を設置し，洪蘭友を書記とし，孔庚・斉世英ら24名を幹事とし，さらに約140名の国民党員参政員を，「国民参政会党団組織草案」（『国参紀実続』238頁）によれば「10組」，以下の朱家驊報告によれば「12小組」に分けた．朱家驊は1941年2月，国民参政会党団指導委員会の設置を蔣介石に報告した（『国参紀実続』236-240頁）．

国民参政会国民党党団指導委員会（1941年2月19日）　国民参政会国民党党団指導委員会は1941年2月19日，中央組織部で会議を開いた．出席者は，朱騮先（家驊）・陳立夫・洪蘭友で，王世杰・李文范を指導員に追加し，洪蘭友を党団書記とし，幹事24名（孔庚・斉世英・胡健中・江一平・童冠賢・劉蘅静・李中襄・馬亮・許孝炎・賀楚強・鄧飛黄・王家楨・陳豹隠・黄宇人・范予遂・劉瑶章・蕭一山・杭立武・陶百川・徐炳昶・劉百閔・高惜氷・王啓江・梁上棟），指

導委員会幹事5名（馬乗風・馬宗栄・方青儒・高廷梓・張瀾九）とし，2月24日に中央党部で第1回幹事会を開催する，経費はとりあえず2000元とし，国民参政会参政員中の国民党員名簿は中央組織部が精査する，こととした（『国参紀実続』236-240頁）．

国民参政会第2期党団幹事会第1回会議（1941年2月24日）　党団幹事会は1941年2月24日，中央党部会議庁で開かれ，メンバーは20名（洪蘭友・孔庚・劉蘅静・王家楨・陶百川・李中襄・胡健中・鄧飛黄・劉百閔・高惜氷・斉世英・許孝炎・江一平・黄宇人・劉瑶章・范予遂・王啓江・杭立武・馬亮・馬乗風）で，指導員は5名（朱騮先（家驊）・陳立夫・張厲生・谷正綱・梁寒操），主席は朱騮先で，①4名を党団指導委員に追加することを総裁（蒋介石）に要請することとし，②孔庚・斉世英ら24名を党団幹事とし，党員幹事を12組に分ける，③洪蘭友を党団書記とする，④馬乗風・馬宗栄・方青儒・高廷梓・張瀾九ら5名が協助書記として一切の事務を処理することとした．次に，洪蘭友党団書記が，①中央組織部の調査により，第2期参政員中には党員が138名いることがわかった，②党団分組活動は，1組10名～15名とする，と報告した．会議は，さらに次の6項目を決議した．

(1) 党団を12分組に分け，招集人を次の通りとする．

　　第 1 組：孔庚・斉世英　　　第 2 組：胡健中・江一平
　　第 3 組：童冠賢・劉蘅静　　第 4 組：李中襄・馬亮
　　第 5 組：許孝炎・賀楚強　　第 6 組：鄧飛黄・王家楨
　　第 7 組：陳豹隠・黄宇人　　第 8 組：范予遂・劉瑶章
　　第 9 組：蕭一山・杭立武　　第10組：陶百川・徐炳昶(ちょう)
　　第11組：劉百閔・高惜氷　　第12組：王啓江・梁上棟

(2) 6名（張欽・胡若華・王化一・呉錫九・李芝亭・黄汝鑑）が党団工作に参加できない以外，褚輔成・張振鳴を追加する．このほか，鄧召蔭（紹棠）・陳復光（勛仲）および華僑の中の党員について中央海外部および組織部に調査してもらう．(3)(4)(5)(6)略（『国参紀実続』243-245頁）．

国民参政会第2期第1回会議党団幹事会第2回会議（1941年2月25日）

党団幹事会は1941年2月25日，中央党部会議庁で開かれた．出席者は，24名（孔庚・許孝炎・鄧飛黄・劉蘅静・范予遂・賀楚強・馬乗風・王啓江・胡健中・江一平・陶百川・方青儒・洪蘭友・高惜氷・杭立武・馬亮・斉世英・劉瑶章・李中襄・劉百閔・朱騂先・谷正綱・張厲生・梁寒操）で，主席は朱騂先だった（『国参紀実続』246-248頁）．

国民参政会第2期第1回会議党団幹事会第3回会議（1941年3月1日）
党団幹事会は1941年3月1日，中央組織部で開かれた．出席者は，23名（孔庚・斉世英・胡健中・江一平・童冠賢・劉蘅静・李中襄・馬亮・許孝炎・賀楚強・鄧飛黄・陳豹隠・范予遂・劉瑶章・王啓江・杭立武・陶百川・徐炳昶・高惜氷・張九如・馬乗風・方青儒・洪蘭友）で，主席は朱騂先だった．「第2期国民参政会内国民党員分組名簿」には，138名の氏名が記載されている（『国参紀実続』249-253頁）．第2期参政員定数240名中，国民党員は138名なら，57.5％だったことになるが，実は140名だったと見られる．

3-1　国民参政会第2期第1回大会（1941年3月1日〜10日）

第2期参政員定数は，220名から240名に増え，第2期第1回大会には参政員193名が参加した．第1回大会は1941年3月1日，国民大会堂で開催され，中共7参政員が出席しなかったので，予定されていた予備会議は1日延期された．「会議宣言」によれば，参政員数237名中，203名が参加し，152件の提案を採択した（『国参紀実』859頁）．黄炎培の3月14日上海ラジオ放送によれば，参政員の年齢構成は51歳から60歳までがもっとも多く，240名中，56名であり，最高齢者は江蘇省の同郷者・張一麐であったが，今回は出席できなかった．同年齢者もおり，34歳が16名いた（『国参紀実』944頁）．

主席団制へ　国民参政会第1期は議長・副議長制をとっていたが，第2期から主席団制に改められた（『国参資料』66頁）．

董必武・鄧穎超公開書簡（1941年3月2日）　董必武・鄧穎超は1941年3月2日,中共7参政員が参政会に出席できないことはすでに通知してあるが，董必武・鄧穎超は「臨時解決辦法［措置］12条」を提案しており，これを

政府が受け入れ保障するならば，董必武・鄧穎超は出席できる旨，国民参政会秘書処に公開書簡を送った（『国参資料』154頁）．

「**臨時解決 12 条**」(1941 年 3 月 2 日)　　中共は，1941 年 3 月 2 日にすでに提案したとしている次の「臨時解決 12 条」を 3 月 10 日に発表した．①ただちに中共軍への進攻をやめる．②ただちに全国での政治的圧迫をやめ，中共および各党派の合法的地位を承認し，西安・重慶・貴陽各地の被逮捕者を釈放し，各地の封鎖された書店の封鎖を解き，各地の抗戦書報郵送禁止の禁令を解除する．③ただちに『新華日報』に対する一切の圧迫をやめる．④陝甘寧辺区の合法的地位を承認する．⑤敵後の抗日民主政権を承認する．⑥華北・華中および西北の防地はすべて現状を維持する．⑦十八集団軍以外にもうひとつ集団軍を設置し，計 6 個軍を統轄させる．⑧葉挺を釈放し，軍職に復帰させる．⑨皖南（安徽南部）のあらゆる捕らえられた幹部を釈放し，死亡者家族に見舞金を支給する．⑩皖南のあらゆる獲得された人員と武器を返却する．⑪各党派連合委員会を設置し，各党各派からそれぞれ 1 名ずつ出席し，国民党代表が主席となり，中共代表が副となる．⑫中共は参政会主席団に加入する（『国参資料』155 頁，『国参紀実』868 頁）．

周恩来・董必武・鄧穎超書簡（1941 年 3 月 2 日）　　周恩来は 1941 年 3 月 2 日,「臨時解決辦法［措置］12 条」を淮南（張治中？）あてに公開書簡で送った（『国参資料』157 頁）．周恩来・董必武・鄧穎超は 1941 年 3 月 2 日,「臨時解決辦法 12 条」を改訂して参政会に提出したが，これが受け入れられれば董必武・鄧穎超は会議に出席するとの書簡を 16 名（任之［黄炎培］・［張］表方・［江］問漁・［冷］御秋・［張］君勱・努生・［梁］漱溟・［周］士観・［左］舜生・［李］幼椿・［章］伯鈞・［楊］賡陶・［沈］衡山・慧僧［褚輔成］・［張］申府・［鄒］韜奮）の各党派指導者あてに送っている（『国参資料』156 頁，『国参紀実』869 頁）．

沈鈞儒，参政会出席拒否（1941 年 3 月 3 日）　　沈鈞儒（救国会）ら数名の参政員は 1941 年 3 月 3 日，国民党の「反共行為」に抗議し，参政会への出席を拒否すると表明した．

王世杰,中共欠席問題報告(1941 年 3 月 3 日)　　王世杰は 1941 年 3 月 3 日,

中共参政員欠席問題について，国民参政会第2期第1回大会に対し，要旨次の報告を行なった．

先月（2月）19日，十八集団軍駐渝辦事処（駐重慶事務所）が毛沢東らの刪（15日）代電を送ってきた．ことは重大だったので，周恩来に撤回を求めたが，返事はなかった．先月25日，周恩来と相談し，中共が欠席すれば，局面が悪化すると伝えたところ，周恩来は認識が違うし，応諾する権限がないと答えた．黄任之は参政員14名が意見を準備しており，2月27日に張君勱・左舜生・褚輔成・沈鈞儒・張表方とともに蔣介石総裁に面会した．蔣介石は，毛沢東ら7名は引き続き参政員であり，彼らの出席を希望している．特種委員会を設置して中共と政府の関係などを検討してはとの14名の意見については，蔣介石は賛成した．黄任之は大いに喜んだ．28日，延安からの返事はまだなかった．3月1日，大会は開かれる時間になったが，やはり返事はなかった．董必武と鄧穎超に出席を依頼したが，2人は自分たちで自由に決定はできないと返答した．主席団の選出などは延期し，3月2日，国民参政会は予備会議を開いた．3月3日，董必武らは臨時措置12条を受け入れれば，明日出席すると連絡してきた．以上である（『国参紀実』879-880頁）．

蔣介石，中共軍非難（1941年3月4日）　蔣介石は1941年3月4日，第2期第1回大会に出席した国民党員参政員に対し，要旨次のように述べた．

「十五年［1926年以来］の共産党の暴行と陰謀」については，国民はよく知っており，「抗戦以来，最初に軍令を破壊したのは共産党」と述べ，①「二十七年［1938年］に八路軍に対し山西北部で抗戦するよう命令した」が「彼らは勝手な行動をし，黄河を渡った」のが「彼らが命令に違反し，軍紀を破壊した始まり」であり，②「一昨年［1939年］冬季は第二戦区が反攻する絶好のチャンスだったが，彼らが閻［錫山］司令長官指揮下の新軍の反乱を煽り，反攻計画は実行できなくなってしまった」，「当時反乱した新軍は，人数は2〜3万，武器は1万余」であった．③去年［1940年］は中共が「河北の鹿瑞伯軍を襲撃」したが，［国民党］中央は「鹿瑞伯軍を黄河以南に撤退させた」，④「去年秋，彼らはまた津浦線を打通し，江蘇・山東・安徽・河

北等の省を一体化し，准海一帯をその勢力範囲としようとし」，「蘇北事変を醸成した」，［国民党は中共が］「再び友軍を攻撃することがないよう」，「12月末までに渡江北上するよう命じた」が，彼らは「軍隊を集結させた」だけで「北へ移動しなかった」，「わたしはその陰謀がまた韓徳勤部隊を攻撃した件を再演することだと見てとった」が，彼らは「北に向かってではなく，南に向かい」，「滬杭・京滬鉄路の三角地帯に根拠地を建設しようとした」ので，「わたしは顧［祝同］司令長官に行動する権限を与えた」，「新四軍は先に攻勢に出」たが，「7日戦って勝ち目がないとわかり，周恩来が統帥部に許しを乞うた．戦闘9日目になって，新四軍は消滅された．」すると，「周恩来は延安の電報を持ってきて何応欽総長・顧［祝同］司令長官・上官雲相を処罰せよと要求した」ので，「新四軍の番号を取り消さざるをえなかった」．「新四軍の解決は，完全に軍紀整頓の問題であり，政治と党派の問題とは関係ないが，同志の中にはわかっていない者が多く，三民主義青年団の同志は新四軍事件発生後，その事務所と書店に取り締まりの手段をとり，彼らに口実を与えたが，これはわたしの考えを理解しないものである．」「共産党は参政会で12条の脅迫条件を出し」，「出席の交換条件」としてきたが，欠席は彼らの責任である．わたしは「抗戦開始」時に「20師以上の軍隊」を配置し，「いつでも彼らを消滅したいときには，彼らを消滅できたのである．」現在，「多くとも3カ月あれば，彼らの主力を消滅することができる．」「また，ある者は一旦，剿共すれば，国際的な印象が変化し，抗戦に著しく不利だと考えている．」「われわれは，政治的な地位に特に注意を払い，決して人に口実を与えてはならず，共産党に対しては守勢をとり，先に攻勢をとってはならない」．「参政会に彼らが提示した2つの12条件には，厳正な態度で彼らに対処しなければならない」．王雲五氏が言ったように，彼らは出席したければ出席できるし，「何か言いたければ，何でも発言できるのである」（『国参紀実続』281-284頁）

この中で，よく中共党史の中で引用される蔣介石の「3カ月あれば」中共軍を消滅できるとの発言は，日中戦争のさなかの発言であり，日中戦争の中での国共間の緊張関係を表しているが，ここに紹介した文脈を無視しなけれ

ば，むしろいかに国民党が自制しているかを言いたかったものと読むべきであろう．また，蒋介石は新四軍の殲滅は蒋介石の指示であること，事務所・書店の取り締まりは蒋介石の意思ではないことを表明している．

蒋介石,中共欠席問題演説(1941年3月6日)　　蒋介石は1941年3月6日，国民参政会第2期第1回大会において，国民政府を代表し，中共参政員の参政会欠席問題について要旨次のような演説を行なった．

　中共は，前後して(1)「善後措置」，(2)「臨時解決措置」を発表したが，これは日本軍が国民政府に出した条件と変わらない．その内容は，①政治，②軍事，③党派の3部分からなる．①は，命令に違反した軍隊を制裁してはならないということである．②は，国民政府の行政系統以外に特種な区域，政治体制を認めよということである．③は，国民参政会において中共の特殊な地位と権利を認めよということだが，政府は中共・各党派・無党派に一律平等の待遇をしている．①については，政府の精神は軍隊の国家化であり，私党私人の軍隊系統は認めない．国革軍は，国家の軍隊であり，いかなる党の軍隊でもない．②について，政府は政治の民主化を進めており，人々は自由であるが，政権はひとつであり，国家の政権を分裂させてはならない．軍事面の補足をすると，十八集団軍は1938年以来，黄河右岸への勝手な撤退など統帥部の命令に反している．中共は，1937年9月の「四項目約束」（①三民主義に服従する，②国民政府を転覆する暴動政策・赤化活動を停止する，③ソヴェート政府を廃止し，民権政治を実行し，全国政権の統一を期す，④紅軍の名義と番号を廃止し，国革軍に改編し，軍事委員会の統轄を受ける）を守るべきだ．中共参政員の「挑発を制止せよ」，「華中の剿共軍を撤退させよ」，「ただちに全国で中共軍に対する進攻を停止せよ」という主張は，黒白を顛倒させており，「剿共」は行なっていない．中共軍が「友軍」［国革軍］を襲撃しなければ，一視同仁に扱う．新四軍のように命令に違反すれば，制裁しないわけにはいかないのだ（『国参紀実』881-888頁）．

国民参政会秘書処の中共あて回答　(1941年3月6日)　　国民参政会秘書処は1941年3月6日の第2期第1回大会が次の議決を行なったことを3月

6日，中共7参政員に対して打電した．①本会は毛沢東ら7参政員の（2月）15日電と董必武ら2名が本月（3月）2日に秘書処に送った書簡を読み，秘書処の説明を聞き，毛沢東らが本会に欠席するとのことを残念に思うが，いかなる参政員からのものであれ出席条件を受け入れるわけにはいかない．②本会は，中共が1937年9月の統一擁護の宣言を守り，本会に出席していただきたい（『国参資料』158-159頁）．

第2期第1回大会決議（1941年3月6日）　第2期第1回大会は1941年3月6日，毛沢東ら7参政員の（2月）15日電と董必武ら2名が本月2日に秘書処に送った書簡について，次の決議を採択した．①いかなる参政員からのものであれ出席条件を受け入れるわけにはいかない．②本会は，中共が1937年9月の統一擁護の宣言を守り，本会に出席していただきたい（『国参資料』160頁）．

毛沢東ら7参政員の国民参政会への公開書簡（1941年3月8日）　毛沢東ら7参政員（毛＋陳紹禹・秦邦憲・林祖涵・呉玉章・董必武・鄧穎超）は3月8日，参政会秘書処3月6日電に対し，中共は今まで一度も参政会に欠席したことはないが，最近，政府は中共を敵視しており，皖南事変や「1月17日命令」があり，これに対して中共は「善後措置12条」を提起したが返事はなく，政治的圧迫や軍事攻撃があり，八路軍を「匪軍」，中共を「奸党」と呼んでいるので，董必武・鄧穎超が「臨時解決措置12条」を提案したのであるとする公開書簡を参政会に送った（『国参資料』161-162頁，『国参紀実』871-872頁）．

第2期第1回駐会委員会　1941年3月9日「国民参政会第2期1回大会休会期間駐会委員名簿」には，中共から董必武1名が入った（『国参資料』67頁）．

3-2　第2期第2回大会後，第3回大会まで（1941年3月～11月）

3-2-1　各紙の中共欠席問題論評と中共の認識（1941年3月）

重慶『益世報』は1941年3月7日，王雲五ら54名の参政員が提出した①毛沢東・董必武らがその他若干の参政員および参政会の元議長の勧告を

拒否し，今大会に出席できなくなった行為は「遺憾と考えると大会が決議するよう要請する」と表明し，②共産党籍の参政員が参政会の団結，全国抗戦の使命を深く体し，同党の民国 26 年［1937 年］9 月の「統一を擁護する」との宣言を「堅守」し参政会に出席するよう「切望」するとの臨時動議が全会一致で決定されたことは，「合理的」な動議であった，と支持した（『国参紀実』913-912 頁による）.

重慶『新民報』は 1941 年 3 月 8 日，中共参政員欠席問題について「君子は和すれども同ぜず，小人は同すれども和せず」と孔子の言葉を引用し，「和諧」を要望した（『国参紀実』907-908 頁による）.『論語』子路第十三である.

『時事新報』は 3 月 10 日，中共参政員欠席問題について，中共が「突然，態度を変え」たことに「失望を感じた」とし，新四軍事件に対する政府の措置を支持する「社評」を発表した（『国参紀実』900-902 頁による）.

重慶『大公報』も 3 月 10 日，「蔣委員長の説明は，内容が断乎としており，明瞭であり，その言葉は厳しいが，根本精神はひたすら共産党の反省を希望しており，団結抗戦の初心が貫徹されている」とし，「この精神にわれわれは完全に賛同する」，新四軍の処分は当然，と述べ，中共参政員の復帰を望んだ（『国参紀実』903-906 頁による）.

重慶『国民公報』も 3 月 10 日，蔣介石の 3 月 6 日演説について，「政府のこのような態度は完全に公正厳明」，「『国家至上』，『軍事第一』は抗戦時期の最高の原則」だと支持し，蔣委員長の報告に「非常に感動した」と述べた（『国参紀実』909-912 頁による）.

3-2-2 「最近の軍事的政治的圧迫事件」（中共 1941 年 3 月 10 日発表）

中共が 1941 年 3 月 10 日に発表した「最近の軍事的政治的圧迫事件」によれば，次の通りである.

（一） 第十八集団軍が抗戦に参加して以来，これまで「一律愛護，一視同仁」の待遇を受けたことはない．最近 4 年間に軽機関銃 120 挺と戦

車防御砲数台以外にいかなる武器・弾薬・医薬の補給もない．イギリス赤十字会ロンドン中国支援委員会と香港中国保衛大同盟の十八集団軍援助の薬品も政府に阻まれ，中共が自費で購入した漢方薬1万8000斤も西安に留め置かれている．十八集団軍の給料も全然増えていないだけでなく，米の手当も規定通りには給付されておらず，本年1月からは給付が停止されている．

　(二)　現在の各地の軍事進攻状況

　(1)　安徽北部の李××部隊は現在，渦河流域におり，久しく当地で遊撃任務を担当していた彭雪楓部隊に進攻してすでに2旬になり，最近，さらに渦陽・蒙城を占拠し，激戦が続いている．

　(2)　安徽東部の李××部は最近，淮南路以東の定遠地区で久しく当地で遊撃任務を担当していた張雲逸部隊に進攻を続けている．

　(3)　湖北の陳××部隊は最近，湖北中部地区において，もともと大洪山で遊撃任務を担当していた李先念部隊に進攻した．

　(4)　鄂（湖北）豫（河南）辺の莫××部隊は最近，羅山・経扶・黄安・礼山地区において，もともと当地に属する地方遊撃部隊に進攻し，清剿（掃蕩）を実行した．

　(5)　河南北部の龐××は最近，所属部隊を率いて××地区から河北省の大名・南楽・清豊・濮陽地区において，第十八集団軍部隊に進攻した．

　(6)　陝西の胡××部は最近，栒邑（じゅんゆう）・淳化地区において陝甘寧辺区保安部隊に不断に進攻し，今も止まっていない．

「2月分政治圧迫事件」

　(一)　『新華日報』は2月より，中央の『特種会報』によって「印刷のみ許可，販売不許可」の規定が適用され，新聞社が封鎖されたことがある．『新華日報』は名目上は合法保護を受けているが，その原稿は差し押さえられ，削除されており，ほどんど意見を発表することができない．その広告は商家が国民党部の警告を受けるので，多くは継続掲載を

控えている．購読者は特務機関の脅しを受けるので，多くは継続講読を控えている．新聞販売店は警察・憲兵に逮捕されるので，多くは取り次ぎをしない．このような環境では，封鎖とどこが違うのか？　その痛苦は，封鎖よりもはなはだしい．

　（二）　第十八集団軍駐各地辦事処が2月に受けた圧迫は，以下の通りで，最後の2件以外はいまだに解決していない．

　⑴　第十八集団軍駐桂林辦事処は，軍事委員会の命を奉じて撤銷され，その先発隊の兵員と家族29名は武器を携帯して重慶に至り，正式手続をし，軍事委員会辦公庁に対し帰隊旅券を申請したが，2カ月経つのにまだ発行されていない．

　⑵　第十八集団軍貴陽交通站は，ながく合法存在だったが，貴陽警備司令部は今年1月21日，事前の手続も何の理由もなく当該站兵員8名を捕らえ，一切の資材を没収した．軍事委員会辦公庁に釈放と資材の返却を請求したが，返事がない．

　⑶　第十八集団軍駐重慶事務所は，各事務所所有の図書の前方への旅券公布を軍事委員会辦公庁に申請したが，返事がない．

　⑷　第十八集団軍駐重慶事務所は，命を奉じ本軍高級参謀辺章五を派遣し，家族が延安に帰るのを送らせた．車中の同行者に本軍高級参謀李濤がおり，本軍の旅券を所持し，前方に急いで帰るところで（李濤参謀はもと委座［蔣介石］の命を奉じて1939年春，南岳遊撃隊訓練班に派遣されて教官を担任し，任務終了後，桂林辦事処で1年余り働いていたが，この度，総部の命を奉じて北に帰るところだった），2月9日，中部に到着したが，当地の駐屯軍一〇九師師長に拘留され，同時に軍用トラック1台，運転手2名，押車副官1名も拘留された．現在のところ，副官1名が釈放されたほか，3名は朱徳総司令が電報（原文「電保」は「電報」の誤植と見る）返事はなく，密かに西安に押送されたという．

　⑸　延安から重慶に帰る第十八集団軍駐重慶辦事処の軍用トラックが1月13日，耀県に到着し，そのうちの1台が故障して耀県で修理し

たところ，当地の駐屯軍に理由なく拘留され，押車副官と運転手ら4名が捕らえられた．何度か交渉したが，まだ返事がない．

(6) 第十八集団軍駐重慶辦事処の別の2台の延安から重慶に帰る軍用トラックが2月6日，三原に到着したところ，当地の運輸統制局検査站で拘留され，押車副官と運転手ら5名が捕らえられた．（何度かの交渉を経て，先日，釈放された．）

(7) 第十八集団軍駐西安事務所の自動車隊，兵站，倉庫が2月23日，当地の軍隊憲兵に検査され，隊長・兵員・運転手ら13名が捕らえられ，歩兵銃4挺，短銃1挺が押収された．（たびたびの交渉を経て，3月5日，兵員が釈放されたが，没収された物品はまだ返却されていない．）

（三） 大後方での圧迫は，日を追って激しくなり，最近1カ月はほとんど最高峰に達している．

(1) 国民党特務機関は，本年度党派行動工作計画を決定した．その主な内容は，次の通り．

甲．各地の高級共産党員を監視し，秘密裏に偵察し，打撃を与える．

乙．共産党の市委員会・県委員会・省委員会あるいは団体の中国共産党党団などの組織を発見したならば，一律に破壊し，これを逮捕する．

(2) 軍事委員会辦公庁は最近，各地軍事機関・部隊に中共を奸党と改称し，異党の名称を用いないよう密命した．

(3) 『中央日報』は2月23日，24日，続けて奸党の名称を掲載した（潘公展の文章および朱家驊・張継の演説を見よ）．

(4) 重慶の各学校機関で共産党の嫌疑で特務機関に秘密裏に捕らえられた者は，40余名に達し，すべて川東師範と萱舎（萱草を植えている建物）内に監禁されており，拷問されている．

(5) 昨年，成都で逮捕された第十八集団軍代表羅世文同志および中ソ文化協会車耀先先生は，ながく重慶特務機関に監禁されていたが，最近聴くところでは暗殺されたとのことであり，第十八集団軍朱総司令から被害の真相を電報で問い合わせているが，返事がない．

(6) 貴陽で3年間監禁されている共産党の政治犯9名は，中共代表がたびたび保釈を要請したが，許可されず，何の罪状も示されないまま本年1，2月にあいついで処刑された．

(7) 湖南省各県は清郷を宣布し，共産党をかくまったことがわかった者はすべて保甲連座が行なわれている．

(8) 江西西北各県は，中共党員および一切の疑わしい分子を大量逮捕を行なっており，その他の県の期限以内に自首すること，期限をすぎて中共分子であることがわかった者は殺され許されないと宣布している．

(9) 地方新聞（重慶のいくつかの新聞さえも含まれる）は，中共分子の偽造脱党・自首宣言を掲載している．

(四) 1月以来の事実

(1) 重慶・成都・貴陽の各大学および政府機関では，学生および公務員の失踪・拉致事件が不断に起こっており，生命の保障がない．

(2) 湖北恩施の各学校・各機関では，当地の軍警によって大量の捜査・逮捕が行なわれた．

(3) 成都の生活書店・読書生活社，昆明の生活書店・読書生活社が，封鎖された．

(4) 桂林の生活書店・読書生活社が，期限付きで営業停止とされ，新知書店が封鎖された．

(5) その他の党派の新聞（例えば香港国家社会報・星島日報）が，輸入を禁止された．

(6) 各種の進歩的雑誌が，中央図書館審査委員［会？］が合法出版と決定したにもかかわらず，国民党が指導している『中ソ文化雑誌』ですら他都市での配布を禁止された（『国参紀実』873-877頁）．

なお，これらについての国民党側からの反論・論評・説明をわたしは見たことがない．また，中共も認めているように，国民党は一色ではないので，ある派が他の派の出版物に干渉したという可能性も考えられなくはない．

3-2-3 「中国民主政団同盟」結成（1941年3月12日/19日）ほか

「三党三派」（中国青年党，国家社会党，第三党，全国各界救国連合会，中華職業教育社，郷村建設派および一部無党派）は1941年3月12日[25]，「統一建国同志会」を「中国民主政団同盟」に改変することを決定し，民主諸党派集団の連合体となり，黄炎培を主席とした．

中国民主政団同盟は1941年10月，香港で結成宣言を行ない，国民参政会第2期第2回大会の前日の11月16日，参政員にそれを発表し，重慶で公開活動を開始した．1942年，救国会も中国民主政団同盟に参加した．

「中国民主政団同盟」所属参政員は，第1期参政員に当てはめると，20%を占めていたが，第4期第1回大会時には10%に低下していた(王鳳青230頁)．

中共の情勢分析（1941年3月22日）　中共は，「中共中央1941年3月政治情報」（1941年3月22日）で，中共参政員欠席問題について「中間階層」「中間派」は「動揺」したと評し，「中間派」は3部分からなり，①小資産階級の代表（救国会，第三党），②民族資産階級（黄炎培，張瀾），③失意の政客（張君勱，左舜生）としている．「中共中央1941年3月政治情報」はまた，当面の国内外情勢について，蒋介石が「反共高潮」をゆるめざるを得ないのは，①日本と蒋介石の矛盾が解決されず，抗日と剿共を同時に行なうことができない，②英米帝国主義は蒋介石が内戦を発動することを望んでおらず，ソ連の中国支援を考慮せざるを得ない，③中共の断乎たる態度により，蒋介石は全国分裂の危険を顧慮している，④蒋介石の部下の政学系幕僚派と陳誠・湯恩伯・張治中・衛立煌などの重要将領が反共行動に積極的に賛成していない，蒋介石と桂系間の矛盾が発展している，などの理由によるとしている（『国参紀実』918頁）．

駐会委員会　国民参政会駐会委員会は1941年4月4日，第2回会議（41・4・5『時事新報』），5月2日，第4回会議（41・5・3『時事新報』），6月6日，第7回会議（41・6・7『時事新報』），6月20日，第8回会議（41・6・21『時事新報』），7月25日，第10回会議（41・7・26『時事新報』）を開催した．

県参議会　国民政府は1941年8月9日，「県参議会組織暫行条例」，「県

参議員選挙条例」を公布した (41・8・19『時事新報』).

3-3 国民参政会第2期第2回大会 (1941年11月17日～26日)

　第2期第2回大会は1941年11月17日, 重慶国民政府軍事委員会大講堂で開催され, 参政員162名が参加し, 国民党中央委員・中央および重慶市党政軍首長および内外の記者300名が参加した. 第2期第2回大会は, 115件の提案を採択した.

　各組審査委員会設置 (1941年11月19日)　　主席団は1941年11月19日, 国民参政会議事規則第11条および第13条に基づき, 以下の各組審査会設置を提案し, 決定された.

表4

各組審査委員会	委員179名・招集人15名						
軍事国防組 24名 招集人 3名	仇鰲 王寒生 李永新 冷遹 招集人：孔庚	李仙根 宋淵源 李洽 胡若華	耿毅 譚文彬 張奚若 胡仲実 董必武	陳維楨 楊子毅 蘇魯岱 李中襄	郭仲隗 張之江 沈鈞儒	呉錫九 周道剛 胡子昂	居励今 王化一 盧前
外交国際組 28名 招集人 3名	程希孟 席振鐸 王家楨 王造時 招集人：王雲五	陳源 黄汝鑑 張元夫 范予遂	胡秋原 陳復光 于斌 譚平山 陳博生	鄧召燡 周士観 張翼枢 王卓然 羅隆基	江一平 成舎我 江庸 章士釗	張忠紱 陳裕黄 劉哲 譚賛	王亜明 莫徳恵 燕化棠 黄宇人
内政組 36名 招集人 3名	方青儒 馬梁 王近信 陶百川 蘇魯岱 康紹周 招集人：褚輔成	陳啓天 劉瑶章 馬景常 王暁籟 燕化棠 許孝炎	張守約 陳逸雲 羅衡 阿福寿 賀楚強 史良	張一麐 銭用和 栄照 王枕心 喻育志	伍智梅 光昇 黄蕭方 張瀾 彭介石	呉道安 金志超 丁基実 王又庸 張九如	呂雲章 朱之洪 王啓江 薩孟武 李中襄
財政経済組 54名 招集人 3名	郭任生 銭永銘 胡文虎 許徳珩	李世璋 陳石泉 黄同仇 張国燾	陳鉄 張孟和 李薦廷 張剣鳴	童冠賢 高惜氷 劉王立明 陳其業	張肖梅 陳時 楊賡陶 周炳琳	張振鷺 曾省斎 王冠英 皮宗石	高廷梓 胡兆祥 奚倫 王志莘

	斉世英　潘昌猷　何聯奎　李芝亭　李鴻景　銭端升　趙澍 徐炳　　黄炎培　胡仲実　杭立武　周徳偉（原文は「周徳□」） 楊叔葆　蒋継伊　王世顥　譚平山　沈鈞儒　胡子昂　劉哲 王暁籟　范銚　　張欽　　彭允彜　王隠三　陸宗騏　黄一石 招集人：李璜　陳豹隠　鄧飛黄
教育文化組37名 招集人3名	常乃惪　陳敬修　馬愚扰　王隠三　劉次簫　魏元光　劉薈静 金曾澄　晏陽初　余家菊　陶行知　梁実秋　王公度 「江恃源（「江恒源」であろう）　　　陶玄　傅斯年　張志広 麦斯武徳　孔令燦　李廉方　梅光迪　陳希葆　馬宗栄 張其昀　馬毅　銭公来　謝氷心　　　孫佩蘩　葉溯中 王卓然　章士釗　盧前　　冷遹　　阿福寿 徐炳昶　楊振声　蕭一山 招集人：黄炎培　劉百閔　杭立武

出所：41・11・20『申報』。なお、『申報』の判読困難文字は、拙稿「国民参政会参政員名簿」によって補正した。

以上の委員および招集人のべ211名中，15名が2組兼任（李中襄は軍事国防組・内政組兼任，蘇魯岱は軍事国防組・内政組兼任，燕化棠は外交国際組・内政組兼任，胡仲実は軍事国防組・財政経済組兼任，譚平山は外交国際組・財政経済組兼任，沈鈞儒は軍事国防組・財政経済組兼任，王暁籟は内政組・財政経済組兼任，王隠三は財政経済組・教育文化組兼任，章士釗は外交国際組・教育文化組兼任，王卓然は外交国際組・教育文化組兼任，盧前は軍事国防組・教育文化組兼任，冷遹は軍事国防組・教育文化組兼任，阿福寿は内政組・教育文化組兼任，黄炎培は財政経済組・教育文化組兼任，杭立武は財政経済組・教育文化組兼任）である．

国民大会早期開催要求（1941年11月）　第2期第2回大会は，「政府が速やかに国民大会を開催し，憲法を制定し，早期に憲政を実施するよう要請する案」を採択した（41・11・21『申報』）．

「ABCD」連帯論（1941年11月）　国民参政会では1941年11月，参政員から「ABCD等の民主戦線の結合の実際の状況はどうなっているか」との質問が出され（41・11・24『申報』），国民党中央宣伝部部長王世杰は1941年11月24日，内外記者招待会で「ABCD国家の意見は完全に一致している」と述べた（41・11・25『申報』）．質問者および王世杰の認識では，A（ア

メリカ）B（イギリス）C（中華民国）D（オランダ）が日本に対して「民主主義」陣営を形成しているとの認識であり，ABD諸国が東アジアにおいて植民地を所有する帝国主義国家であるという側面には触れず，対日戦争におけるその連帯を強調している．また，これはその後，中共および「民主諸党派」の一部から出される「蔣介石ファシスト」論とも異なる認識である．

「民主」実現要求（1941年11月25日）　黄炎培・張瀾・張君勱・左舜生ら23名は1941年11月25日，「民主を実現して抗戦力量を強化し，建国の基礎を樹立する案」を提案した．その内容は，①訓政を終結する，②戦時正式民意機関を設立する，③国庫で党費をまかなわない，④入党を強迫しない，⑤文化機関で党務を推進しない，⑥人民の種々の自由を保障する，⑦特務機関活動を停止する，⑧県鎮郷代表試験制を廃止する，⑨官吏の独占的投機を禁止する，⑩軍隊中の党団組織を停止する，というものだったが，主席団の決定により，保留し，別に以下の4条を提案した．

黄炎培らの最初の10項目提案は，「訓政」の即時終結要求など明らかに国民党批判であり，それをうけた主席団の次の4項目はそれを和らげ，国民党も受け入れられる内容としている．

第2期第2回大会主席団は11月25日，「民治を促進し抗戦力量を強化する案」を提案し，①地方自治を促進すること，抗戦終了後ただちに国民大会を招集し，憲法を制定すること，②戦時民意機関の組織と職権を充実させ，憲政の基礎を樹立すること，③「天下を公となす」および「賢と能を選ぶ」とする孫文の遺訓を実行すること，④人民の各種「自由」を保障すること，を政府に求めた（『国参資料』169頁）．

3-4　第2期第2回大会後，第3期第1回大会まで（1941年11月〜1942年10月）

『新華日報』論説（1941年11月18日）　重慶『新華日報』は，1941年11月18日の「社論」で「今日，ソ英米3大民主国家は，反侵略の主要な構成部分である」と述べており（『国参紀実』1014-1016頁），呉克堅は同年11月30日『新華日報』で中国は「最小限度，英米などの民主国家にならわなけ

ればならない」と述べている(『国参資料』385頁).

『新華日報』論説(1942年10月25日)　『新華日報』は1942年10月25日,政府が「早期に憲法を発布し憲政を実施する」ことを望む,と述べた(『国参紀実』1018頁).

国民参政会第2期第2回会議党団幹事会第1回会議(1941年11月19日)

国民党党団幹事会は1941年11月19日,社会部で開催され,出席者は15名(陳立夫・谷正綱・劉百閔・李中襄・黄宇人・李永新・孔庚・杭立武・馬亮・江一平・范予遂・鄧飛黄・許孝炎・劉蘅静・陶百川),主席は陳立夫であった.斉世英は病欠した(『国参紀実続』254-255頁).

「国民参政会第2期第2回会議党団幹事会」(1941年11月22日)　国民参政会第2期第2回会議党団幹事会は,第3期国民参政会参政員選挙について,「各省市選挙で落選した者」を「丁種選挙で補救」することを国民党中央に要請している(『国参紀実続』256-257頁).後述するように,(甲)項「各省市」代表の選出は,国民党の指名ではなくなることをうけての提案である.

国民政府,機関整理(1942～43年)　黄炎培によれば,国民政府は1942年に179機関を整理し,1943年12月までに195機関を整理した.

4. 国民参政会第3期
(1942年10月22日～1944年9月18日)

国民参政会第2期第2回大会後,日本は1941年12月,コタバル上陸,真珠湾攻撃を強行し,対米英戦争を開始した.これによって,中華民国はソ連の援助だけではなく,米・英と連携し,米・英の援助も受けられることになった.これは,中華民国にとって根本的な状況の好転であった.

1942年3月16日修正「国民参政会組織条例」によれば,「(甲)項参政員は,各省市臨時参議会が無記名連記投票法により選出する」こととなり,「6カ月に1回開催し,会期は10日」と定められた.

周・周・劉は，第3期では「進歩的な参政員（呉玉章・沈鈞儒・陶行知・鄒韜奮・王造時・史良・梁漱溟・羅隆基・陳嘉庚・王卓然ら）を排除し，反動分子を増やした」と述べているが（『国参紀実続』41頁），中共から6名が入っており，鄒韜奮は1941年2月にみずから辞任している．

4-1　国民参政会第3期1回大会（1942年10月22日～31日）

第3期1回大会は1942年10月22日，重慶国民政府軍事委員会で開会され，王世杰秘書長は，出席通知のあった参政員205名，出席者200名と報告したが，実際は190名であったらしい．第3期1回大会は，222件の提案を採択した．

「物価管制強化方案」（1942年10月22日）　第3期1回大会は10月22日，蒋介石兼（行政院）院長提案の「物価管制強化方案」を決定した．それを受けて，第3期1回大会は10月31日，①王寒生参政員ら23名の提案，②馬乗風参政員ら32名の提案，③胡秋原参政員ら22名の提案，④陳時参政員ら24名の提案，⑤陳紹賢参政員ら24名の提案，⑥喩育之参政員ら26名の提案，⑦薛明剣参政員ら22名の提案，⑧周士観参政員ら22名の提案，⑨王吉甫参政員ら32名の提案，⑩竜文治参政員ら27名の提案，⑪王普涵参政員ら41名の提案，⑫魏元光参政員ら22名の提案，⑬王普涵参政員ら42名の提案，⑭徐炳昶参政員ら24名の提案，⑮馬毅参政員ら30名の提案，⑯黄炎培参政員ら22名の提案など，「物価管制・安定に関する各項決議案」を採択した．この中には国家総動員会議を最高統制機関とするという建議が含まれていた．また，黄炎培によれば，政府は物価管制強化方案案を提案し，決定されたのち，「経済動員策進会」を設置した．

張瀾ら，「民主」要求（1942年10月）　張瀾らは1942年10月，「民主の実行を強化し，全国の団結を求め，難局を救う案」を提案し，その中で「軍隊の国家化」，「民主の実行」を求めた（『国参紀実続』172-173頁．『国参紀実続』は提案日未記載）．

黄炎培ら，「法治」要求（1942年10月）　黄炎培らは1942年10月，「法

治を励行し，人心を清廉公正にし本定する案」を提案し，「建国の道は人治に始まり，法治に終わる．国父中山先生は軍政・訓政・憲政三期の説をつくったが，軍政は完全に人治であり，訓政は人治から法治に進む段階であり，憲政は完全な法治である」と述べ，「いかなる人も法律の前には平等である」とし，法治の実施を求めている（『国参紀実続』172-173頁．『国参紀実続』は提案日未記載）．

　　張瀾ら，馬寅初の復職要求（1942年10月）　　張瀾らは1942年10月，「昨年9月，中央大学教授馬寅初が公債について講演し表現が直裁であったため，その職業の自由を失いました」と述べ，「政府に馬寅初の職業の自由を回復し，直言を励まして国政に裨益する案」を提案し，馬寅初の復職を求めた（『国参紀実続』177-178頁．『国参紀実続』は提案日未記載）．

　　第3期第1回大会駐会委員　　1942年10月31日「国民参政会第3期1回大会休会期間駐会委員名簿」には，中共から董必武1名が入った（『国参資料』75頁）．

4-2　第3期第1回大会後，第2回大会まで（1942年11月〜1943年9月）

　　中共は共産主義者か（1943年6月／1944年8月）　　西村によれば，J.デイビス重慶アメリカ大使館二等秘書官は，1943年6月24日付け報告書で中共は「真の共産主義者」ではなく，「農民民主主義」者であると述べた（150頁）．この認識は，国民参政会における中共の当時の「民主主義」要求政策から判断したものだろうが，もちろん不正確であった．

　　コミンテルンは1943年5月15日，解散した．西村によれば，ハーレイが1944年8月31日，モスクワでソ連外相モロトフと会談したさい，モロトフは「ソ連が中共を真の共産主義者であるとはみなしていない」と語ったという（178頁）．しかし，モロトフのこの発言を額面通り受け取るべきかどうかは問題があるだろう．コミンテルンは，すでに解散していたとはいえ，ソ連・中共関係は，コミンテルン解散以前と実質的には変わらない関係を維持していたものと思われる．

『新華日報』,蔣介石提案支持(1942年10月23日)　『新華日報』は1942年10月23日,「経済面では,確かに蔣介石委員長の言うように,今日では『軍事第一』,『経済第一』である」と述べ,蔣介石提案支持の態度を示した(『国参紀実』1062頁).中共は,1942年10月時点では対国民党「協調」の姿勢をとっていたのだった.

中共によれば,国革軍胡宗南部隊が1943年7月7日,陝甘寧辺区を攻撃し,「第3次反共高潮」が開始されたとする.

国民党五期十一中全会(1943年9月6日～13日)　蔣介石主席は,国民党五期十一中全会(1943年9月6日～13日)で中共問題を政治的方法で解決するとし,「およそ誠意をもって三民主義を堅持し,抗戦の進行に危害を与えず,国家の法令に違反せず,社会を攪乱する企図や武装割拠の事実がない者は,政府と社会はその過去の思想・行動のいかんを問わず,またそれが個人であると団体であるとを問わず,一体にその貢献する能力,国家に忠節を尽くす機会を尊重するとする」との十中全会宣言を重ねて述べた.国民党十一中全会は,中共が1937年9月22日の「(一)　三民主義を実現するために奮闘する.(二)　暴動政策と赤化運動を取り消す.(三)　ソヴェート政府を取り消し,全国政権の統一を期す.(四)　紅軍を取り消し,国民革命軍に改編し,国民政府軍事委員会の統括を受ける」等の「四項目約束」を順守するよう希望する.中共が統一を妨害することのないよう望む,と決議した(『国参資料』186-187頁).

国民党十一中全会は9月13日,抗戦終結後1年以内に国民大会を開催し,憲政を実施すると決定した(栄孟源(下)840頁).

ここでは,中共による「統一妨害」を具体的に指摘することは避けられており,国民党側の「統一」維持の願望が示されていると見られる.

4-3　国民参政会第3期第2回大会(1943年9月18日～27日)

国民参政会第3期第2回大会は,イタリアの無条件降伏(1943年9月8日)を受け,九・一八12周年記念日に重慶で開催され,189件の提案を採択し

た．黄炎培によれば，これまでの計9回の会議で計1145件の提案が採択されたという．

董必武退席（1943年9月21日）　第3期第2回大会駐会委員・中共参政員董必武は，第3期第2回大会開会を前にして，国民参政会が反共決議を行なうとのうわさがあったため，第3期第2回大会に出席するつもりはなかったが，開会前夜に国民党中央執行委員・参政会秘書長王世杰が来て参政会を反共に利用するつもりはないと保障したので，開会当日出席したが，開会4日目の9月21日，何応欽が軍事報告の中で第十八集団軍と中共を誹謗し，是非を顛倒すること1時間に及んだので，何応欽報告終了後，何応欽に反論したところ，何応欽は何も言わなかったが，CC分子王普涵・王亜明らが騒いだので，会議は続けられなくなり，董必武は抗議して退席したと述べている．国民党側は，27日（『国参資料』184頁は「26日」と修正），「十八集団軍に関する決議」を決議し，中共が「政令・軍令の統一を破壊した」と誹謗した，という．

これを報道した『解放日報』は，「国民参政会が今や国民党反動派の操縦のもとにある」，「これは国民党十一中全会が予定して発動された新たな反共の高潮の一幕である」と断定した．また，周・周・劉によれば，「国民党は山東南部で日本軍の攻撃を受け，共産党軍の援助があったので重包囲から脱出できたのに，何応欽は共産党十八集団軍が于［学忠］軍を襲撃したとそしったのであった」という（『国参資料』183-184頁，『国参紀実続』42-43頁）．

第3期第2回大会への出席・退席についての董必武報告（1943年12月28日）

董必武は1943年12月28日，中共中央に国民参政会第3期第2回大会への出席・退席経過について次の報告を行なった．それによれば，国革軍胡宗南部が7月7日，12日，14日，27日，28日，8月18日と陝甘寧辺区に進攻を行なった．9月17日，国民参政会秘書長王雪艇（世杰？）は董必武に出席するよう説得に来たが，董必武は「国民党が激しく中共を罵っている」ので出ないつもりだと言うと，王雪艇は「政府方面は参政会で反共をやるつもりはない」と保障したので，董必武は18日，出席した，と説明をしている．

18日には張君勱（国社党）・左舜生（青年党）は欠席した．

　何応欽は21日，中共と十八集団軍が「不法行為」を行ない，「実力を拡充し，友軍［国革軍］を襲撃し，抗戦を破壊した」，①蘇北の敵（日本軍）が江蘇の韓徳勤主席部を攻撃したとき，政府に解散を命じられた新四軍は韓主席をも捕らえたが，朱徳はこれは誤解だと言った，②敵が魯区于学忠総司令の部隊を攻撃したとき，十八集団軍は敵に呼応して于学忠部を攻撃した，山東省政府建設庁長兼魯南行署主任秦啓栄は十八集団軍に襲撃され死亡した，③太行山の役で十八集団軍は龐炳勲の退路を断ち，新五軍孫殿英は敵に投降し，龐は部隊と切り離され，敵に捕らえられた，④21軍劉進部新予備第8師陳孝強が敵の掃蕩を受けたさい，十八集団軍は陳部を襲撃し，陳師長は負傷して捕虜にされた，⑤中共は紙幣を乱発している，⑥中共はアヘンを栽培している，⑦中共は中央が辺区に進攻しているとデマを放っている，などを報告した．

　董必武は，①何応欽総長が十八集団軍との摩擦だけを語って，抗戦について語らなかった，十八集団軍は敵と戦っているのに，なぜそのことに触れないのか，②何応欽総長は十八集団軍と一部の友軍との関係がよくないことだけ語り，摩擦の原因を語っておらず，あるものは一面的事実であり，あるものは事実無根である，（甲）新四軍と韓主席との関係は，かつて韓部隊と新四軍の摩擦は激しかったが，今年1月，日本軍の攻撃に韓部隊と新四軍は協力して戦った，退却した韓部隊は事前の連絡がなかったので新四軍と衝突し，韓部隊は敗れた，新四軍は中に韓主席がいることを知り，兵員と武器を返却した，（乙）于学忠総司令部隊と十八集団軍の間にはたいした衝突は起こっておらず，于学忠部隊が日本軍の攻撃を受けて退却したとき，十八集団軍は于学忠部隊を援助した，（丙）秦啓栄は「特別な人」で，彼の部隊はわれわれと摩擦を起こした，（丁）予備第8師が太行山に退却してきたとき，十八集団軍太南区は予備第8師に食糧・医薬・人夫を提供した，陳孝強は日本軍の掃蕩を受け，捕らえられたのである，（戊）陝北アヘン栽培とは西安から出たデマである，胡操南部が陝甘寧辺区に兵を向け，7日には砲撃を行なっ

たなどと反論し，退席した，と報告した（『国参紀実続』82-90頁）．

第3期第2回大会軍事報告決議（1943年9月26日）　第3期第2回大会は9月26日，「何応欽の軍事報告および第十八集団軍に関する当該報告における十八集団軍に言及した部分についての決議案」を採択した．同決議案は，過去1年間の戦績，とりわけ鄂西大捷(がく)（湖北省西部戰大勝）に感奮したとし，何応欽軍事報告が十八集団軍に言及した点について「本会は本件に対する深い重視を表明し，中央が本件に特別の注意を払うよう促す」との態度表明を行なった（『国参資料』186-187頁）．

「憲政実施準備会」設置・「経済建設期成会」設置（1943年9月26日）　第3期第2回大会は9月26日午後3時，大会を開き，主席団は，蔣介石主席の方針に基づき，①憲政実施のため「憲政実施準備会」を設置すること，②経済建設を促進するために「経済建設期成会」を設置することを提案し，これを決定した（『国参資料』185頁）．

第3期第2回大会駐会委員　董必武退席後の1943年9月27日付けの「国民参政会第3期第2回大会休会期間駐会委員名簿」には，引き続き中共から董必武1名が入っており（『国参資料』77頁），国民党と中共の関係は決裂していない．

4-4　第3期第2回大会後，第3回大会まで（1943年9月〜1944年9月）

中共軍，国民政府軍事委員会による統轄拒否（1943年10月）　延安『解放日報』は1943年10月5日，国民参政会第3期第2回大会で国民党員が「反共決議」を通したと非難し，「国民革命軍新編第四軍は現在，直接，共産党中央が統轄しており，国民政府軍事委員会の統轄を受けていないのは，国民政府軍事委員会が1941年1月17日，抗戦を破壊し，国家に危害を加える反革命の命令を発表し，新四軍は『反乱軍』なのでこれを『解散する』と宣布したからである」と述べている（『国参紀実』1247-1261頁）．

カイロ会議（1943年12月3日）　蔣介石は中華民国代表としてカイロ会議に参加し，1943年11月27日，カイロ会議の合意が成立し，12月3日，

発表された．

憲政実施協進会（1943年11月）　憲政実施協進会は1943年11月12日，軍事委員会で成立会を開催し，蔣介石主席が挨拶し，民意機関，憲草研究活動，言論の自由解放を促進することについて人民の期待にこたえるよう述べた．出席者は，36名だった．同会は11月12日，第1回常務委員会を開催した．孫哲生（孫科）が主席となり，王世杰・王雲五・褚輔成・左舜生・董必武・張君勱・傅斯年・莫徳恵・黄炎培の10名が出席し，呉鉄城は病欠した．常務委員会は，そのもとに3組を設けた．

表5

第1組　憲法草案研究担当　11名 孫科・王寵恵（招集人）・莫徳恵・張君勱・呉経熊・朱家驊・林彬・張志譲・李中襄・陳布雷・陳啓天
第2組　民意機構担当　7名 王世杰・呉鉄城（招集人）・莫徳恵・褚輔成・張厲生・洪蘭友・董必武
第3組　憲政関連法令実施状況を担当　7名 黄炎培・許孝炎・王雲五・江一平・梁寒操・左舜生・傅斯年

出所：黄炎培，『国参紀実続』558頁．

憲政実施協進会第3組は11月22日，開会し，黄炎培が主席となり，戦時新聞検査について李中襄（戦時新聞検査局副局長）・梁寒操（宣伝部長）から報告をきき，討論し，次回の継続討議を決定した．出席者は，左舜生・張君勱・梁寒操・江一平・傅斯年の5名で，列席者は張君勱・李中襄・邵力子・雷震の4名だった（黄炎培，『国参紀実続』558頁）．

憲政実施協進会第1組は11月23日，開会し，孫哲生が主席を務めた．憲政実施協進会第3組は11月25日，開会し，黄炎培が主席を務め，中央図書雑誌審査委員会副主任印維廉が審査工作の難しさについて報告し，続いて新聞検査問題を討論した．梁寒操は，事前検査を部分的に廃止し，さらに全面的に廃止すると述べた．黄炎培は「日記」で，梁寒操は「きわめて開明的だ」と評している（黄炎培，『国参紀実続』558-559頁）．

憲政実施協進会第3組は11月30日，第3回会議を開き，黄炎培が主席と

なり，次の決定を行なった．①新聞検査について，（甲）新聞検査問題についての意見，（乙）戦時新聞掲載禁止基準についての意見，②図書雑誌審査について，（甲）戦時に図書雑誌を審査し取り締まる基準草案についての修正意見，（乙）図書雑誌審査委員会が各方面の専門家を招いて評議会を設置し，作家がその作品審査について不服があるときは評議会に再審査を要請できるようにすることを主張した．これで，第3組の工作は一段落した（黄炎培，『国参紀実続』559頁）．

なお，黄炎培は，②（乙）項以外は具体的内容を記載していないが，なんらかの合意が第3組において成立したことを意味している．

憲政実施協進会第3組は12月18日，開会し，許孝炎が主席を務め，図書雑誌審査問題についての討論の結果，黄炎培が起草することとなった．12月20日にも第3組会議が開かれ参政会の職権強化について話しあわれた．12月25日，黄炎培は参政会に赴き，邵力子と憲政実施協進会第3組の図書雑誌審査問題に関する意見報告原稿について相談し，できるだけ事前審査の困難を明らかにし，事後審査を主張し，審査の方法を改善することとした（黄炎培，『国参紀実続』559-560頁）．

憲政実施協進会第3回常務委員会は12月28日，開会し，孫哲生が主席を務め，出席者は呉鉄城・傅斯年・左舜生・莫柳忱（徳恵）・董必武の5名であった．常務委員会は，①参政会の職権を強化することに関する建議3条についての第2組審査報告を決定した，②張君勱の来信について討論ののち，招集人から返信する，③図書雑誌審査問題に関する意見についての第3組の報告を決定した（黄炎培，『国参紀実続』559-560頁）．

憲政実施協進会第2回全体会議は1944年1月30日，開会し，孫科が主席を務め，出席者は35名だった．黄炎培は，「訓政時期約法を着実に実行する案」を提案し，熱烈な討論ののち，決定された．当日は，計10提案が採択された（黄炎培，『国参紀実続』559-560頁）．

ここから見ると，黄炎培は1944年1月時点では「訓政」の枠組を承認していたわけである．

憲政実施協進会第4回常務委員会は1944年2月4日，開会し，孫科が主席を務め，第2回全体会議の各案について討論し，黄炎培が提案した「［訓政時期］約法実行案」は当日修正の上，決定された．張君勱の人民の基本的権利についての案は，討論が集中した．孫科は，蔣介石主席が憲法を成立させ，国民党は政［権］を民に返還し，普通の政党に退く，そのとき，中国はかならずや多党制を採用すると何度も公開で表明しており，外部で疑う必要はない，云々と述べた．黄炎培は，国民党は多党を認識しなければならないのみならず，多党を養成しなければならない，さもなければ国民大会選挙で各小党はどうやって当選できるのか，と発言した．この案は，3小組連席会議の討論にまわされることになった（黄炎培，『国参紀実続』560-561頁）．

1944年2月6日，左舜生・王造時・沈衡山・張志譲・冷御秋が黄炎培宅を訪れ，「張君勱による人民の基本的権利3項目保障案についての処理方法意見」をまとめ，憲政実施協進会3小組連席会議に提出することとした（黄炎培，『国参紀実続』561頁）．

黄炎培は1944年3月21日，嘉陵新村6号の呉鉄城宅での憲政実施協進会小組会議に参加し，張君勱が提案した政治結社の自由問題を討論した．参加者は，呉鉄城・張君勱・左舜生・董必武・莫徳恵・黄炎培（以上，常務委員会指定者）・孫哲生・李中襄・洪蘭友・邵力子・雷儆寰［雷震だろう］の11名だった．孫科は，三民主義の解釈には「時間性」があり，民族主義は今次の大戦ののちは世界主義に拡大すべきで，さもないと世界戦争になると述べ，「本問題」（「政治結社の自由問題」であろう）は「国共問題」であり，問題の核心を提起すべきだと言い，党と軍の分割問題については，国民党もそれを主張しているとし，董必武も中共は早くからそう主張していたと語り，この点は全会一致となった，と黄炎培は記述している（黄炎培，『国参紀実続』559-561頁）．

1944年4月5日修正「国民参政会組織条例」によれば，「国民参政会の会期は14日」とされた（『国参資料』26頁）．

1944年4月21日，国民参政会駐会委員会で何敬之が軍事報告をした（黄

憲政実施協進会第6回常務委員会は1944年5月2日，開会し，黄炎培が主席を務め，10月に「五・五憲草」について集中的に研究することと決定した（黄炎培，『国参紀実続』561頁）．

1944年5月12日，国民参政会第15回駐会委員会が開催され，秦景陽次長が経済部行政状況を報告し，物価は大丈夫だと言い，黄炎培は反駁した（黄炎培，『国参紀実続』561頁）．

1944年5月22日，王雪艇と邵力子は，「参政会」（「参政員」であろう）を食事に招待し，林伯渠・董必武・王若飛（安順人黄斉生の甥）が同席した（黄炎培，『国参紀実続』561頁）．

ここでは，まだ国共双方は「協調」しようとしている．

国民参政会駐会委員会第17回会議は1944年6月9日，開会し，孔祥熙兼部長が財政状況を報告した（黄炎培，『国参紀実続』561-562頁）．

憲政実施協進会第3回全体会議は1944年6月14日，軍事委員会で開催された．黄炎培はこれに出席し，黄炎培提案の「職権の乱用，逮捕・長期監禁に関してこれを正し改善する法案」が決定された（黄炎培，『国参紀実続』562頁）．

憲政実施協進会第7回常務委員会は1944年6月24日，開催され，孫科が主席を務めた．同委員会は，次の4件を討論した．①王造時提案の「臨時民意機関の人選を速やかかつ健全に行ない，その職権を強化する案」は，その第1は女性参議員を少なくとも10%とする，第2は弾劾権で，行政人員でもし違法・汚職があったら調査し，事実であれば上級当該機関が処罰する，というもので，これは決定を見ず，小組会議に送られた．②張君勱提案の「国民参政会の職権を拡大する案」については，意見が分かれ，小組会議に送られた．③張志譲提案の「言論の自由保障案」については，修正し，施行時の参考として送られることになった．④分区考察規則の報告については，人選が決定された（黄炎培，『国参紀実続』563頁）．

一号作戦と国共両軍の力関係の変化　　鄧野は，「1944～1946年は国共

関係の完璧な政治的転型期であることを発見した人はいない」(2頁) とその重要性を強調し，その第1は「抗戦末期の中日問題と国共問題の主副関係をいかに認識するか」であり，第2は「抗戦末期と戦後初期という2つの歴史的段階の交代は，いかなる政治的テーマによって連続し貫かれているかである」(3頁) と述べている．鄧野は，正しくも国共関係は「『会談』と『戦争』が高度に統一されていた」と指摘し，それは普通，「会談しながら戦争し，戦争しながら会談した」と言われている (6頁)，と述べている．

中共の任弼時は1944年4月15日，日中戦争の必要から「アメリカは国共の団結を要求してくる」と見なしていた (鄧野5頁)．常識的な判断である．

1944年4月18日，日本軍一号作戦が開始され，日本軍は河南省中牟地区で黄河を渡河，5月25日，洛陽が陥落，8月8日，衡陽が陥落した (鄧野12頁，16頁，30頁)．1944年の日中戦争の戦局は，中共の見るところ，中華民国にとって「正面戦場は崩壊の危機」を迎えていた．中原・長沙・衡陽での対日戦争の敗北に続いて，国民参政会第3期第3回大会開会中の2週間に湘桂鉄路の祁陽・零陵・東安・新寧・道県・全県・資源・高明・開平・鶴山・四会・新興・肇慶・連江・懐集など16県城を失った (44・9・24『解放日報』，『国参資料』431頁による)．鄧野が指摘するように，日本軍の一号作戦により，国革軍は重大な打撃を受けたのだが，重要なことはそれによって国革軍と中共軍との間にかなり大きな力関係の変化が生じたことであり，日本軍の一号作戦は国共関係において国民党に不利に働き，中共に有利な結果をもたらしたのである．その変化は中共の国民党に対する姿勢，戦術に変化を生みだし，「民主主義」要求戦術を維持しつつも次第に階級革命論を正面に押しだしてゆくことになる．

中共，南下方針 (1944年8月)　鄧野によれば，毛沢東は1944年8月，「来年は反攻し，われわれは大都市を占領しなければならない」と述べ，南下方針を打ち出した (47頁)．

中共，「政府改組」・「連合政府」提起 (1944年8月17日)　鄧野によれば，毛沢東は1944年8月17日，「連合政府」を提起した (45頁)．林伯渠は

1944年9月15日,国民参政会第3期第3回大会で「各抗日党派の連合政府」を提起している(『国参資料』198頁,82頁).鄧野によれば,これが中共が連合政府を「公開で提起」した最初である(35頁).

西村によれば,中共中央は1944年9月4日,「政府改組の主張を提起する時期は熟した」として「一党独裁を廃棄する」よう要求し(164頁),『解放日報』報道に見る限りとの限定付きで,「アメリカ側からの『聯合[連合]政府』樹立要求は,1944年9月から12月に集中」しており(173頁),11月10日,アメリカ大統領特使ハーレイは毛沢東と「現在の国民政府を聯合国民政府に改組」するとの「協議草案」を作成し(174頁),連合政府構想は「ハーレー[ハーレイ]の政治的判断」で提起されたと指摘している(176頁).

4-5　1944年5月～9月国共交渉

中共は,国民参政会第3期第2回大会(1943年9月18日～27日)で中共批判があったことを理由に1943年9月21日,抗議・退席していたが,1944年1月から関係回復の動きが起こっており,同年5月から9月にかけて国民党と中共との間では交渉が行なわれ,参政会第3期第3回大会(1944年9月5日～18日)には復帰した.交渉にあたった国民政府の代表は張治中と王世杰,中共代表は林祖涵であった.ヨーロッパ戦線におけるドイツの敗北と東アジア太平洋戦争における日本の敗北という結末がすでに見えていたとはいえ,中国側にとっては中国戦線の状況は,日本軍による一号作戦の遂行により1944年4月から12月にかけて深刻な打撃を受けており,国共両党のどちらにとっても決裂は望ましくなかったし,アメリカ・イギリスおよびソ連にとってもヨーロッパ戦線と対日戦争の利益から国共間の統一は確保しておきたかったのである.こうして行なわれた1944年国共交渉は,1946年1月政治協商会議における交渉の諸論点,対立点の出発点になっていると思われる.

1944年国共交渉の背景には,日本軍による一号作戦の展開とそれによる国革軍の戦力低下およびその間の中共軍の戦力向上があった.それまでの国共間軍事力比較では,国革軍は中共軍を引き離していたが,両者の力関係は

「互角」に変化し，この変化が国共間の政治的力関係にも変化を引き起こしたという（鄧野 50 頁）．国共間の力関係が「互角」に変化したというのは誇張であるが，日本軍の一号作戦が中共を利したことは疑いない．

4-5-1　張治中報告（1944 年 9 月 15 日）

張治中は 1944 年 9 月 15 日，参政会第 3 期第 3 回大会で政府を代表し，国共談判に関する以下の長文の報告を行なった．張治中報告については，本稿「4-6　国民参政会第 3 期第 3 回大会」でも触れるが，以下は張治中報告で語られた 1944 年 5 月から 9 月に至る国共交渉の内容である．

軍事委員会が十八集団軍に派遣した連絡参謀郭仲容が 1944 年 1 月，軍令部に送った筱（17 日）電によれば，「本月 16 日，毛沢東氏は会談を予定し，現在，中共は周恩来・林祖涵・朱徳総司令のうちの 1 人ないし 3 人が重慶に同行し，委座［蔣介石］にお目にかかりたい」とのことであった．

軍令部は 2 月 2 日，郭連絡参謀に返電し，「歓迎する」と回答した．郭連絡参謀からの 2 月 18 日電によれば，「中共は林祖涵を先に派遣する」とのことだった．林祖涵は 4 月 28 日，出発するとのことで，国民政府中央は 5 月 1 日に張治中と王世杰を西安に派遣し，林祖涵と協議することにさせた．

張治中・王世杰と林祖涵は，5 月 2 日に西安に到着し，5 月 4 日から 11 日まで西安で 5 回会談を行ない，会談中の林祖涵の意見の記録を作成し，林祖涵の修正を経て，張治中・王世杰に渡し，林祖涵が署名した．林祖涵は，張治中・王世杰も署名できるかと尋ねたが，張治中・王世杰はこれは林祖涵の提案であるか，あるいはわれわれの意見の一部に林祖涵が同意したものなので，林祖涵の署名だけであるべきで，国民政府中央の意見は張治中・王世杰が重慶に帰ったのちに正式に提出すると答えた（『国参資料』198-199 頁）．林祖涵だけの署名を求めたのは，中共の国民政府に対する提案として確認するという意味であった．

林祖涵署名文書（1944年5月11日）
　　5月4日から8日までの会談.
（甲）軍事に関するもの.
　(1)　第十八集団軍ともと新四軍に属した部隊は,軍事委員会の命令に服従する.
　(2)　前項部隊の編成は,最低限度,昨年,林彪が提出した4個軍12個師とする.
　(3)　前項部隊の編成が終わったあとは,もとの土地で抗戦するが,その所在地区の司令長官の指揮に従わねばならず,抗戦勝利後は,中央の命令に従って移動し,集中を指定された防地を守らなければならない.
　(4)　前項の軍隊改編後は,その人事はその長官が中央の人事法規によって報告し請委することができる.
　(5)　前項の軍隊改編後は,その軍需は中央所属のその他の軍隊と同様の方法,同等の待遇とする.
（乙）陝甘寧辺区に関するもの.
　(1)　名称は,陝北行政区と改称することができる.
　(2)　当該行政区は,行政院に直属し,陝西省政府の管轄には属さない.
　(3)　区域は,もとの地区を範囲（地図添付,略）とし,中央が人員を派遣し一緒に確定する.
　(4)　当該行政区は,三民主義を実行し,「抗戦建国綱領」を実行し,中央の法令を実行しなければならず,その地方の特殊な状況によって必要とされる法令は中央に報告し,決定・施行することができる.
　(5)　当該行政区の予算は,逐年で編成して中央に報告し,中央によって決定されなければならない.
　(6)　当該行政区および第十八集団軍等の部隊は,中央が編成を決定し経費を発給したのちは紙幣を発行してはならず,すでに発行した紙幣は財政部が適切な方法で処理する.
　(7)　当該行政区内では,国民党は党組織をつくり新聞を発行し,延安に放送局を設置することができる.同時に国民党も,中共が全国的な合法的地位を承認され,重慶に放送局を設置することが許され,両党中央が日常的に意見交換できることに利する.
（丙）党の問題に関するもの.
　「抗戦建国綱領」の規定により,中共に合法的地位を与え,逮捕を停止し,書籍・新聞・出版物の差し押さえを停止し,言論を開放し,民治を推進し,ただちに新四軍事件によって逮捕された人員および一切の獄中の廖承志・張文彬などの共産党員を釈放し,第十八集団軍および新四軍の軍人・家族を保護する命令を通知する.
（丁）その他.

> (1) 中共は「四項目約束」(1937年9月) を引き続き忠実に実行し, 蔣介石委員長の抗戦指導と建国指導を擁護することを表明し, 国民党は政治的道筋で公平合理的に両党関係問題を解決したいと表明する.
> (2) 陝甘寧辺区への軍事封鎖を解除し, 当面, 商業・交通についてまず便宜を払う.
> (3) 敵後遊撃区の軍事・政治・経済問題は, 国民政府および軍事委員会の指導に従い, すべて抗戦に有利という原則に基づいて解決する.
>
> 　　　　　　　　　　　　　　林祖涵 (署名)　5月11日
> 　　　　　　　　　　　　　　　　　(『国参資料』199-200頁)

林彪は, 1942年10月から1943年6月にかけて中共を代表して重慶に赴き, 談判を行なった. 林彪が提案した林祖涵文書中に言う「昨春 [1943年] 林彪提案」とは, 次の通りであった.

> **「昨春, 林彪師長の4項目提案」**(1943年)
> (1) 党 (中共) の問題は, 「抗戦建国綱領」のもとで合法的地位を取得し, 三民主義を実行する. [国民党] 中央もまた, 中共地区で党を組織し, 新聞を発行することができる.
> (2) 軍隊問題 [中共軍] は, 4個軍12個師編成を希望し, 中央軍と同じ待遇とすることを希望する.
> (3) 陝北辺区は, もとの地区を行政区に改め, その他の地区は別に改組し, 中央の法令を実行する.
> (4) 作戦区域は, 原則上, 中央が黄河以北に向けて進むという規定を受け入れるが, 現在は準備配置ができるだけで, 戦争が終了したらただちに実施することを保障し, 戦時の状況が可能になったら——総反攻のときになったら——移動を相談・承認できる.
>
> 　　　　　　　　　　　　　　　　　(『国参資料』200-201頁)

張治中報告によれば, 張治中・王世杰は5月17日, 林祖涵を伴って重慶にもどった. 当時, 国民党中央は十二中全会と全国行政会議を開こうとしていたので, 多忙であったが, 張治中は6月5日, 林祖涵に次の国民党「中央の中共問題についての政治解決提案」を渡した (『国参資料』201頁).

「33年(1944年)6月5日［国民党］中央の中共問題についての政治解決提示案」

ここに，林祖涵代表が西安で表明した意見を基礎として以下の提案を作成した．

(甲) 軍事問題に関して．

(1) 第十八集団軍およびその各地のすべての部隊は，合わせて4個軍10個師に編成し，その番号は命令によってこれを定める．

(2) 当該集団軍は，軍事委員会の命令に服従しなければならない．

(3) 当該集団軍の人数は，「国軍通行編制」(軍政部発布) に従い，編制外に別に縦隊・支隊あるいはその他の名目で設置してはならず，以前に存在したものは中央が定めた基準枠に基づいて廃止しなければならない．

(4) 当該集団軍の人事は，人事法規に基づいて報告し請委してよい．

(5) 当該集団軍の軍費は，中央により国軍と同じ給与規定に従って発給され，経理法規に基づいて処理され，軍需の独立が実行されなければならない．

(6) 当該集団軍の教育は，中央が公布施行している教育綱領によって教育されて訓令が実施され，中央によって随時人員が派遣され，検閲されなければならない．

(7) 当該集団軍の各部隊は，期限を切って集中使用し，それが集中する以前には，各戦区内のすべてのその部隊はその所在地の戦区司令長官による整頓・訓練・指揮に従わなければならない．

(乙) 陝甘寧辺区問題に関して．

(1) 当該辺区の名称は，陝甘寧辺区北行政区と定める．

(2) 当該行政区の区域は，その現有地区を範囲とするが，中央人員を派遣して一緒に確定することを経なければならない．

(3) 当該行政区の公署は，行政院に直属する．

(4) 当該行政区は，中央の法令を実行しなければならず，その地方の特殊な状況によって必要とされる法令は中央に報告し，決定・施行してよい．

(5) 当該行政区の主席は，中央が任免し，その所轄専員・県長などは当該主席は中央に任命派遣を求めることができる．

(6) 当該行政区の組織と規定は，中央に報告し許可を要請しなければならない．

(7) 当該行政区の予算は，逐年で編成し中央に報告し，中央によって決定されなければならない．

(8) 当該行政区と第十八集団軍所属部隊の駐在地では，すべて紙幣を発行してはならず，すでに発行したその紙幣は財政部と適切な方法を協議し処理する．

(9) その他の各地区では，中共がみずから設立したすべての行政機構は一律に各当該省政府が人員を派遣して接収・管理し，処理しなければならない．

(丙) 党の問題に関して．

(1) 抗戦期間内は，「抗戦建国綱領」の規定に基づいて処理する．戦争が終結

したら，中央の決議に基づいて国民大会を招集し，憲法を制定し，憲政を実施する．中国共産党とその他の政党は，国家の法律を順守し，同等の待遇を受ける．
　(2)　中国共産党は，その「四項目約束」を忠実に実行することを再度表明すべきである．

(『国参資料』201-202頁)

　張・王が中央提示案を林祖涵に手渡したのち，中共が以上のことを実行するなら，中央は防護地区の守備隊の撤退について考慮することができるし，当該地区とその隣地との商業・交通を回復することができるし，中共人員の違法逮捕者も寛大に保釈することができると伝えた．
　すると林祖涵は，ポケットから封筒を取り出した．それには，「中国共産党中央委員会が中国国民党中央執行委員会に提出する当面の若干の緊急な問題を解決することに関する意見」という次の文献であった（『国参資料』202-203頁）．

「中国共産党中央委員会が中国国民党中央執行委員会に提出する当面の若干の緊急な問題を解決することに関する意見」(1944年6月4日付け)
　国共両党の合作抗戦はすでに7年になり，中共の国を思う忠誠，抗敵の勇敢さ，三民主義の執行，「四項目約束」の実践，国民政府および蒋介石氏の抗戦建国の擁護は終始変わらず，すべて誰もが見てきたところである．ただ，当面する抗戦の情勢はきわめて深刻であり，日本の侵略者は引き続き進攻しており，国内政治状況と国共関係は今なお抗戦が必要とする軌道に適切に乗っていない．当面する困難を克服し，日本侵略者の進攻を撃破し，真剣に反攻を準備するために，中共側は民主と団結強化の道を実行するしかないと考える．この目的のために，中共は政府側に以下の緊急きわまる問題を解決するよう希望する．これらの問題は，全国的政治の面に関わるものがあり，両党の懸案に関わるものもあるが，ここに率直に陳述する．
（甲）全国的政治の面に関わるもの．
　(1)　政府は民主政治，言論・出版・集会・結社および人身の自由の保障を実行していただきたい．
　(2)　政府は党禁［結社の自由の禁止］を開放し，中共および各抗日党派の合法的地位を承認し，愛国政治犯を釈放していただきたい．
　(3)　政府はその名にふさわしい人民の地方自治の実行を認めていただきたい．
（乙）両党の懸案に関わるもの．

(1)　抗日の必要，抗戦の成績および現有の軍隊実数に基づき，政府が中共の軍隊を16個軍47個師，各師1万人編成とするよう要請する．不満ながらとりまとめるとして，当面，少なくとも5個軍16個師の番号を与えていただきたい．
　(2)　政府が陝甘寧辺区および華北根拠地民選抗日政府を合法的地方政府と承認し，それが抗敵に必要とする各項設備を承認していただきたい．
　(3)　中共軍隊の防地は，抗戦の期間，現状を維持し，抗戦終了後は別に協議して決定する．
　(4)　政府が物質上，十分に第十八集団軍および新四軍に補給を行なうよう要請する．1940年以来，政府は弾丸・薬品・米の補給を一切しておらず，こういう状況は速やかに改善していただきたい．
　(5)　同盟国が中国に援助した武器・弾薬・薬品は，政府が中国各軍，第十八集団軍および新四軍が得られるべき分を得られるよう公平に分配していただきたい．
　(6)　政府は軍事機関に命令し，陝甘寧辺区および各抗日根拠地に対する軍事封鎖と経済封鎖を廃止していただきたい．
　(7)　政府は軍事機関に命令し，華中新四軍および広東遊撃隊に対する軍事攻撃を停止していただきたい．
　(8)　政府は党政機関に命令し，各地で逮捕された人員，例えば皖南事変のさい捕虜となった新四軍官兵葉挺ら，広東の廖承志・張文彬ら，新疆の徐杰・徐夢秋・毛沢民・楊之華・潘郤ら，四川の羅世文・車耀先・李椿・張少明ら，湖北の何彬ら，浙江の劉英，西安の宣侠父・石作祥・李玉梅・陳元英・趙祥らを釈放していただきたい．これらの人員は皆，愛国の志士であり，自由を回復させて抗日に利するようにしていただきたい．
　(9)　政府に中共が全国各地で党組織をつくり新聞を発行する許可を要請する．中共もまた，国民党が陝甘寧辺区および敵後各抗日民主辺区で党組織をつくり新聞を発行することを許可する．
　（以下，略）

　　　　　　　　　　　　　　　　　　　中共中央代表　林祖涵
　　　　　　　　　　　　　　　　　　　民国33年6月4日
　　　　　　　　　　　　　　　　　　　（『国参資料』203-204頁）

　張治中・王世杰はこれに対し，林祖涵に，前回「5月22日」に林祖涵が提出した「20項目」は内容が西安で表明された意見と出入りが大きすぎ，受け入れられないので，持ち帰っていただきたい．今回提出の「12項目」（6月4日付け中共意見）は項目は減っているが，内容に変化はなく受け入れられ

ないが，われわれの手元にとどめることにし，上部にあげることはできない，と伝えた．これに対し林祖涵も，お2人の手元にとどめ，参考にしてもらえればよいと応じた．

6月6日，林祖涵から張治中・王世杰あてに手紙が届き，中央提示案に対し，①中央提示案と中共6月4日意見は距離がありすぎ，提示案は中共中央に報告するが，「中共12条」(6月4日付け意見)も［国民党］中央に届け，合理的に解決してほしい，②提示案が「林祖涵代表の西安で表明した意見を基礎としている」としている点は事実と異なる，林祖涵は西安の記録は「最後に共同して作成した初歩的意見」であり，「各自がその中央に指示を請い，最終決定をすることを約定した」と林祖涵は考えており，［国民党］中央が中共意見を考慮することを希望していたと述べていた．

張治中・王世杰は6月8日，林祖涵に返信し，①林祖涵が6月5日に届けてきた書簡は前後の出入りが大きく，上部に上げることはできないとすでに表明した，林祖涵も「お2人の手元にとどめ，参考にしてもらえればよい」と言ったので手元にとどめており，上部に上げることはできない，②西安談話の記録は林祖涵の修正を経ており，中央に届けた，従って［国民党］中央提示案は林祖涵の意見を基礎としている，と反論した．

6月11日，林祖涵から張治中・王世杰に手紙が届き，6月8日の張治中・王世杰の返信は「2点理解しがたい」とし，①国民政府は林祖涵を中共代表と認めているのだから，中共の意見を中央に届けないのは不当であり，林祖涵にだけ［国民党］中央提示案の受け入れを要求してもどうにもならない，②林祖涵は6月5日に手渡した中共12条と西安で相談した意見との間に「やや」出入りがあることを認めたが，［国民党］中央提示案と西安で相談した意見との間にも出入りがあり，特に異とするに足りない，林祖涵は［国民党］中央提示案をすでに中共中央に伝えたので，張治中・王世杰も中共意見を［国民党］中央に伝えてもらいたい，と述べた．

林祖涵の「2点理解しがたい」という点について，張治中は，中共12条は林祖涵意見と大いに出入りがあり，しかも中共には軍令・政令に服従する

という根本観念の表明がなく，一方的な要求を出しているだけなので中央に伝達することはできないと表明したのだが，早期解決のために林祖涵から渡された12条を［国民党］中央政府に伝達することにした．［国民党］中央の指示により，［国民党］中央は6月5日の提示案を林代表を通じて中共に伝えたが，およそ中共の意見で中央政府が受け入れられるものは提示案ですでにできるだけ受け入れているので，中共が［国民党中央提示案を］受け入れることを希望する」とのことである，と回答した．

張治中・王世杰は6月15日，中央の指示に基づき林祖涵に書簡を送った．

林祖涵は7月3日，張治中・王世杰に会って口頭で［国民党］中央提示案について，①政治問題については中央が「民主」の尺度をゆるめるよう希望する，②軍隊問題については5軍16個師に編成を拡大することを希望すると述べ，さらに，張治中・王世杰が延安に来て相談することを歓迎するとの電報が延安からあったと伝えてきた．

これに対し，張治中・王世杰は，①民主問題については，「図書事前強制審査措置」の廃止，「後方各省が県参議会を設置する厳命」，「人民の身体の自由を保障する法令」の公布など，政府は民主政治を促進する措置をすでにとっている，②軍隊の編成拡大問題については，中央は精兵政策を励行しており，できるだけ縮小しようとしているが，中共の要求については最大限受け入れようとしてきた．抗戦初期の国革軍の規模と現在の規模を比較するなら，［国民党］中央の苦衷がわかるはずだ．このように話し合いを続けるのは意図的に引き延ばしをはかっていると思わざるを得ない．延安を訪問するかどうかは重慶の結論を受けて回答する，と回答した．

林祖涵は7月13日，また張治中・王世杰に会いにきて，中央に彼らの12条に対する［国民党］中央の「指示」を求めたが，［国民党］中央提示案には言及しなかった．

7月23日，林祖涵から張治中・王世杰に手紙があり，12条に対する問い合わせと張治中・王世杰が延安に行くかどうかの問い合わせであった．

張治中・王世杰は7月25日，林祖涵に面会し，12条に対して詳細な説明

を行ない，中央提示案が中央の具体的意見であり，中共のこうした態度は引き延ばしだと告げた．

　張治中・王世杰は8月5日，林祖涵と面会し，重ねて口頭で説明を行ない，しかるのち書面回答をするつもりだと告げた．

　張治中・王世杰は8月10日，林祖涵あてに要旨次の書簡を送った（以上『国参資料』205-209頁）．

「張治中・王世杰の8月10日付け林祖涵あて書簡」要旨

　5月3日に西安で会って以来，3カ月がたち，6月5日に中央提示案を渡してから2カ月がたつが，中共の誠意ある回答が得られていない．政府提示案は昨年の林彪師長の要求，西安での林祖涵の意見をほとんど受け入れているのだから，速やかに［中央提示案を］受け入れてほしい．

　中共12条意見中，第1条から第3条までは抗戦期間内には中共とすべての党派が「抗戦建国綱領」を受け入れており，抗戦終了後，1年以内に憲政を実行し，各党派には同等の地位が与えられる．

　現在，中央政府は次第に人民の自由の範囲を拡大し，地方自治を促進している．中共が中央提示案を受け入れ，参政会・憲政実施協進会に参加してほしい．

　12条意見中，軍隊編成・規模・駐屯地・給与・武器については，第十八集団軍はもともと3師編成だったが，4軍10個師に拡大することを認めている．国革軍自身が精兵政策を行なっているので理解してほしい．

　駐屯地は集中使用原則と集中前の整訓指揮系統を規定している．

　給与は国革軍と同じ待遇を規定しており，武器は政府が随時，必要と任務により合理的分配を行なっている．

　陝甘寧辺区と華北根拠地民選抗日政府の件は政府提示案で寛大な措置を提案している．

（『国参資料』209-210頁）

　これに対し8月30日，林祖涵から要旨次の返信があった．

「林祖涵8月30日張治中・王世杰あて返信」要旨

　一．われわれの8月10日書簡に対して，中共が道理なく引き延ばしているとの非難含まれているが，事実に合わないまちがった見解である．政府提示案と「中共12条」・「口頭8条」は，大きなへだたりがある．

(1) 提示案は，民主政治の実行，各党の合法の承認，政治犯の釈放について何も言っていない．
(2) 編成数と編成外の軍隊の廃止および軍隊の集中使用[26]．
(3) 辺区政府に中央の法令を実行することを要求しているだけで，三民主義の実行に触れておらず，現行各項施設と法令を承認していない[27]．
(4) 敵後抗日根拠地の人民が選出した民主政府等を廃止し，事実からかけ離れたことを認めている[28]．
二．根本的に問題を解決する障碍は，中央政府と中共および「全国の広範な人民」の観点に大きな距離があるためで，それは政府が終始，三民主義と民主制度をただちに実行したいと思っていないからである．
三．中央政府が全国の政治問題と国共関係問題を解決する点で，全民族の利益を第一に置くよう希望する．
四．中共は終始，「四項約束」を忠実に執行している．

(『国参資料』210-211頁)

張治中・王世杰は9月10日，林祖涵あてに要旨次の書簡を送った．

「張治中・王世杰9月10日林祖涵あて書簡」要旨
中央政府は，われわれにあなたと協議するよう命じた．
中共が「四項目約束」を履行するよう求める．あなたが言うように中共が「四項目約束」を終始実行しているのなら，なぜ中共が各地の国革軍に対して多くの侵犯を行なった事実があるのか．
民主政治と党派問題については，8月10日書簡で詳しく述べているのに，なぜ「一字も触れていない」と言うのか．
中共辺区と敵後各抗日根拠地では三民主義を実行している，人民と抗日団体にはすべての自由と権利が享受されていると書いているが，中共区内には司法権と監察権が独立している事実はあるのか．中共区内の人民ないし共産党員には言論の自由，身体の自由の保障はあるのか．
［国民党］中央提示案が昨年の林彪意見と最近の林祖涵西安意見を大部分受け入れているのは事実だが，「距離がある」のは中共の要求が時とともに増えているからだ．
中共12条は林祖涵西安意見より多く，今回の書簡は12条以外に「口頭8条」が加わっている．陝北辺区とその他の抗日根拠地問題では，林彪「陝北辺区のもとの地区を行政区とし，その他の各地区は別に改組し，中央の法令を実行する」となっていたが，林祖涵西安文書では「その他の抗日根拠地」は入っておらず，

中共12条は「陝甘寧辺区および華北根拠地民選抗日政府」の承認を要求している。林祖涵書簡では，さらに「陝甘寧辺区政府および華北・華中・華南敵後各抗日根拠地民選抗日政府」の承認となっているのである。
　われわれの延安訪問については，喜んでそうしたい．

（『国参資料』213-214頁）

　以上が1944年の国共会談の経過と主要な内容である．

　44・9・16重慶『大公報』は，「抗戦建国綱領」のもとで言論の開放，人民の自由，民意機関の職権の拡大は着々と進行中である，と評している（『国参資料』212-214頁による）．

　張治中報告について，いくつかコメントしておこう．

　①張治中報告は，董必武の1943年9月参政会第3期第2回大会退席には触れていない．

　②張治中が述べている林祖涵が「5月22日」に提出した「20項目」および「口頭8条」とは何か，張治中は紹介しておらず，林祖涵も中身を述べていないので内容は明らかでないが，「中共12条」はわかる．

　③中共が陝甘寧辺区への「軍事封鎖」を国民政府が行なっていると述べている点について，国民党文書は「守備隊」を配置し，辺区と他地域との商業・交通を遮断していると認めているわけであるが，これが中共の言う通り国民党による解放区への一方的な圧迫であったのか，中共の解放区拡大をめざした軍事行動に対する国民党による警戒・抑制措置であったのかは，検討を要しよう．

4-5-2　国共の主張の対照

　以上につき，1943林彪提案，1944・5・11林祖涵署名文書，1944・6・4林祖涵書簡，1944・6・5国民政府中央提示案の主な点についての対照表を作成してみる．

表6　1944年5月6月国共主張対照表

	43年 林彪提案	44・5・11 林祖涵文書	44・6・5国民政府中央提示案	44・6・4 林祖涵書簡
中共「四項目約束」		中共は四項目約束を引き続き忠実に実行し、蔣介石委員長の抗戦指導と建国指導を擁護することを表明し、国民党は政治的道筋で公平合理的に両党関係問題を解決したいと表明する.	中共は，その四項目約束を忠実に実行することを再度表明すべき.	
軍事	中共軍は，4個軍12個師編成を希望.	第十八集団軍ともと新四軍に属した部隊は，軍事委員会の命令に服従する． 前項部隊の編成は，最低限度，昨年の林彪が提出した4個軍12個師に．	第十八集団軍およびその各地のすべての部隊は，合わせて4個軍10個師に編成し，その番号は命令によって定める.	政府が中共の軍隊を16個軍47個師，各師1万人に編成するよう要請．当面，少なくとも5個軍16個師の番号を.
		前項部隊の編成が終わったあとは，もとの土地で抗戦するが，その所在地区の司令長官の指揮に従わねばならず，抗戦勝利後は，中央の命令に従って移動し，集中を指定された防地を守らなければならない． 前項の軍隊改編後は，その人事はその長官が中央の人事法規によって報告し請委してよい．	当該集団軍は，軍事委員会の命令に服従しなければならない． 当該集団軍の人数は，「国軍通行編制」（軍政部発布）に従い，編制外に別に縦隊・支隊あるいはその他の名目で設置してはならず，以前に存在したものは中央が定めた基準枠に基づいて廃止． 当該集団軍の人事は，人事法規に基づいて報告し請委してよい.	中共軍隊の防地は，抗戦の期間，現状を維持し，抗戦終了後は別に協議して決定.
	中央軍と同じ待遇を希望.	前項の軍隊改編後は，その軍需は中央に所属するその他の軍隊と同様の方法，同等の待遇を.	当該集団軍の軍費は，中央により国軍と同じ給与規定に従って発給され，経理法規に基づいて処理され，軍需の独立を実行.	政府が物質上，十分に第十八集団軍および新四軍に補給を. 1940年以来，政府は弾丸・薬品・米の補給を一切しておらず，こういう状況は速やかに改善を. 同盟国が中国に援助した武器・弾薬・薬品は，政府が中国各軍，十八集団軍および新四軍に得られるべき分を得られるよう公平に分配を.

第4章　国民参政会と国共関係　189

		陝甘寧辺区への軍事封鎖を解除し,当面,商業・交通についてまず便宜を払う. 敵後遊撃区の軍事・政治・経済問題は,国民政府および軍事委員会の指導に従い,すべて抗戦に有利という原則に基づいて解決.		政府は軍事機関に命令し,陝甘寧辺区および各抗日根拠地に対する軍事封鎖と経済封鎖の廃止を.
				政府は軍事機関に命令し,華中新四軍・広東遊撃隊に対する軍事攻撃停止を.
			当該集団軍の教育は,中央が公布施行している教育綱領によって教育されて訓令が実施され,中央によって随時人員が派遣され,検閲. 当該集団軍の各部隊は,期限を切って集中使用し,それが集中する以前には,すべてのその郭戦区内の部隊はその所在地の戦区指令長官による整頓・訓練・指揮に従わなければならない.	
陝北辺区（陝甘寧辺区北行政区）	陝北辺区は,もとの地区を行政区に改め,その他の地区は別に改組し,中央の法令を実行.	名称は,陝北行政区と改称. 当該行政区は,行政院に直属し,陝西省政府の管轄には属さない. 区域は,もとの地区を範囲とし,中央が人員を派遣し一緒に確定. 当該行政区は,三民主義,「抗戦建国綱領」,中央の法令を実行しなければならず,その地方の特殊な状況によって必要とされる法令は中央に報告し,決定・施行.	当該辺区の名称は,陝甘寧辺区行政区と定める. 当該行政区の区域は,その現有地区を範囲とするが,中央人員を派遣して一緒に確定. 当該行政区の公署は,行政院に直属. 当該行政区は,中央の法令を実行しなければならず,その地方の特殊な状況によって必要とされる法令は中央に報告し,決定・施行. 当該行政区の主席は,中央が任免し,その所轄専員・県長などは当該主席は中央に任命派遣を求めることができる. 当該行政区の組織と規定は,中央に報告し許可を要請しなければならない.	政府は陝甘寧辺区および華北根拠地民選抗日政府を合法的地方政府と承認を.

	当該行政区の予算は,逐年で編成し中央に報告し,中央によって決定.	当該行政区の予算は,逐年で編成し中央に報告し,中央によって決定.	
	当該行政区および第十八集団軍等の部隊は,中央が編成を決定し経費を発給したのちは紙幣を発行してはならず,すでに発行した紙幣は財政部が適切な方法で処理.	当該行政区と第十八集団軍所属部隊の駐在地では,すべて紙幣を発行してはならず,すでに発行した紙幣は財政部と適切な方法を協議し処理.その他の各地区では,中共がみずから設立したすべての行政機構は一律に各当該省政府が人員を派遣して接収・管理し,処理しなければならない.	
			政府はその名にふさわしい人民の地方自治の実行を.
中共の問題は,「抗戦建国綱領」のもとで合法的地位を取得し,三民主義を実行.	「抗戦建国綱領」の規定により,中共に合法的地位を与える.	抗戦期内には「抗戦建国綱領」の規定に基づいて処理.戦争が終結したら,中央の決議に基づいて国民大会を招集し,憲法を制定し,憲政を実施する.中国共産党とその他の政党は,国家の法律を順守し,同等の待遇を受ける.	政府に党禁を開放し,中共および各抗日党派の合法的地位を承認し,愛国政治犯の釈放を求める.
	逮捕を停止し,ただちに新四軍事件によって逮捕された人員および一切の獄中の共産党員を釈放し,第十八集団軍および新四軍の軍人・家族を保護する命令を通知する.		愛国政治犯の釈放.政府は党政機関に命令し,各地で逮捕された人員の釈放を.
国民党中央もまた,中共地区で党を組織し,新聞を発行できる.	書籍・新聞・出版物の差し押さえを停止し,言論を開放し,民治を推進し,		政府に民主政治,言論・出版・集会・結社および人身の自由の保障を.

当該行政区内では，国民党は党組織をつくり新聞を発行し，延安に放送局を設置することができる．同時に国民党も，中共の全国的な合法的地位を承認し，重慶に放送局を設置することが許され，両党中央が日常的に意見交換できることに利する．	政府に中共が全国各地で党組織をつくり新聞を発行する許可を要請する．中共もまた，国民党が陝甘寧辺区および敵後各抗日民主辺区で党組織をつくり新聞を発行することを許可．

出所：『国参資料』189-214頁．

(1) 合意点

以上を整理すると，ほぼ合意と見られるものは次のようになる．

①国民政府が要求した中共の「四項目約束」の再確認は，中共が林祖涵1944年5月11日文書で確認した．

②軍隊編成については，林彪は1943年，中共軍「4個軍12個師」編成を要求し，林祖涵は1944年5月11日，同じく「4軍12師」編成を要求し，これに対し6月5日国民政府中央提示案は「4軍10師」編成と回答した．

③林祖涵が要求した中共軍の「待遇」（給与）については，国民政府は合意した．しかし武器・弾薬・薬品・糧食については回答していない．

④中共による陝北辺区の「陝北行政区」への改組要求については，国民政府は「陝甘寧辺区行政区」に改称と回答しており，事実上，合意である．

⑤林祖涵が要求した「中共・各党派の合法化」については，国民政府は「憲政実施後，同等待遇」と回答した．

(2) すれ違い

すれ違いは，中共あと出し要求も含め次の項目である．

①林祖涵は1944年6月5日，国民政府中央提示案を見たあとで中共6月4日付け文書を示し，「16個軍47個師」（当面，「5個軍16個師」）編成を要求した．国民政府中央回答は1943年林彪要求・1944年5月11日林祖涵要求に近い回答となっていたが，張治中の経過報告によれば，1944年6月4日林祖涵要求は張治中・王世杰が6月5日国民党中央提示案を林祖涵に渡し

たあとのあと出しであり，国民政府中央提示案がこれを考慮することはあり得ないわけで，1944年6月5日国民党中央提示案と1944年6月4日付け林祖涵要求との間には距離があるが，中共が6月4日付け要求にこだわれば，妥協は遠のくことになっただろう．

②国民政府が述べている国民大会の招集，憲法制定，憲政の実施について，中共は言及していない．

③中共要求の「地方自治」の実施，「言論等の自由」，「党禁の開放」，「逮捕者の釈放」要求については，国民政府6月5日提示案は回答しなかった．

④中共による陝北辺区への「軍事封鎖」廃止，新四軍等への軍事攻撃の中止については，国民政府は回答していない．

(3) 林祖涵5月11日文書と国民政府中央提示案（6月5日）の比較

①中共中央の文書を裏読みすると，国民政府は1937年から1940年までは中共に給与の支給，弾丸・薬品・食料の補給を行なっていたのだということになる．1940年以降，打ち切ったのだとすれば，その理由の解明は今後の課題であるが，中共の国民党統治地区に対する軍事行動に対する反発措置であったという可能性が考えられる．

②林祖涵書簡は，中共のねらいはただちに国民党に「訓政」を放棄させることであり，言いかえれば「訓政から憲政への移行」を阻止することであることを示している．

以上に見た国共交渉ののち，いかなるやりとりがあって中共は国民参政会に復帰したのかについての資料は『国参資料』には採録されていないが，中共「四項目約束」の確認，軍隊編成，辺区の国民政府「行政区」への改組というもっとも重要な3点についてはほぼ合意が成立したので，中共の参政会復帰に漕ぎつけたのであろう．国共双方は，いずれにせよ関係回復へ歩み寄ったわけである．

しかし，問題はそれが実際に実行されたのかということであった．つまり，口頭での合意は成立したかに見えるが，実際の行動はかならずしもそれに伴わなかったために問題はずるずると尾を引いていったのであった．中共「四

項目約束」が実施されていたら，抗日戦争下の国共衝突は起こらなかっただろうと思われる．

4-6　国民参政会第3期第3回大会（1944年9月5日～18日）

　国民参政会第3期第3回大会は1944年9月5日，国民政府軍事委員会大講堂で開催され，国民参政会邵力子秘書長は参加参政員は164名と報告した．主席団莫徳恵の「閉幕の辞」（9月18日）によれば，国民参政会はこれまで10回の大会において，建議案1300件を採択し，質問案900件が提出された，という（『国参紀実』1317頁）．

　中共は，第3期第2回大会から離脱したが，第3期第3回大会には復帰した．中共は，現状を国民党の「寡頭専制統治」の「深刻な危機」の表われと見なし，国民参政会第3期第3回大会について，「国民党統治集団の『民主』をもてあそび，『民主』を偽装する卑しい技を暴き出した」と評した（44・9・24『解放日報』．『国参資料』431頁による）．

　蒋介石は9月5日，第3期第3回大会で「訓詞」を述べた（『国参紀実』1300-1307頁）．

　第3期第3回大会では，参政員から強い不満が出され，老参政員林虎は政府・蒋介石に対し，「同盟国の勝利に頼って勝利とすることをしてはならない．それは中華民族の恥を残すことになる」と批判した（44・9・24『解放日報』．『国参資料』431頁による）．

　政府報告が行なわれているとき，国民党内CC団の黄宇人らは「財政・軍政両部に官兵および公務・教員の待遇を改善する具体的措置を本会に提出（原文「提高」は「提出」の間違いと見る）し，討論する案」，「財政部長は銀行董事長および総裁を兼任してはならない」案を提出し，何応欽・孔祥熙を激しく批判した（44・9・24『解放日報』．『国参資料』432頁による）．

　また，黄炎培は政府提案の「［民国］34年度国家施政方針」を「空っぽな策論だ」と批判した．多くの参政員は，参政会が国家予算を決定する権限を要求し，施政方針案は事実上，参政会で否定された（44・9・24『解放日報』．

『国参資料』433頁による).

CC団は,教育部長陳立夫に対し,46点の質問を出し,敗戦将軍湯恩伯を銃殺せよと要求したが,蔣介石は湯恩伯をかばい,CC団と復興社の対立が表面化した(44・9・24『解放日報』.『国参資料』434頁による).

張治中報告(1944年9月15日)　張治中は9月15日,前述したように(本稿4-5)第3期第3回大会で政府を代表し,国共談判に関して国民政府中央は5月1日に,張治中と王世杰を西安に派遣し,林祖涵と協議させ,林祖涵5月11日署名文書,「[民国]33年[1944年]6月5日[国民政府]中央の中共問題についての政治解決提案」,6月4日付け「中国共産党中央委員会の中国国民党中央執行委員会に提出する当面の若干の緊急な問題を解決することに関する意見」から9月までの交渉経過の報告を行なった(『国参資料』198-214頁).

林祖涵署名文書(乙)(六)項にある辺区での紙幣製造問題については,1945年7月に延安を訪れた黄炎培の「延安5日記」によれば,「流通券」が使用されていた.

林祖涵報告(1944年9月15日)　林祖涵は同じく9月15日,第3期第3回大会で,多分,張治中報告のあとに「国共談判に関する報告」を行なった.以下は,その報告要旨である.

国民政府は張文白(治中)と王雪艇(世杰)を派遣し,中共は林祖涵を派遣して西安で談判を開始し,4カ月にわたって交渉が行なわれたが,合意は成立しなかった.

中共は,この談判で国民党に対し,全国的に民主政治を実行すること,三民主義・「抗戦建国綱領」・中共提出の「十大綱領」を実行することを要求した.第十八集団軍・新四軍は,山西・河北・チャハル・熱河・綏遠・遼寧・山東・河南・安徽・浙江・湖北・広東などの省の敵占領区で作戦しており,多くの偽組織を粉砕し,多くの抗戦政権を打ちたて,青天白日満地紅の国旗を敵後方にたなびかせており,正規軍は47万7500人になり,民兵220万人を組織した.われわれは,政府がわれわれに5個軍16個師の番号を与える

よう要求した．政府は，われわれの功績を認めて47個師とすべきである．西安談判のさい，われわれはとりあえず6個軍18個師編成を要求したが張治中・王世杰が受け入れがたいと表明したので，中共中央はまず5個軍16個師の番号を要求したにもかかわらず，政府は4個軍10個師を認めただけだった．政府提示案中の編余部隊の「期限を切っての解消」と編成ずみの部隊の「期限を切っての集中」は，抗戦の必要と敵後遊撃戦争の環境を無視したものである．

われわれは，敵後に15の抗日根拠地を打ちたて，人民は自分の政府を選挙し，8800万の人口を管轄しており，われわれは政府がこれらの抗日民主政権を承認し，管理・指導するよう希望した．党については，われわれは政府が中共および他党派に公開・合法の地位を与えるよう希望した．われわれは，政府が陝甘寧辺区政府に対する軍事封鎖を解除するよう希望した．人民の自由権に関しては，政府は自由を保障する規定を宣布しているが，共産党員ではなく政府に要請されて新四軍に行った葉挺，廖仲愷の息子の廖承志がまだ釈放されていない．

三民主義に照らして言えば，われわれは民族主義については，抗戦に努力しており，民権主義については，辺区と敵後各根拠地民選政府で実行しており，三・三制を実施し，自由権を保障している．民生主義は，陝甘寧辺区の軍隊と機関の生産運動で前年20万担の公糧を今年は16万担に削減し，7年来，「一切の国民党政権打倒の暴動政策と赤化運動を廃止し，暴力で地主の土地を没収する政策を停止」し，農民・地主関係では年貢等の納入，利子の支払いを保証すると共に減租減息を実施し，私人工業・合作社を発展させている．

次に国家・軍隊の統一問題について，中共は「ソヴェート政府を廃止し，民権政治を実行し，全国政権の統一を追求」しており，われわれは政府が陝甘寧辺区と敵後各抗日民選政府を地方政府と承認することを要求しているだけである．また，「紅軍の名義と番号を取り消し，国民革命軍に改編し，国民政府軍事委員会の統括を受け」るという点も，その通りにして久しい．し

かし，わが部隊は数年来，一発の弾丸も給与も支給されていないが，敵後戦争を堅持し，国民政府蒋介石委員長を擁護している．

さらに，張・王両氏は中共の立法・監察が独立していないと批判したが，司法面では人民の人権・財産権・地権は保障されている（『国参資料』189-194頁）．

林祖涵は，以上のように中共の主張を語ったのち，談判経過を述べた．

国民党十一中全会が，国共関係は「政治解決」方針をとると決定したので，談判継続を希望し，西安では張治中・王世杰と5回会談した．林祖涵は，1944年3月12日国父「誕生日」[29]に周恩来演説を基礎として談判することを提案したが，張・王両氏は賛成せず，軍事・辺区問題から話したいと提案した．林祖涵は同意し，中共軍を6個軍18個師とするよう主張したが，張治中・王世杰は多すぎると言って，4個軍12個師に同意しただけだった．重慶に来たのち，中共中央は「20項目の意見」を打電してきたので，張治中・王世杰に渡し，国民党中央に届けるよう頼むと，張・王両氏いくつかの条件が国民党の「罪状」を宣告しているのにほかならないとして受け取りを拒否した．林祖涵は，その旨，中共中央に伝えたところ，中共中央は20条を12条に改め，その他の8条を口頭要求に改めた．林祖涵は6月5日，張・王両氏に渡すと，張治中・王世杰は政府提示案を林祖涵に渡したが，中共中央の提案を届けることには同意しなかった．6月15日になってすでに政府に伝えたと返信してきたが，政府案は変更できないとし，談判は膠着した．

当時の国民党中央宣伝部長梁寒操は，外国の記者に談判は停頓しているが，中共は覚悟したほうがよいと語った．7月26日，梁部長はまた事実に合わない談話を英文で発表した．中共の周恩来は8月13日，談話を発表し，談判は結論を出せなかったと説明し，張治中・王世杰が延安に来て談判を続けるよう電報で要請しており，張治中・王世杰はこれは相談できると述べた．

林祖涵は，以上の経過を述べた上で，中共は政府が中共の要求を受け入れ，国民党がただちに一党統治の局面をやめることを希望する，と結んでいる（『国参資料』194-197頁）．

林祖涵報告について，少しコメントしておこう．

①国革軍編成内における中共軍の規模をどうするかは，両党間の激しい綱引きであった．中共軍の拡大は，抗日戦争の中国側の戦力増大であるという点からすれば，その編成や人数に枠をはめることは妥当性がないと考えられるが，国民党から見れば，中共軍の編成の拡大は支給する給与・食糧・武器等の支給量の増大となるという経済的負担の増大を意味したし，それよりも中共の勢力拡大を認めれば，抗日戦争終了後，その戦力は国民党に向かうであろうという不安を拡大するものであったのだろうし，中共側にとっては，戦後の対国民党関係においてより有利な軍事的政治的条件を確保したいという思惑があったものと想像される．

②また，すでに見たように1937年9月22日国民党中央通信社発表では，「中国共産党中央委員会は国共合作宣言を公布」し，「蔣介石は翌日，中共の合法的地位を承認」したはずであり，中共の国民参政会への参加も認められているが，1944年9月15日林祖涵報告では中共の合法的地位要求，被逮捕者の釈放要求が繰りかえされているのは，国民党側からの中共の合法的地位や自由権の約束が完全には実施されていなかったことを示すものと思われる．

③国民政府による辺区政府の統轄は，実施されたとは言えないようであり，国民革命軍の指揮への第十八集団軍の服従も満足には実行されていなかったところから両軍の摩擦・衝突が発生したものと思われる．また，「一発の弾丸も給与も支給されていない」という点は，「給与が増えていない」と述べていたことがあった点とは符合しない．

黄炎培は，張治中報告と林祖涵報告を比較し，林祖涵報告ははるかに「簡にして要を得ている」と評価している（黄炎培，『国参紀実続』563頁）．

第3期第3回大会での中共軍は「国民政府軍事委員会の統括」を受けているという林祖涵の発言については，1943年10月5日『解放日報』の，中共軍は「国民政府軍事委員会の統括を受けていない」という文面と一致しておらず，その場しのぎの弁明と見ざるを得ない．

中共，「政令・軍令」論（1944年9月15日）　　西村によれば，また，林伯

渠は 1944 年 9 月 15 日，参政会で，国民党の主張する「政令・軍令の統一」について，その政令は「人民の意思を代表する政令でなければならず」，軍令も「抗戦に有利なものでなければならない」と条件付けたと述べている (165 頁)．そうだとすれば，国民党の言う「政令・軍令の統一」とは「人民の意思」に合致しているのかという基準をもって対抗するに至ったということになるが，『国参資料』(189-197 頁) に見る限り，1944 年 9 月 15 日林伯渠発言には「政令・軍令」に関する表現は見あたらない．

「延安視察団」提案 (1944 年 9 月 15 日)　　国民参政会第 3 期第 3 回大会は，林祖涵と張治中の中共問題に関する報告を聴いたのち，主席団から「延安視察団」を派遣し，参政員冷遹・胡霖・王雲五・傅斯年・陶孟和の 5 名を団員として推薦するとの提案があり，出席参政員 140 名中，賛成 138 名で採択された．5 名は，いずれも教育界・出版界・新聞界で名声のある無党派である (『国参資料』188 頁，『国参紀実』1371 頁)．44・9・24『解放日報』によれば，王雲五・胡霖 (ともに無党派) の要求があって「延安視察団」結成が決議されたとしている (『国参資料』433 頁)．

蔣介石報告 (1944 年 9 月 16 日)　　蔣介石は 1944 年 9 月 16 日，第 3 期第 3 回大会報告で，中共問題は 1943 年 9 月の「政治問題は政治で解決するという方針」を確認し，「昨日」(15 日) の林祖涵参政員と張治中部長の報告に触れ，林祖涵発言の内容はともかく，「態度はよかった」と評価し，陝北辺区行政区域と組織・職権等の問題は林彪提案を完全に受け入れたので，残る問題は第十八集団軍問題であり，①規模については林彪要求の 12 個師を考慮してもよい，政府は軍政・軍令の統一を求めるだけだとし，②給与・武器については中央政府の編成に入ったのちの第十八集団軍の部隊は当然，国革軍と同じ待遇となり，食糧・給与・弾薬・医薬も問題はないが，実際に軍事委員会の移動・作戦命令に服従しなければならない，と述べた (『国参資料』215-216 頁，『国参紀実』1374-1375 頁)．

「蔣介石報告に関する決議」(1944 年 9 月 17 日)　　第 3 期第 3 回大会は 1944 年 9 月 17 日，次の「蔣介石報告に関する決議」を採択した．①中・米・

英・ソ国際関係を強化する，②軍隊の士官・兵士の生活を改良し，知識青年の従軍を提唱し，久しく整軍建国の要図をなす，③政府が憲政の実施を早め，本会の職権と定数を拡大することを決定し，訓政を終息させ憲政を実施する問題についてその期限を早めることを検討する準備をする，④蔣介石主席は「政治解決」の方式と寛大な態度で国家の真の統一と団結を求めることに決した．国家の真の統一と団結を促進する本会の基本的使命を早期に完成させることを決議した（『国参資料』217-218頁，『国参紀実』1372-1373頁）．

第3期第3回大会はまた，「中ソ合作強化」案を採択した．

銭端升ら，「言論の自由」要求（1944年9月）　銭端升らは1944年9月，「政府に政治を刷新し，民の願いを安んじ，国の基を打ちたてる案」を提案し，「一切の言論は自由に発表させ，検査を受けない」ようにすることを求めた（『国参紀実続』186-188頁．『国参紀実続』は提案日未記載）．

韓兆鶚ら，「人民の自由権」要求（1944年9月）　韓兆鶚らは1944年9月，「ただちに民主を実施し，抗戦必勝，建国必成を期する案」を提案し，①「人民に言論・出版・集会・結社および身体の自由を与える」こと，②「まず郷鎮保甲長の選挙権・罷免権を人民に交付し，人民の四権を使用し練習する機会を得させる」こと，③「中央および省市県各級の参政会」について「人民の公開選挙［権］を交付」することを求めた（『国参紀実続』189頁．『国参紀実続』は提案日未記載）．韓兆鶚らは，1945年7月にもこれと同様の提案を行なっている（『国参紀実続』197-198頁．『国参紀実続』は提案日未記載）．

第3期第3回大会駐会委員　1944年9月18日「国民参政会第3期3回大会休会期間駐会委員名簿」に，中共から董必武1名が入っている（『国参資料』78頁）．

4-7　第3期第3回大会後，第4期第1回大会まで（1944年9月～1945年7月）

中共六期七中全会，「中国解放区連合委員会」提起（1944年9月1日）
周恩来は1944年9月1日，国民党が「連合政府」を受け入れるかどうか不明であったため，中共六期七中全会でそれをにらんで地方自治政府としての

「解放委員会」（中国解放区連合委員会．略称，解連）の設置を提起した（鄧野 45 頁）．中共は，1944 年 9 月時点で，①「連合政府」案，軍事面では「連合統帥部」案と②「中国解放区連合委員会」案，軍事面では「解放軍」建設案を提起することになった（鄧野 46-47 頁）．

　毛沢東は 1944 年 10 月 7 日，中共六期七中全会で「今後の主要な発展方向は南方，江南・湖南・河南であり，同時に東北に注意し，ソ連が日本を攻撃するであろうことを考慮すべきである」と述べ（鄧野 222 頁），主として南方作戦を重視し，ソ連の東北出兵の可能性にも期待するという方向性を示していた．

　「中国民主政団同盟」，「中国民主同盟」に改組（1944 年 9 月 19 日）　　「中国民主政団同盟」は 1944 年 9 月 19 日，重慶で全国代表会議を開催し，団体会員制から個人加盟制の「中国民主同盟」に改組することを決定し，中央委員 36 名，中央常委 13 名を選出，張瀾を主席，左舜生を秘書長，章伯鈞を組織委員会主任，梁漱溟を国内関係委員会主任，張君勱を国際関係委員会主任に選出した．青年党は，民主同盟内の第 1 党となった（鄧野 37 頁）．鄧野によれば，民主同盟の「もっとも有名なスローガン」は，「政治の民主化，軍隊の国家化」であり，「前者は国民党に向けたものであり，後者は共産党に向けたもの」だったという（38 頁）．「政治の民主化，軍隊の国家化」は，蔣介石が 1946 年 1 月 10 日，政治協商会議で提起している．黄炎培は 1945 年 1 月 27 日，中国民主同盟メンバーであり，発起人であることを公表した（黄炎培，『国参紀実続』565 頁）．

　ＣＣ団，何応欽・孔祥熙攻撃　　国民党内のＣＣ団の黄宇人は，何応欽・孔祥熙に対する攻撃を展開した（44・9・24『解放日報』）．

　国共間力関係の変化（1944 年 10 月〜12 月）　　日本軍の一号作戦により，1944 年 11 月 10 日に桂林，12 日に柳州，12 月 2 日に貴州独山が陥落した．

　中共中央は 1944 年 12 月末の段階で，「最近 8 カ月で中国の政治情勢は大きな変化が起こった．国共の力量対比は，すでに過去長年の国強共弱から現在の国共ほぼ均衡に至った」（『中共中央文件選集』第 12 冊 656 頁）と述べ，周

恩来は中共は正規軍57万，民兵200万を擁し，「すでにほとんど国民党の現有部隊と等しい人数に達している」(1944年10月12日『解放日報』) と述べており，同様の認識を示している (いずれも鄧野50頁による).

1944年における周恩来の「国共均衡」論は，鄧野も言うように (108頁)，中共軍の力量の「過大評価」であることは明らかだが，日本軍の一号作戦によって国革軍が重大な打撃を受け，国革軍の弱体化と中共軍の力量増大によって国共間に力関係の変化が生じたことはまちがいなく，中共はそれに基づいて戦略戦術の調整を行ない，従来よりも強硬な姿勢に転換してゆく.

毛沢東は同年12月8日，「共産党の軍隊が全国軍事委員会による改編に服従しなければならないというのは，われわれの軍隊を完全に委員長の統制下に置くということを意味している」と述べ (鄧野76頁)，1937年9月の中共「四項目約束」の第四項を否定する立場を示し，「中共は解放区連合委員会という『独立政府』を打ちたてるだろう」と表明している (鄧野77頁).

憲政実施協進会 (1944年12月26日)　憲政実施協進会第1組は1944年12月26日，憲草検討意見を討論し，あと処理方法について意見を募った．出席者は，孫哲生・林彬・孔庚・黄炎培だけで，正式には開会できなかった．黄炎培によれば，国民党は某月某日までに訓政を終息させ，それ以後は各党による共同訓政とし，国防最高委員会を開放し，各党に参加させるが，孫哲生 [孫科] は，①三民主義に服従すること，②蔣介石委員長を擁護すること，③国民党が多数党であることを承認し，すべては改組後の国防最高委員会によって解決すること，内政が合作できれば，その後，外交を調整し，中ソ関係の難局の打開から着手する，という3点を主張し，皆はこれに賛成した，という (黄炎培，『国参紀実続』565頁).

孫科発言で従来の国民党の主張と違うところは，国民党訓政から憲政への移行の間に「各党による訓政」という段階を入れ，中共・アメリカの「連合政府」要求に対応しようとしたことである．

「党派会議」構想 (1945年1月)　国共間では1945年1月，「党派会議」の開催が検討された (鄧野87-89頁). これが，1945年10月の重慶談判にお

ける政治協商会議のプログラムにつながり，1946年1月，政治協商会議が開催されることになる．

ヤルタ会談（1945年2月4日～11日）　米・英・ソは1945年2月4日～11日，ヤルタ会談を開催し，①ソ連の対日参戦を決定し，②モンゴル人民共和国の現状を維持すること，③ロシア帝国の権利を回復すること，すなわち中華民国に関しては，大連を国際商業港とし，ソ連が優越権を有する，旅順をソ連が租借する海軍基地とする，中東鉄路および大連に通じる南満鉄路を中ソ両国合弁の会社が経営し，ソ連が優越権を有する，などを承認した（鄧野120頁）．

憲政実施協進会（1945年2月～3月）　憲政実施協進会第1組は1945年2月20日，会議を開き，孫科を主席とし，各方面の憲草に対する意見を検討した．その内容は，①三民主義共和国は草案原文による，②領土は概括式記述に改める，③国都は削除する，④法律によらないという表現は草案原文通りとする，⑤国民大会代表は職業代表を補う，⑥県市の各代表は1名とするのは草案原文通りとする，であった（黄炎培，『国参紀実続』566頁）．

憲政実施協進会常務会員全体会が1945年3月1日，開催され，蔣介石会長が出席し，黄炎培があいさつし，国共問題協議の経過を述べた（黄炎培，『国参紀実続』566頁）．

蔣介石主席は1945年3月，憲政実施協進会で本年11月12日に国民大会を招集すると提案し，さらに本年5月，国民党第六次全国代表大会（六全大会）はこの指示に基づいて決議を行なったが，国民党はこれまでに何度も国民大会の開催期日を決めてきた，現在の状況・条件のもとで期日通りに国民大会を招集するなら，少なからぬ人々が賛成できないのは事実であり，救いがたい亀裂を生じてしまうだろう．民国34年に憲法が実行できなかったのは，全国が真に団結できなかったからだ．そこで，①政府による各党の合法的地位の承認，②人民の身体・言論・出版・集会・結社の基本的自由の尊重，③国民政府が全国各党派および無党派人士からなる「政治会議」を速やかに招集し，政府改組を含むすべての重大問題を解決し，改めて国民大会招集の

時期と具体的方法を定める，という3つの民主的な措置をとるべきだ，と発言した．

　左舜生（青年党）らは，主席団が小組会議を招集して検討することに反対しないが，どうしても国民大会を期日通りに開くというならわれわれは別の行動を選択し，別の最終声明を行なうと述べた．

　これまで国民党に憲政への早期移行を要求してきた中共・民主諸党派は，国民大会の延期要求に転換した．左舜生らの理由は，中共が参加しない中でこのまま開催すれば分裂するということであり，なぜ予定通り開催すべきではないのかというそれ以外の理由を語っていないが，その次に述べていることは民主的措置の実施（普通選挙）を制憲国民大会の前提とするという要求であり，それは国民党の訓政・憲政移行プログラムの否定であった．

ソ連，日ソ中立条約不延長声明（1945年4月5日）　1945年4月5日，ソ連は日ソ中立条約を延長しないと声明した．これによって，ドイツの降伏後，ソ連が対日参戦することは明らかとなり，国共両党ともそれを計算に入れた上で対日戦争を進め，国共関係を調整してゆくこととなった．アメリカ大統領ローズベルトは1945年4月，日米太平洋戦争の勝利を目前にして病死し，トルーマンがあとを継いだ（在任1945〜53）．同年5月7日，ドイツは連合国に降伏した．

中共七全大会（1945年4月〜6月）・**毛沢東「連合政府論」**（1945年4月）

　中共は1945年4月23日〜6月11日，七全大会を開催し，毛沢東は4月24日，「連合政府論」を発表し，「労働者階級が指導する統一戦線の民主連合の国家制度を打ちたてる」と述べ，階級革命論を正面に打ち出した．国民党の陳布雷は5月31日，毛沢東の「連合政府論」を読んだあと，「2文字，つまり『内戦』があるだけだ」と受け取り，国民党内には緊張が走ったという．「連合政府論」中の「今年は反攻の時期」という言葉は「国共両党の正式戦争の勃発」と受け取り，国民党は中共が内戦に訴えるであろうことを予期し，「連合政府とは国民政府を瓦解させる手段」と受け取ったのであった（鄧野128-129頁）．毛沢東は，「連合」とは国民党と中共の連合ではなく，「労働者

階級の指揮する統一戦線の民主的同盟の国家制度を樹立」するのだと述べていたのである（斎藤2010，346頁）．

毛沢東は5月31日，七全大会で「もしも東北がわれわれの指導下に入るなら，それは中国革命にとっていかなる意義があるだろうか？　わたしは，こう言うことができると思う．われわれの勝利は，基礎ができる，と．またわれわれの勝利が確定したということである」と述べ，ソ連の出兵によって中共が満州／東北を掌握でき，それが中国革命（中共革命）の勝利を保障するものとなるという期待と見通しを述べている（鄧野223頁）．

国民党六全大会（1945年5月5日〜21日）　国民党六全大会は1945年5月，日中戦争最終盤にあたり，「中共問題に関する決議」を行ない，中共は1937年9月，「四項目約束」を行なったにもかかわらず，「武装割拠の局面を堅持し，中央の軍令・政令を守らず」に来ているものの，「国民大会が近く開催され，本党［国民党］は憲政実施協進会を実施し，政権を民に返すという当初の願いがまもなく実現できる」ときにあたり，「政治解決の道を探求し」，「すべての問題は平和的会談で解決」することを希望する，と表明した（『国参紀実』1427頁）．

国民党六全大会は1945年5月21日，「本年11月12日」に国民大会を招集すると決定した（栄孟源（下）912頁）．

国民党六全大会は5月18日，「憲政実現を促進する各種の必要な措置案」を採択し，3カ月以内に軍隊中の党部を廃止し，各級学校には党部を設けず，三民主義青年団は政府の指導のもとに置くよう改める，とした（栄孟源（下）932頁）．

蔣介石は5月14日，総理記念週で，中共は「連合政府」を唱え，「民族解放委員会」を招集しようとしているが，「連合政府」とは「わが国民政府を滅ぼす毒計である」と述べた（鄧野97-98頁）．これは，毛沢東の「連合政府論」から見れば，それなりに正確な認識であった．

中共，参政会出席拒否表明・「内戦」警告（1945年6月16日）　中共中央は1945年6月16日，第4期国民参政会に参加しないとして，次の理由を述

べた.

「(一) 昨年9月以来,中共と中国民主同盟およびその他の広範な民主人士は,一致して国民党政府に速やかに一党専政を廃止し,各党派および無党派の代表者会議を招集し,民主的臨時的連合政府を樹立し,民主綱領を発布し,民主改革を実現し,もって中国人民の抗日力量を動員し統一し,同盟国が日本侵略者に戦勝することに力強く呼応できるようにし,さらにこの連合政府が民主原則に依拠し,すべての国土が解放されたのち,自由で拘束のない人民選挙を実行し,国民代表大会を招集し,憲法を制定し,正式政府を選挙するよう要求した.

しかし,中共代表と国民党政府代表の何度かにわたる談判ののち,国民党政府代表によって拒否された.団結を回復し,連合政府を樹立するいくつかの最低限の条件は,例えば人民の自由を鎮圧する法令を廃止し,特務を廃止し,逮捕された共産党員とすべての愛国分子を釈放し,中共とその他の民主党派の合法的地位を承認し,中国解放区を承認し,中国解放区を包囲し進攻している軍隊を撤退させることなどだが,1つも実行しようとせず,団結を破壊し抗戦を破壊する反動的措置をますます強めている.

(二) 今回の国民参政会は,国民党政府当局は事前に中共ともその他の民主党派とも相談せず,以前の国民参政会と同じように完全に国民党の一手請け負いである.国民党の法令では,中共とその他の民主党派は今に至るも合法的地位がない.中共参政員は,国民党の指名で,中共が自分で選んだのではない.中共が指導する抗日力量は,民族の敵に勝利し,中国人民を解放する中心的力量である.

(三) 国民党第六次全国大会は,今年11月12日に国民党一手請け負いで,内戦を準備する国民大会を招集することを決定した.もしこのようにするなら,反民族反人民反民主の大規模な内戦が爆発するだろう.

以上の理由により,中共は不参加を決定し,抗議するものである.」(以

上，要旨．『国参資料』219-220 頁，『国参紀実』1428-1429 頁).

　中共のこの選択は，明確にこれまでとは態度を変更し，要求をエスカレートさせている．(一)は，①訓政の即時廃止を要求し，②連合政府を樹立し，③しかるのちに普通選挙によって国民大会を開催することを憲法制定の条件とし，この要求を国民党が呑むことが国民参政会への中共参加の条件としており，国民党の訓政から憲政への移行プログラムを認めず，訓政の即時廃止を要求し，そうしなければ参政会をボイコットすると言っているのである．(二)は，これまでのような事前相談なしではだめだと言い，今まで不満を言わなかった国民党による参政会中共代表の選任に不満を表明し，「中共が指導する抗日力量」は民族の敵に勝利し，中国人民を解放する中心的力量であると自己規定している．(三)では，1945年11月国民大会開催に反対し，11月国民大会開催は「内戦を準備」するものだと決めつけている点も注目される．

　中共が1945年7月の国民参政会への参加を拒否したのは，太平洋戦争・東南アジア戦争における日本の敗色が決定的になっていた条件のもとでの選択であり，この態度の変更は中共の軍事的成長・変化を反映して，要求水準を引き上げたものであることは疑問の余地がない．また，「内戦を準備する国民大会」という決めつけは，蔣介石・国民党の言論と中共のこうした批判との比較から見た場合，説得力に欠け，国民党との武装闘争に訴えるとの中共の意思を隠蔽し，責任を転嫁するためのプロパガンダと見える．

　中共七期一中全会，国民大会拒否（1945年6月19日）　　毛沢東は1945年6月19日，中共七期一中全会で国民大会への参加を拒否すると述べ，七期一中全会は「中国解放区人民代表会議の招集およびその準備事項に関する決議」を採択し，7月13日，「中国解放区人民代表会議準備委員会」を設立した（鄧野108-109頁).

　これは，中共が国民党の「訓政」から「憲政」への移行プログラムを正面から否定し，国民大会に対して「中国解放区人民代表会議」を対置したもの

であった.「解放区人民代表会議」が開催されれば, 鄧野も言うように, 国民党主導の「立憲政府」に対抗して中共主導の「新民主主義政府」を樹立することを意味した（鄧野110-111頁）. こうして, 抗日戦争の終結を目前にして, 中共の国民党政権打倒という戦略目標はますます明確に押し出されるに至った. しかし, そのもくろみは, 1945年8月下旬, 日中戦争の戦後処理をめぐる国際的条件を中共が認識することによって修正せざるを得なくなる.

中ソ交渉（1945年6月30日～8月15日）　中華民国国民政府代表団は1945年6月30日, モスクワを訪問し, 中ソ関係についての交渉が行なわれ, 中ソ友好同盟条約の締結に至る. 蒋介石は7月17日, ペトロフと会談し, モンゴル独立に反対した（鄧野143頁）.

6参政員, 延安訪問（1945年7月1日～5日）　一方, 7参政員（褚輔成・黄炎培・冷遹・王雲五・傅斯年・左舜生・章伯鈞）は「巳冬」（6月2日）, 毛沢東・周恩来あてに中共の参政会不参加について「焦慮」していると打電した. 毛沢東・周恩来は「巳巧」（6月26日）, 7参政員に返電し,「国民党当局は, 党派会議を拒否し, 期日通りに一党請け負いの国民大会を招集し, 分裂を製造し, 内戦を準備」している, あなた方は当局に「一党専政を放棄し, 党派会議を開き, 連合政府樹立の協議をし, ただちにもっとも切実な民主改革を実行するよう」呼びかけているので, 是非, 延安にお出でいただきご相談したい, と誘った（45・6・30『解放日報』. 『国参資料』452頁による）. 病気の王雲五を除く6参政員は誘いに応じ, 7月1日, 重慶・九竜坡空港から空路, 延安を訪問し（45・7・3『解放日報』）, 中共と6参政員は7月4日, ①国民大会の進行を停止する, ②速やかに政治会議を招集することで合意した. 中共はさらに, ①政治会議は国民党・中共・民主同盟が各3分の1ずつで構成する, ②政治会議は公開・平等・自由・一致・有権とする, ③政治会議は, イ. 民主改革の緊急措置, ロ. 一党専政の終結と民主的連合政府の樹立, ハ. 民主施政綱領, ニ. 将来の国民大会の招集を討議する, などを提案した（『国参資料』460-461頁, 『国参紀実』1430-1441頁）.

5．国民参政会第4期
（1945年7月7日～1948年3月28日）

5-1　国民参政会第4期第1回大会（1945年7月7日～20日）

　国民参政会第4期第1回大会は，盧溝橋事件8周年記念日の1945年7月7日，重慶国民政府軍事委員会講堂で開催された．会期は14日間であった．第4期参政員定数は290名で，第1回大会初日には参政員および来賓計900名が参加した．第4期第1回大会では，465件（469件とするものあり）の提案があった（『国参紀実』1455-1457頁）．

　一部国民党員，中共・民主諸党派に反発（1945年7月14日）　周・周・劉によれば，国民党員たち多数は7月14日，国民大会問題討論のさい，中共・中間派を「侮辱」し，「ある者は，『各位（中間党派領袖）がもう共産党と結託しないように忠告する』と言い，ある者は主席団が黄炎培らを除名するよう要求し，さらに「『国民大会を開かなくても分裂し，開いても分裂する．いまはにせ和平・にせ妥協にすぎず，開かなければ表面化しないだけだ』，それゆえ『開かなければダメだ』と主張し，ある者は『にせ憲政だって訓政よりはよい』と言い，国民党参政員孔庚・李鴻文らはそれぞれ『期日通りに国民大会を招集する』提案をし，それらの言葉には分裂・内戦を厭わぬ殺気がみなぎっていた」としている（『国参紀実続』51頁）．

　周・周・劉は，中華人民共和国成立後，「国民参政会」についての研究は「左傾思想」の影響により，「停滞状態に陥っていた」と批判しているものの（『国参紀実続』8頁），彼らも中共史観の大枠からは自由ではないようである．この文では，何を指して「内戦を厭わぬ殺気がみなぎっていた」と評しているのか不明である．ここでの叙述は，断片的な発言紹介なので全体像は不明であるが，一部国民党員が国民大会問題の討論のさい，中共・民主諸党派の発言に反発を強めるという事態が生じていたと見られる．

黄炎培・冷遹・江恒源，国民大会問題討論不参加表明（1945年7月14日）
『国参資料』は，黄炎培・冷遹・江恒源の3参政員が中共の第4期第1回大会不参加表明に続いて，7月14日，「国民大会を倉卒に招集し，憲法を制定」することに反対し，国民大会問題についての討論には参加しないことを表明した，と記述している（『国参資料』221頁，『国参紀実』1465-1466頁）．

周・周・劉は，黄炎培・冷遹・江恒源が「各方面の意見がまだまとまらない状況のもとで国民大会を招集すれば，『のちの憂いはひどいものとなろう』，それゆえ討論に参加しないことにした，と公開で声明した」と記述している（『国参紀実続』51頁）．

左舜生ら7参政員，国民大会に関する提案（1945年7月14日）　左舜生・何魯之・陳啓天・余家菊・常乃惪・鄭振文・周謙冲ら7参政員は7月14日，次のようにまず民主的措置を実行し，国民大会の招集は急がないことを提案した（『国参資料』223-226頁，『国参紀実』1469-1471頁，1472-1474頁）．

邵従恩（『国参紀実』1475-1477頁）・王又庸（『国参紀実』1478-1479頁）らも，同様の提案を行ない，一方，李鴻文らは11月12日に国民大会を開催するよう提案した（『国参紀実』1480-1481頁）．

周・周・劉によれば，左舜生・邵従恩・王又庸らがそれぞれ国民大会の延期を提案したが，左舜生案と邵従恩案は国民大会招集以前に「政治会議」を開催することを要求した．国民党員でさえも少数ながら国民党中央に賛成しない意見があった．銭端升（国民党）・周炳琳（国民党）は国民大会の期日・職権よりも普通選挙の実施，人民の身体・言論・政治的自由の保障が重要と見なした，という（『国参紀実続』51頁）．

以上から見ると，民主諸党派は中共が国民大会の開催に反対しているという状況を考慮して国民大会の開催，憲法の制定についての討論への不参加を表明したり，延期を主張したりしたものと見られる．

銭端昇・周炳琳の国民大会についての声明（1945年7月18日）　銭端昇・周炳琳は1945年7月18日，第4期第1回大会で国民大会について次の3点にわたる意見を発表した．①国民大会招集時期は次要の問題であり，最初

の国民大会の職権が制憲であるか，行憲を兼ねるかも次要の問題で，主要な点はその代表の人選は普通選挙で行なうということだ．普通選挙実施以前に国民大会を招集しなければならないのなら，協議を行なう必要がある，②協議は，一切の政治的対立について協議する権限を持った政治委員会を設置する方式を採用するのがよい，③国民大会がいつ招集されようが，いかに招集されようが，政府は人民の身体の自由，言論の自由および政治結社の自由を保障すべきだ（『国参資料』227頁，『国参紀実』1482頁）．

第4期第1回大会の国民大会に関する決議（1945年7月19日）　第4期第1回大会は7月19日，審査会提案の国民大会に関する次の決議を採択した．

　　本審査会は，国民大会に関する24件の提案を検討し，次の4点の決議を大会に提案する．

　（一）　国民大会の期日に関して，本会同人の意見は一致しなかったので，具体的建議はせず，政府が状況を斟酌し決定されたい．

　（二）　国民大会代表問題に関して，政府が本会各参政員の提案を参照し，法律と事実を衡量し，措置を決定し，国民大会が完全な代表性を備えるようにされたい．

　（三）　憲法制定時は，速やかに実施し，政府の政［権］を民に返す旨を速やかに実現できるようにされたい．

　（四）　国民大会招集以前に，政府は速やかに次の各種の措置をとられたい．

　(1)　引き続き可能な政治的段取りと協調の精神に立ち，全国の統一・団結を追求する．本会同人は，中共側にも統一・団結の重要性を深く体し，政府が今後とる政治的段取りをその予期した効果があげられるようにされるよう望む．

　(2)　人民の身体・言論・出版および集会の合法的自由を保障する．

　(3)　各政治党派に対して，法に基づき承認を与える．

　(4)　期限を切って後方の各省各級民選機関の設置を完成させ，地方自

治の基礎を樹立する．

（本会同人は，各提案および本審査会各審査委員が提出した意見を本決議案とともに政府に送る．）(『国参資料』228-229 頁,『国参紀実』1483-1484 頁).

黄炎培によれば，7 月 19 日，黄炎培・胡健中・左舜生・傅斯年・徐炳昶・呉望伋が次々に登壇して国民大会の招集以前に速やかに可能な政治的段取りをつけ，協調精神を発揮して全国の統一と団結をかちとるべきとの提案を説明し，出席者 196 名中，187 名の圧倒的多数で決定されたという（『国参資料』228-229 頁，黄炎培「思い出に耐えない参政会」，『国参紀実続』589 頁）．

国民参政会第 4 期第 1 回大会は，国民大会についての対立を決着させず，下駄を国民政府に預けたのだった．

第 4 期第 1 回大会駐会委員　　1945 年 7 月 20 日「国民参政会第 4 期第 1 回大会休会期間駐会委員名簿」によれば，中共から董必武 1 名が入っており（『国参資料』85 頁,『国参紀実』1464 頁），国民党は決裂を望んでいないという態度が表明された．

5-2　第 4 期第 1 回大会後，第 4 期第 2 回大会まで（1945 年 7 月～1946 年 3 月）

中共の「内戦の危険」論（1945 年 7 月 22 日）　　しかし，第 4 期第 1 回大会が閉会した直後に発表された「新華社記者，時局を論ず」(1945 年 7 月 22 日) は，1945 年 7 月と言えば日中戦争の終結はもう時間の問題ではあったが，まだ終結していないのに，「内戦の危険は，空前に厳しい」と称し，「ハーレイ――蔣介石政策は内戦のへりにまで推し進めた」，「ハーレイの激励のもとで，蔣介石は 1 月 1 日と 3 月 1 日に実質的に内戦を準備する計画を宣布した．この計画は，国民大会を招集して『政[権]を民に返す』という形式をとっている」，「ハーレイ――蔣介石のこの反動的計画に対して，中共は始めから断乎反対の立場をとっており，その他の民主党派も，国民党民主派も含めて反対の態度をとっている」，国民大会開催時期の問題は「反動派から見れば」

「独裁と内戦の問題」であり,「11月12日に国民大会を開催するというこの人民を威嚇する」日程を決めなかったが,その決定権は「独裁者の手中に握られている」,「7月19日の参政会決議は,独裁者が今年国民大会を開いて『政〔権〕を民に返す』という反動的計画に賛成しなかった」,「現在の国民政府独裁政府が招集するいかなる『国民』大会にも,われわれは反対する」,「いわゆる『法律』は連合政府によって改めて制定されるべきだ.国民党独裁政府が制定したいかなる反動的代表選挙法にも,国民大会組織法等々にも,われわれは反対する.『事実』とは,10年前のいわゆる国民大会代表は国民党によって一手に偽造されたものであり,すべてそれを否定しなければならない.敵が完全に消滅されず,国土が完全に解放されず,人民に完全な自由がない全期間においては,国民大会代表の選挙をやることは許さない」,「旧代表をすべて否定」すべきだ,①「解放区を拡大し,被占領区を縮小し,内戦を制止する」,②国民党統治地区の人民が内戦に反対する,③米・英・ソ3国が内戦に反対する,という3点が中国の政治状況を変えることができると新華社記者は考える,と述べた(45・7・23『解放日報』.『国参資料』444-448頁による).

『国参資料』(『国民参政会資料』)が収録している資料は,以上までである.

日中戦争終結直前という時期に,「国民政府打倒」という中共の意思が明確に示されたわけである.ここでの「『法律』否定」論,「『事実』否定」論,「国民大会旧代表否定」論は,1946年1月政治協商会議における議論に引き継がれる.新華社記者の議論では,「内戦を阻止」できるのは,具体的には「解放区の拡大」なのであり,国民党が中共の要求に従わなければ内戦を起こすという意思表示にほかならないだろう.それは,中共が国内外の和平要求・和平願望を力ずくで押し切る決断を下したことを意味した.1945年1月1日と3月1日の蔣介石発言の中に「内戦を準備する計画」をうかがわせる内容は存在しない.

米ソの対日戦と日本の降伏(1945年8月)　アメリカは8月6日,広島に原爆を投下し,ソ連は8月8日,日本に宣戦布告し,9日,満州への侵攻を

開始し，アメリカは同日，長崎に原爆を投下した．日本は8月10日，連合国に降伏の意思表示をし，8月14日，降伏を正式通告した．モスクワで中ソ交渉に参加していた王世杰は8月10日，中華民国大使館でロンドンBBCの放送を聴き，日本が降伏することを知ったという（鄧野149頁）．

　鄧野は，蒋介石が8月15日，日本人に対して「以徳報怨」で対するよう呼びかけたのは蒋介石が「旧悪を思わなかった」からではなく，中国戦場に存在した日本軍は「太平洋戦場，満州戦場」とは違って，重大な打撃は受けておらず，「もし過酷な投降条件を出せば，日本軍の抵抗を招く可能性があった」からだと指摘している（170-171頁）．「以徳報怨」という発言があったかどうかは別として[30]，リアルな認識である．

中ソ友好同盟条約（1945年8月15日）　　中華民国代表王世杰とソ連代表モロトフは8月15日朝6時，中ソ友好同盟条約を締結し，8月14日の日付で締結したと発表した（鄧野152頁）．鄧野は，同条約が「対日作戦という名目のもとに制定されたので，日本は8月15日に降伏を宣言しているので，条約が15日署名では対日作戦の根拠が失われる」ことが理由だったと説明しているが（152頁），日本が連合国に降伏を正式に通知したのは8月14日であった（斎藤2010，306頁）．

　中ソ友好同盟条約全文が公表されたのは，8月27日であった（鄧野189頁）．

中共の戦術転換／「連合政府」放棄　　日本の降伏は，連合軍に対して行なわれたのであり，中共は日本の降伏の対象ではなかった．連合軍の方針も，中国戦場における日本軍の降伏とは「連合軍中国戦区統帥蒋介石」に対して行なわれるべきものであった．これに対して，中共は少なくとも8月10日以降，国民党と争い，①日本軍の投降を受理し，②日本軍を武装解除し，③日本軍占領地を接収し，④日本を処罰する方針を協議する国際会議への出席権があることを主張していた．

　鄧野は，毛沢東が8月21日頃，この連合軍の方針に気づき，方針転換をはかっていった，と見る（鄧野182頁）．中共は，中ソ友好同盟条約が締結された条件のもとでは，ソ連の中共支援が制約されるという点も考慮せざるを

得なかった．ソ連は8月22日,「中国は内戦をしてはならない」,「毛沢東は重慶に行って会談をすべきである」という趣旨の電報を打ち,この電報に毛沢東は不快感を示したという（鄧野186頁）．

鄧野によれば,延安は日本の降伏意思を知った8月10日には中共華中局・新四軍に対し上海・南京の奪取を指示し,華中局は8月19日,上海起義の計画を報告し,毛沢東は8月20日,「あなた方の上海起義を発動する方針は,完全に正しい」（177-178頁）と述べていたが,8月21日,華中局に急遽上海起義停止命令を行ない,「浙江東部の主力が上海に行けば殲滅される危険がある」との判断を示して方針を転換した．毛沢東は,蔣介石が上海を支配する状況で上海起義を行なえば,それは「反蔣起義」となり,「反蔣起義はかならずや日本軍に鎮圧されるであろう」と考えたからだという（182頁）．毛沢東は8月23日,中共中央政治局会議で,「われわれは現在」「フランスの道,すなわちブルジョアジーが指導し,プロレタリアートが参加する政府という道を歩まなければならない」と述べたという（184頁）．しかし,この毛沢東発言がただちに国民党政権打倒方針の放棄を意味するとは到底考えられない．

日本の降伏という局面を迎え,中共は1937年9月の「国革軍に服従」する方針を180度転換し,国民党・国民政府・国革軍と争って日本軍占領地を獲得し,日本軍の武器弾薬を接収することをめざし,国民党政権を打倒する戦略的目標を正面に打ち出していたが,8月下旬,再び国民党・国民政府・国革軍の国際的正統性を認めざるを得ず,中共軍は国革軍の命令に服従することを確認し,中共主導の「連合政府」樹立方針を引き下げ,国民党主導の「政府への参加」の方針に戦術転換した（西村203-204頁；鄧野186頁）．鄧野は,連合政府の放棄は「数カ月前の中共七全大会が制定した連合政府という政治路線」が「重大な政治的挫折に遭遇した」ことになるとの見解を示している（186頁）．

だからと言って,少なくともこの時点で毛沢東が国民党指導下の憲政移行への参加を考えていたと見なすことは不可能である．中共は武力で国革軍と

争う方針を放棄したわけではなく，対国民党の軍事行動は推進していったが，同時に国民党との交渉も放棄せず，交渉目標自体は「政府への参加」に戦術を引き下げたということであった．

重慶談判（1945年8月29日～10月10日）　国民政府と中共は重慶で，1945年8月29日から10月10日まで協議を行ない，10月10日，「政府と中共代表の会談紀要」（双十協定）を発表した（西村190-215頁；鄧野189-219頁；斎藤2010，313-316頁参照）．

この会談をめぐって，ハーレイは蔣介石に中共軍を20個師にすることに同意するよう要求し，毛沢東は中共軍20個師案についてはおおむね受け入れたが，解放区問題については譲歩しなかった（鄧野206頁）．中共にとっては，中共軍の編成を何師にするかということと中共が中共軍を掌握するという独立性の確保とは異なる問題であり，編成問題は譲歩できたが，解放区の合法性と独立性は絶対に譲れなかったということである．

周恩来は，9月27日の会談で「当面，現状を維持し，解放区問題は政治会議に委ねる」よう提案した．政治会議とは，1946年1月に開かれることになる政治協商会議のことである．張群は，「解放区各県」を「省政府は承認し，同時に県政府は省政府を承認する」という玉虫色の妥協案を示した．「解放区各県」は中共政権であり，「省政府」とは国民党政権であり，それは解放区の合法性と事実上の独立性を承認することを意味した（鄧野206頁）．

1945年10月8日，毛沢東は張治中が催した招待会で「新中国万歳！」「蔣委員長万歳！」と叫び，10月10日，国共双方の代表は「政府と中共代表の会談紀要」に署名した（鄧野213-214頁）．

民主同盟の一部の人間は，この談判に臨む中共の姿勢に不満を示した．それは，①中共が「連合政府」を提起せず，交渉事項を「解放区と軍隊の人数」にしぼっていたことと，②民主同盟が談判から排除されていたという点であった（鄧野207頁）．10月19日，民主同盟は「全国臨時大会宣言」を発表し，「民主連合政府は当面する国家の平和・統一・団結の唯一の道である」と表明したが，鄧野は中共がすでに「連合政府」を取り下げたあとのこの宣言は，

民主同盟の「非妥協的姿勢を示すものだった」(216 頁) と述べている. この時期, 民主同盟と中共の間には不一致が生じていた.

中共, 満州拠点戦略 (1945 年 9 月 19 日)　中共は, 1944 年 8 月以来の南方発展戦略を 1945 年 9 月 19 日に変更し,「北に発展し, 南を防御する」戦略を決定した. つまり, ソ連軍支配下の満州／東北に中共軍の戦略的拠点を移すという革命戦略が決定されたである. これに伴い, 8 月 10 日, 日本軍降伏情報把握以来の中共軍による, 国革軍の北上と満州進入阻止のための交通網の切断作戦, 鉄道・道路破壊, および中ソ友好同盟条約に基づくソ連軍からの満州引き渡しの受理をめざす北上国革軍に対する襲撃が強化されていった (鄧野 230-248 頁；斎藤 2010, 321-345 頁参照).

ハーレイからマーシャルへ (1945 年 9 月 22 日)　アメリカ駐中国大使ハーレイは 1945 年 9 月 22 日, 中共の満州拠点戦略決定とほぼ時を同じくして, 重慶談判半ばであったが重慶を離れ, 帰国して重慶談判の報告を行ない, 同年 11 月 26 日, アメリカで駐中国大使を辞任した. 大統領トルーマンは翌 27 日, これを受理し, 同日, マーシャルを中国赴任特使に任命した. アメリカの対中国政策の責任者は, 1945 年 11 月下旬, ハーレイからマーシャルに交代したのだった.

第 4 期第 1 回大会駐会委員会 (1945 年 8 月～12 月)　国民参政会第 4 期第 1 回大会駐会委員会は 1945 年 8 月 17 日, 兵士の復員問題を討論し, 黄炎培・奚玉書・冷遹提案の「参政員は政府の復員工作に協助する案」が決定された (黄炎培,『国参紀実続』574 頁).

駐会委員会は 1945 年 8 月 24 日, 軍事委員会で開催され, 王雪艇 (世杰) 外交部長が中ソ友好同盟条約締結の経過と意義を報告した. 黄炎培は, 同条約について, ①日本の再侵略を防止する点で有益, ②旅順口の軍事施設がソ連に帰属し, 行政権のみ中国に帰属し, 軍事委員会の構成がソ連 3 名, 中国 2 名であるのは問題である, ③外モンゴル独立に反対ではないが, なぜ中ソ条約に入れるのか疑問, ④同条約は大いに宣伝すべし, と発言した (黄炎培,『国参紀実続』575 頁).

駐会委員会は 1945 年 9 月 19 日，開催され，善後救済総署署長蔣廷黻が報告し，黄炎培は黄河治水問題を提起した．会議は，内モンゴルの徳王（デムチュクドンロプ）逮捕要請案を決定し，漢奸新条例草案を討論し，黄炎培も研究員 5 名の 1 人に推された（黄炎培，『国参紀実続』575 頁）．

駐会委員会は 1945 年 10 月 26 日，開催され，兪鴻鈞財政部長が財政状況を報告した（黄炎培，『国参紀実続』576 頁）．

駐会委員会は 1945 年 11 月 23 日，開催され，陳誠軍政部長が報告した（黄炎培，『国参紀実続』576 頁）．

第 11 回駐会委員会は 1945 年 12 月 7 日，開催され，外交部長王世杰が報告した（黄炎培，『国参紀実続』576 頁）．

東北行営設置・移転・復帰（1945 年 8 月／11 月／12 月）　国民政府は 1945 年 8 月 31 日，東北地区の回収をめざし，ソ連との協議を経て，東北行営を長春に設置したが，中共軍の東北進入という状況に対応し，同年 11 月 15 日，長春から山海関に移転させることにした．これは，中共軍の東北進入を容認したソ連への抗議を意味した（鄧野 252-266 頁）．ソ連はその後，中ソ友好同盟条約を順守すると表明し，中共軍の東北大都市掌握を認めないと表明したので，国民政府は同年 12 月 4 日，東北行営を山海関から長春にもどした．

中国民主同盟臨時全国大会（1945 年 10 月 1 日〜12 日）　中国民主同盟は 1945 年 10 月 1 日〜12 日，臨時全国大会を開催した．

中共，華北・東北自治目標（1945 年 10 月 28 日）　毛沢東は，重慶から延安にもどったあと，10 月 28 日，「わが党は全力を動員し，東北を押さえ，華北・華中を防衛し，6 カ月以内にその［国民党の］進攻を粉砕し，しかるのち蔣介石と談判し，彼に華北・東北の自治的地位を承認させる」と述べた（鄧野 221-222 頁）．

昆明事件（1945 年 12 月 1 日）　許徳珩らは 1945 年 12 月 7 日，駐会委員会第 11 回会議で，昆明の学生が 11 月 25 日，国事に関心を持ち集会を開いたところ，軍警の干渉を受けたため，ストライキが起こり，12 月 1 日，流血

の惨案［事件］が発生し，数名が死亡し，数十名が負傷した，と述べ，「政府が速やかに昆明学生惨案の首謀者を厳罰に処し，不法行為を禁止し，具生［学生］を慰問して民の憤りを鎮める案」を提案し，首謀者の処罰と「人民の集会・結社・言論・身体の自由の保障」を求めた（『国参紀実続』195頁）。黄炎培らも同日，「政府が高官を特派し，昆明の学生および教員が内戦に反対し，校内で集会を開き，傷害を負わされた件につき調査し，下手人を究明し，法に基づいて厳罰に処して人道を重んじ，国法を実現する案」を提案し，「負傷者数十名，教員・学生で殺害された者4名」としている（『国参紀実続』195頁）。

駐会委員会，初めての予算審議（1945年12月15日）　駐会委員臨時会は1945年12月25日，開催され，政府が提出した35年度［1946年度］国家総予算案を審議し，財政部長兪鴻鈞，行政院秘書長蒋夢麟が出席し説明を行なった。これは，国民参政会の権限拡大による初めての予算審議であった（『国参紀実続』195頁）。

トルーマンの対中国政策（1945年12月15日）　トルーマンは12月15日，「アメリカおよびその他の連合国は現在の中華民国国民政府が中国唯一の合法政府であると認める」，この政府は「一党政府」だが，これを基礎として拡大し「その他の政治党派」を加えれば，「中国の和平・団結と民主的改革」が進められる，「アメリカ政府は，中国国内の主要な各政治党派の代表が全国会議を開き方法を協議し，彼らが国民政府内で公平で有効な代表権を享有できるようにすることを極力主張する。アメリカ政府は，このようにするには中華民国国父孫逸仙博士が打ちたてた国家が民主的に発展する臨時的方法としての一党訓政制度を修正する必要があると考える」，「自治的軍隊，例えば共産党の軍隊のような存在は中国の政治的団結と符合せず，実際的にも政治的団結を実現することができない」との声明を発表した（西村219頁；鄧野288頁）。

トルーマン声明は，中華民国国民政府を「唯一の合法政府」と承認しつつ，政治協商会議の開催，一党訓政制度の修正，諸党派の国民政府への参加，中共軍の独立性の廃止と国軍への参加という方向を主張したものであった

(鄧野288頁).トルーマン声明は,①国民政府の正統性を主張する国民党・国民政府を満足させると同時に,②「一党政府」を拡大して「各党派が参加する政府」に改組するという方向性を示し,③「孫逸仙博士が打ちたてた国家が民主的に発展する臨時的方法としての一党訓政制度を修正する必要がある」と述べ,国民党に孫文主義の「修正」を要求したことによって,①②と③という相矛盾したふたつの顔を持つことになり,国民党の憲政移行プログラムを混乱させた.民主同盟はわが意を得たりと受けとめたことであろうし,中共は国民党を攻める有力な手がかりとして利用できると受けとめたことであろう.

国民政府,モンゴル人民共和国承認(1946年1月5日) 蔣介石は1945年8月24日,国防最高委員会常務委員会と国民党中央執行委員会の連席会議で国民党一全大会の民族自決原則を守ると述べ(斎藤2010, 307頁),同年10月20日のモンゴル国民投票を経て,翌1946年1月5日,中華民国国民政府はモンゴル人民共和国の独立を承認した.国民政府は,1945年7月までソ連との交渉で「外モンゴルに対する中華民国の宗主権」を主張していたが,東北地区に対する中華民国の主権についてのソ連の同意などの条件と引き換えにモンゴル問題で譲歩したので,国民党内の大中華主義主張に対する説得材料として国民党一全大会の民族自決原則に言及したものと見られている.

駐会委員会は1946年1月21日,開催され,黄炎培・冷遹・褚輔成は「戦後蘇浙[江蘇・浙江]の民衆が耐え難い収奪を制止するよう要請する案」を提案した(黄炎培,『国参紀実続』577頁).

1946年1月政治協商会議(1946年1月10日〜31日) 1945年12月の段階では,国民党が中共との決裂を避けたように,中共もまた国民党と完全に敵対することは避けた.1946年1月〜2月の政治過程は,重慶談判の国共合意および1945年12月15日トルーマン声明に国民党も中共も民主諸党派も従ったということを意味する.抗日戦争の終結後,米ソという国際的要因は,中国政治を左右する大きな影響力を持ったのであった.

1946年1月10日〜31日に開催された政治協商会議は,国民参政会の延

長線上にあるが，重慶談判（1945年8月〜10月）を受けて国民参政会とは別に政協が開催されたのは，「民意機関」という位置付けではなく，各政党政派代表者による「政治会議」との位置付けであり，課題（職権），構成員，構成各党派の分配率に違いがあった．政治協商会議は，「諸党派の国民政府への参加」・「国民政府の改組」については国共両党および民主諸党派・無党派の合意ができ，政治協商会議は1月31日，「和平建国綱領」を採択し，成功裏に終了した（西村230-242頁；鄧野281-335頁参照）．

続いてマーシャルおよび国共両党代表の協議により，2月25日，整軍問題・駐屯地問題も合意が成立し，張治中・周恩来・マーシャルが文書に署名した（鄧野340-352頁）．こうして，「中共軍を中国国軍に編入すべき」というトルーマン声明の方針は，具体案が合意されることになる．

国民党六期二中全会決議（1946年3月1日〜17日）　国民党六期二中全会は1946年3月1日〜17日，開催され，次の「政治協商会議報告についての決議」が採択された．

「甲．抗戦勝利後，和平建国は挙国一致の希求するところであり，とりわけ本党は総理の遺志を継承し，三民主義の実現を完成すべき歴史的使命であり，ここに国民政府によって政治協商会議を招集し，政治方式で一切の紛糾を解消し和平統一を保障し，建国の大業を完成することをこいねがう．ゆえに協商の過程でおよそ国家民族の利益のあるところは本党はひとしく最大の忍耐を惜しまず，各方面で譲歩し，角を立てず，目的を達成する．

（一）国民政府は改組し，各党派分子の参加を受け入れ，各党派はひとしくひたすら忠誠を尽くし，国家の和平統一民主建設のために共同して努力しなければならない．とりわけ中国共産党がきちんと協定を守り，その占領区域内においてまず一切の暴行を停止し，民主を実行し，人民に身体・思想・宗教信仰・言論・出版・集会・結社・居住・移転・通信，および各党派の公開活動が政治を民主化させる原則であることを

容認し，いかなる障碍によっても普遍的に実現できないことのないよう要望する．

　（二）　軍隊の国家化は，和平建国の先決条件である．今回の軍事小組［斎藤 2012 参照］が定めた軍隊整編および中共部隊を国軍に統編するという基本方案は，中国共産党がかならず実行しなければならず，とりわけ当面の一切の衝突を停止し，交通を回復させるという合意は，かならず速やかに実現しなければならない．都市の封鎖包囲，徴兵による軍の拡大および軍隊の移動は，かならず即刻停止し，全国の秩序を回復させ，人民の痛苦を解消し，「軍隊の国家化」の障碍をまず除去しなければならない．

　（三）　三民主義が建国の最高原則であることは，つとに全国的に認められていることであり，今回の政治協商会議の共通認識である．そして，五権は三民主義の具体的実行方法であり，不可分の関係にあり，権能を分け，五権を分立させることは，とりわけ五権憲法の基本原則である．本党が 50 年間革命を指導してきたのは，すべてこのもっとも進歩的な政治制度を実現するためであり，それによって国家を打ちたてるために奮闘してきたのであり，絶対にこれに背いてはならないのである．それゆえ，『五・五憲章』に対するいかなる修正意見も，みな「建国大綱」と五権憲法の基本原則に基づいて作成し，国民大会に提案し，国民大会が討論・決定するのである．憲政のよき規程がながく定められんことをこい願う．

　要するに，今回の政治協商会議は和平建国を目的としており，各項の協定の実施過程において，およそ和平建国を阻害するものがあれば，ことごとくかならず排除してこそ，国家を盤石のものとすることができるのであり，人民を安楽の境地に至らせることができるのである．本党は，断乎として職責を果たすことを誓う．各党各派がともに時局の困難を体し，誠意を持って力を合わせ，ともに進むことを願うものである．

　乙．「今回の国民大会が制定する憲法の言論の主張が基づくべき原則

は意思の統一を期して力量を増強することである案」については，全委会による常務委員会への授権を経て責任をもって処理することとする．その原文は，次の通りである．

　本案は，大会が次の決議を行ない，中央常会に引き渡し，全党の同志が順守するよう命令するよう要請する．

　(1)　憲法を制定し，『建国大綱』をもっとも基本的な根拠とすべきである．

　(2)　国民大会は有形の組織で，集中開会の方式で『建国大綱』が規定する職権を行使し，その招集回数は［状況を］斟酌して増加させるべきである．

　(3)　立法院は行政院に対し，同意権および不信任権を持つべきではなく，行政院は立法院を解散する提案権を持つべきではない．

　(4)　監察院は同意権を持つべきではない．

　(5)　省は省憲法を制定する必要はない．」（『国参紀実』1505-1507頁）．

中共，二中全会批判（1946年3月18日）　　中共は，国民党六期二中全会決議が政治協商会議合意を蹂躙したと批判し，国共関係は決定的な対立局面に入ってゆく．周恩来は1946年3月18日，要旨次の談話を発表した．

　国民党六期二中全会決議は，政治協商会議決議を動揺させた．

　①蔣介石主席は，政協開会時に人民の権利を保障するという4つの約束をしたが，その後，滄白堂事件，較場口事件，各地の新華報館破壊，西安十八集団軍事務所破壊，北平執行部事件などを引き起こしている．

　②政府改組問題については，訓政を終結させて憲政に向かうのかどうか，この過渡期に各党派合作の政府を設立するのかについて，二中全会の態度は明確でなく，各党派が推薦すべき国民政府委員を国民党中常会［中央常務委員会］が選任しようとしており，これは政協決議違反である．

　③国民党の一部の者は憲草修正原則が五権憲法に合わないと言って

いるが，孫中山の五権憲法原則と一致している．孫中山遺教によれば，まず県自治をやってから省自治をやり，過半数の省が自治を実行したのち，国民大会を開き，憲政を実行することになっているのに，現在の国民党はこの順序でやっていない．二中全会は憲草について5項目の修正原則を決め，政協の憲草修正原則をくつがえした．また，呉稚暉は3点の反対意見を提案し，二中全会はこれを可決した．彼は『五・五憲草』，政協合意，二中全会決議を国民大会に提出するよう主張しているが，これは政協決議に反している．政協決定によれば，憲草審議委員会の修正案だけが国民大会に提案できるのだ．

④国民大会代表のうち，地区代表はまだ最終的に画定しておらず，国民大会組織法も修正されていない．

⑤軍政部次長林蔚の政協における兵員削減数は，同一人による二中全会での報告と数字に食い違いがある．

⑥二中全会は，中共軍が国革軍に対する攻撃を停止するよう要求したが，実際に中共地区を攻撃しているのは国革軍だ（『国参紀実』1508-1514頁）．

ソ連軍，満州／東北撤退（1946年3月7日～5月25日）　ソ連軍は，満州／東北からの撤退をずるずると引き延ばしてきたが，1946年3月7日，瀋陽から撤退を開始し，5月25日，満州／東北からの撤退を完了した[31)]．

ソ連軍の撤退は，中ソ友好同盟条約に基づくもので，満州／東北に対する国民政府の主権の承認の履行であったから，国民政府は国革軍を満州／東北に進めると共に，行政の把握を進めていったが，国民党側は国革軍の東北進駐と国民政府機構の樹立の準備が不十分である中でのソ連軍撤退は国民党にとって不利であり，すでに東北地区への進駐を行なっていた中共側にとって有利と見た．国革軍と中共軍は，満州／東北での陣取り合戦を進めてゆくこととなる．ソ連軍の撤退と共に，中共の対国民党戦術は武力闘争を進めつつ交渉する戦術から武力による国民党打倒を正面戦略に据えつつ交渉の窓口

も完全には閉ざさない戦術に転換する．ソ連軍の撤退は，内戦全面化の画期となった．

中共，国民参政会第4期第2回大会ボイコット（1946年3月）　董必武は1946年3月20日，中共参政員は国民参政会第4期第2回大会が二中全会の繰り返しになるだろうとの理由で国民参政会には出席しない，と声明した（『国参紀実』1515頁）．中共は，政府の改組による参加の道は完全に放棄し，武力による政権奪取の道を選択したのである．

5-3　国民参政会第4期第2回大会（1946年3月20日〜4月2日）

国民参政会第4期第2回大会は1946年3月20日，国民政府軍事委員会大講堂で開催され，出席通知があったのは参政員212名で，199名が出席した．「会議日誌」では「170名」である．

3月26日『新華日報』によれば，第4期第2回大会参政員中，国民党員は86％以上を占めたという（『国参紀実』1558頁）．

国民政府主席蔣介石は，あいさつで1946年「5月5日」にはかならず国民大会を開催すると述べた（『国参紀実』1522頁）．

行政院長宋子文は3月22日，政治報告を行ない，邵力子は23日，政治協商会議の報告を行ない，26日，教育部長朱家驊が報告し，内政部長張厲生が報告を行なった．第4期第2回大会では，453件の議案が採決された（『国参紀実』1516頁，1520-1524頁，1527-1529頁．黄炎培，『国参紀実続』577頁）．

周覧ら，大学の「自治」要求（1946年3月）　周覧らは1946年3月，「大学教育を解放し，学術の自由を保障する案」を提案し，大学の「自治」，「学術の自由な発展に有害な」法令の「廃止」，「国立（および省立）大学財政は独立会計とする」，「国立大学校長は招聘任用」とし，「大学教授あるいは研究に従事する学者から任用することを原則とする」ことを求めた（『国参紀実続』223頁）．

蔣介石政治報告（1946年4月1日）　蔣介石は1946年4月1日，第4期第2回大会に対して政治報告を行ない，九・一八以降，日本による東北侵略

と戦う中で，死者と捕えられた者は 10 余万人の軍人のほか，国民党員張濤（吉林省党部委員兼書記長）・于仲和（東北党務事務所委員）ら 1432 人おり，日本投降後，出獄した国民党員は 2700 人であったと報告した（『国参紀実』1539 頁）．日本の満州占領と戦ったのは，中共ではなく，国民党であったとの意である．

さらに，蔣介石は，国民党二中全会が憲法草案修正原則について検討し，憲草審議会に出席した国民党代表が国民党中央委員多数の意見を憲草審議委員会に提出し，3 月 15 日，憲草審議委員会と政協総合小組の連席会議が次の 3 項目について合意したと報告した．①国民大会は，有形の国民大会とする．②憲草修正原則第 6 条第 2 項は取り消す（憲草修正原則第 6 条第 2 項は，もし立法院が行政院に対し全体的に不信任したときは，行政院はあるいは辞職するか，あるいは総統が立法院を解散するよう要請する．ただし，同一行政院長は 2 度立法院の解散を要請することはできない，と規定されている）．省憲法は，省自治法に改める（『国参紀実続』1536-1545 頁）．

蔣介石によれば，審査意見は次の 5 点だった．①憲法制定は，「建国大綱」がもっとも基本的な根拠である．②国民大会は有形の組織で，集中開会の方式をとり，「建国大綱」が規定する職権を行使し，その招集の回数は斟酌し増加させるものとする．③立法院は，行政院に対し同意権および不信任権を持つべきではなく，行政院も立法院の解散を要請する権限を持つべきではない．④監察院は，同意権を持つべきではない．⑤省は，省憲法を制定する必要はない（『国参紀実続』1542 頁）．

このうち，二中全会意見の②は特に問題視されていない．二中全会意見の③，審査意見の⑤は，省自治を地方自治と位置づけている以上，名称の問題にとどまり，マイナーな変更である．問題は，二中全会意見の②の立法院と行政院の関係および行政院の権限の位置づけの変更をどう見るかであろうが，これだけで憲法草案の性格の根本的な非民主的変質とまで言えるかどうかは疑問である．審査意見の③の「行政院も立法院の解散を要請する権限を持つべきではない」，「立法院は，行政院に対し同意権および不信任権を持つべきではなく」は，行政院が立法院の決定に従って行政権を行使するのであ

れば，意味不明である．

　邵力子「**政治協商会議の状況に関する報告**」（1946年3月23日）　　邵力子も1946年3月23日，「政治協商会議の状況に関する報告」で「憲草審議会は最近，政協小組が政協原則3点の修正を決定した．まず憲草審議会で，中共と民主同盟はそれぞれの主張を行なったが，いずれも憲草原則の修正について協議を拒否せず，青年党の曽琦氏はもともと内閣制を主張していたが，その議論にこだわらず，修正3点に賛同した」と述べている（『国参紀実続』1546頁）．

　蔣介石によれば，国民党二中全会は3月16日，憲草原則修正の審査報告を受け，中央常務委員会が処理する権限を与えた（『国参紀実続』1542頁）．

　「**政治協商会議の状況に関する報告に対する決議**」（1946年4月2日）　第4期第2回大会は1946年4月2日，「政治協商会議の状況に関する報告に対する決議」を行ない，①国家の法統を中断することは許されず，政府が組織を拡大し，「賢」（賢者）と「能」（有能者）を選び，堅強で有力な政府を一日も早く実現してほしい，②「和平建国綱領」は三民主義を最高の指導原則とし，蔣介石主席の指導［権］と「政治の民主化」・「軍隊の国家化」を承認しており，憲政実施以前に徹底的にあまねく実施すべきであり，実施後には中共「解放区」内の特殊な組織は廃止し，統一・団結の実を収めるべきである．③軍隊は国家に属し，軍と党は分離すべきである．④国民参政会は国民大会代表の人数増加については成見を持たないが，広く人材を招致する必要がある．⑤憲法は三民主義・五権憲法に基づくべきで，5月5日に採択されることを希望する，とした（『国参紀実続』1547-1548頁）．

5-4　第4期第2回大会後，第3回大会まで（1946年4月〜1947年5月）

　『**国民公報**』**，国民政府による東北接収支持**（1946年4月3日）　　重慶『国民公報』は1946年4月3日「社評」で，「東北の接収は今日の国家の要政である」とし，大会が109名の参政員が提出した「東北の局面は日を追って厳しくなっており，政府が有効な措置をとり，国権を確保し，民命を維持す

るよう要請する案」が決定されたことは,「参政会が政府を支持し,人民が参政会を支持し,理に基づいて国家の主権を損なわないことを原則とするよう希望する」と述べ,国民政府による東北接収を支持した(『国参紀実』1572-1574頁による).

中共,蔣介石政治報告非難(1946年4月7日)　中共は,1946年4月7日延安『解放日報』社論で要旨次のように蔣介石を非難した.

　国民政府主席蔣介石が1946年4月1日,国民参政会で「国民党内ファシスト反動派」の請け負いのもと,政治報告を行ない,①東北停戦協定を破り,改めて「全国に大規模な内戦を宣布」した,②政治協商会議の決議を破棄し,改めて全国に「独裁」を宣布し,国民大会を経てこの独裁を憲法の形式で確定することを企んでいる.蔣介石軍は,東北民主連軍を攻撃し,武力で東北人民の地方自治を転覆している.民主憲法を堅持する,すなわち国会全権制,立法院の行政院に対する同意権と不信任権,監察院の同意権,および省が[省憲法]を制定できることと国家の憲法とが抵触せず,中央の法律が変更できない省憲法を堅持するために,国民党の軍隊の徹底的な削減と徹底的な国家化のために奮闘しよう(『国参紀実』1560-1568頁による).

　なお,蔣介石政治報告中には,「内戦に訴える」とか「政治協商会議合意を破棄する」とか,そうとれなくもないといった表現は一切存在せず,蔣介石政治報告と『解放日報』社論の言論戦の範囲で見る限り,蔣介石が「内戦」「独裁」をやろうとしているという中共の決めつけは非論理的で説得力がなく,荒唐無稽である.また,中共が1946年4月時点でも,「国会全権制」,「省憲法」制定,「軍隊の国家化」を国民党との対抗軸として主張していることも確認しておこう.

　黄炎培は1946年6月20日,蔣介石主席あてに参政員辞職願を書き,必要なときに使うこととした,と書いている(黄炎培,『国参紀実続』578頁).ただし,黄炎培は参政員をやめたわけではなかった.

　1946年6月ないし7月から国共全面内戦の状況に突入したとされる.

李公樸・聞一多暗殺(1946年7月)　民主同盟の李公樸は1946年7月1

日，聞一多は同年7月15日，暗殺された．

国民大会 1946 年 11 月 12 日開催予定（1946年7月3日）　国防最高委員会第 197 次会議は 1946 年 7 月 3 日，国民大会を同年 11 月 12 日に開催することを決定した（「国防最高委員会第 197 次会議記録」）．

民主同盟，国民大会ボイコット表明（1946 年 10 月 14 日）　中国民主同盟主席張瀾は 1946 年 10 月 14 日，中共に続いて国民大会ボイコットを表明した．

制憲国民大会開催，「中華民国憲法」の制定（1946 年 11 月 15 日～12 月 25 日）
蒋介石は 1946 年 11 月 8 日，「中共および各党派が国民大会代表者名簿を提出していない」ので，11 月 12 日開催予定の国民大会を 15 日に延期すると発表した．制憲国民大会は 1946 年 11 月 15 日，定数 2050 名，参加者 1381 名で開催され，12 月 25 日，「中華民国憲法」を採択して閉幕した（斎藤 2005, 89-90 頁）．登録代表者数は，国民党 216 名のほか，青年党 99 名，中国民主社会党 39 名，「社会賢達」（無党派）64 名，区域代表 735 名，職業代表 406 名，特殊選挙 142 名の計 1701 名であり，中共に割り当てられた 190 名と民主同盟に割り当てられた 80 名は名簿を提出せずボイコットした（西村 234 頁, 252 頁）．

民主同盟代表，羅隆基・章伯鈞・張申府らは 1946 年 11 月 25 日，今回の国民大会を認めない，と表明した（西村 252 頁）．中共は 1946 年 11 月 21 日，「武装闘争が主要」との方針を確認した（西村 53 頁）．

「三人小組」解散へ（1947 年 1 月）　アメリカは 1947 年 1 月，三人小組からの退出を表明し（47・1・30『申報』），国民政府は 1 月 30 日，三人小組および軍事調処総部の解散を宣言した（47・1・31『申報』）．

中共代表団退去（1947 年 3 月）　国民党は 1947 年 2 月末，中共の南京・上海・重慶駐在の談判代表の退去を要求し，中共代表団は 3 月 7 日，延安に撤退した．

国民政府改組（1947 年 4 月～1948 年 5 月）　国民党は 1947 年 3 月 15 日，六期三中全会を開催した．国民党は 4 月 17 日，六期三中全会決定に基づき，「国民政府組織法」を改正し，国民政府委員 40 名の内訳は国民党 17 名，青

年党4名，民社党4名，「社会賢達」4名とされ，中共・民主同盟計11名は欠員であったが（西村259頁），各党派を含む国民政府改組，「三党訓政」への移行は実行された．改組国民政府は1947年4月22日，成立し（47・4・23『申報』），1948年5月の憲政実行まで存続したのであった．

　国革軍胡宗南部は3月19日，延安を占領した．中共軍の死体は4000余体を数え，俘虜は，1万余人に達したという（47・3・20『申報』）．

　民主同盟は1947年5月11日，国民参政会出席問題を討論した（黄炎培，『国参紀実続』579頁）．

5-5　国民参政会第4期第3回大会 （1947年5月20日～6月2日）

　国民参政会第4期第3回大会は，1947年5月20日に南京市国府路355号国民大会堂[32)]で開催され，13日間行なわれた．これは，南京還都後初めての大会となり，また参政会最後の会議となった．出席した参政員は，236名だった．この大会の参政員中，国民党員は80%以上を占めたという（孟広涵，『国参紀実続』3頁）．

　主席団主席林虎の「閉幕の辞」によれば，第4期第3回大会では，400余件の提案があり，600～700件の質問が行なわれた（『国参紀実』1592頁）．

　国民政府主席蔣介石は5月20日，あいさつし，参政員の定数が290名から362名に増加した，われわれは最大の忍耐をもって努力したが，中共は「5人小組」「三人小組」での協議を拒否し，衝突の停止，交通の回復の協議を拒否し，整軍・統一編成案を拒絶し，国民大会出席と改組政府への参加を拒否し，政府が人員を派遣して延安に赴き，和平を協議するという提案も拒否した，中共の阻止があったので国民大会は11月12日に延期した，われわれは中共が武力で政権を奪取しようとする企図を放棄するよう希望する，などと述べた（『国参紀実』1585-1588頁）．

　行政院長張群は5月21日，政治報告および政府各部施政報告を行ない，1946年から1947年に至る軍事情勢および国共交渉の経過について報告した．参政員はこれに対して102件の質問を提出し，時間は5時間に及んだ（『国参

紀実』1589頁，1600-1603頁）．

　5月22日，主席団主席の王雲五・王世杰が辞職し，張君勱・林虎を補選した．同日，外交部長王世杰が報告し，財政部長兪鴻鈞が23日，報告し，翌24日，国民政府改組後の農林部長となった左舜生（青年党）が報告した（黄炎培，『国参紀実続』580頁，587頁）．5月26日，蕭一山ら100名の参政員が提案した「大会が速やかに全体審査会を挙行して和平方案を討論し，中共参政員が来京し出席するよう電告するよう要請する緊急動議」が採択された．

　5月28日，全体審査会が挙行された．許徳珩ら参政員は同日，「政府が人民を重んじ，慎重に和平方案を準備し，国共双方に和平の実現を呼びかけるよう希望する」案を提案した．許徳珩は，5月20日の軍警と「内戦に反対する」学生の衝突流血事件に言及し，こうした事件が二度と起こらないよう要望する発言を行なった（『国参紀実』1608頁）．

　多くの参政員が，「中共討伐」を主張した．最終的には，「政府が速やかに大軍を派遣し，各地の共匪を一掃する」，「速やかにアメリカ政府に対し借款協議を要請する」などの決議が採択された．

　第4期第3回大会は6月2日，和平問題特種審査委員会提出の審査報告を採択した．同報告は，①政府が再度，「政治方式で中共問題を解決する」との方針を表明するよう要請する，②中共が速やかに代表を南京に派遣し，政府と双方無条件で和平会談を回復するよう要請する，③大会閉幕後，主席団と駐会委員会が本決議の精神に基づいて最短期間に和平の実現を促す，というものだった（『国参紀実』1589-1590頁）．

　第4期第3回大会休会期間駐会委員会の名簿には，ついに中共代表の名はなかった．

5-6　第4期第3回大会後，憲政移行まで（1947年5月～1948年5月）

　五・二〇惨案（1947年5月20日）　国民政府は1947年5月19日，「社会秩序を維持する臨時措置」を公布した．翌20日昼，南京の学生6000余人が内戦に反対し，平和と食糧を要求して国民参政会に請願デモを行なったと

ころ，軍警に弾圧され，流血の事態となった（許徳珩，『国参紀実』1608-1609頁）．国民党の『中央日報』は 5 月 29 日，この「学生デモは共産党が組織した」と指摘しており（『国参紀実』1618頁），中共による揺さぶり，圧力と見たのである．

新華社，国民参政会非難（1947 年 6 月 7 日）　中共新華社は 1947 年 6 月 7 日，国民参政会は「売国への参政」，「独裁への参政」，「内戦への参政」であると決めつけた．

参政会駐会委員会（1947 年 7 月 11 日，7 月 25 日）　参政会駐会委員会は 1947 年 7 月 11 日，第 2 回会議を開き，国防部長白健生が軍事状況を報告し，物価高のため，兵士の士気が失われ，戦争は続けられないと述べた（黄炎培，『国参紀実続』579頁）．

駐会委員会は同年 7 月 25 日，会議を開き，財政部長兪鴻鈞が，法幣発行高は現在 9 兆元に達し，毎月 1 兆元増えていると報告した（黄炎培，『国参紀実続』584頁）．

駐会委員会は同年 9 月 5 日，会議を開き，内政部長張厲生の報告を聴いた（黄炎培，『国参紀実続』584頁）．

中共，統一戦線の「指導権」主張（1947 年 12 月 25 日）　中国人民解放軍総部は 1947 年 10 月 10 日，「蔣介石打倒，新中国樹立」，「民主連合政府の樹立」を呼びかけた（西村 265頁）．毛沢東は同年 12 月 25 日，「新民主主義の革命的統一戦線」における「『中国共産党の強固な指導』権を前提に『民主聯合政府』が基本的政治綱領であるとしていた」（西村 265-266頁）．

「新民主主義の革命的統一戦線」における中共の「指導権」の主張とは，実は従来の「民主主義」要求論による「民主連合政府」構想の変更であり，中共独裁政権樹立構想への転換点であった．その違いは髪の毛一本ほどの些細な違いに見え，「民主諸党派」はその本質的な変化には気づかなかったようである．

民主同盟等の誤認（1948 年 1 月 19 日）　国民党内民主派グループは 1948 年 1 月 1 日，「中国国民党革命委員会」を設立し，「全国人民の普通選挙によっ

て誕生する民主政権が蔣介石の売国独裁政権にとって代わる」と述べた．民主同盟は，香港で第一期三中全会を開催し，1948年1月19日の「宣言」で「今日における中国の民主と反民主の力の比率はすでに重大な変化をおこし，民主の力はすでに絶対的優位を占めるにいたった」と述べ，「反民主」とは「国民党反動集団」であり，すでに軍事的に国民党を追いつめつつあった中共が「民主」であると認識し，「各民主党派の聯合による『民主聯合政府』の樹立」を呼びかけたのであった（西村266頁）．これは，国民党革命委員会および民主同盟の誤認，大局判断の誤りであっただけでなく，その後の中国近現代史研究もその誤りを踏襲してゆき，今日に至っている．

　国民参政会の終結（1948年3月28日）　国民政府は1947年12月25日，国民参政会参政員の任期を1948年3月28日まで延長すると命令した（『国参紀実』1627頁）．国民参政会主席団は1948年3月28日，国民参政会の終結を宣言した（『国参資料』537頁）．

　「憲政」への移行過渡期（1947年1月～1948年5月）　中華民国憲法は1947年1月1日，公布され（斎藤2005, 89-90頁），同憲法に基づき国民大会代表は1947年12月24日までに2042名が選出された．1948年1月21日，同憲法に基づいて立法委員選挙が行なわれた（斎藤2005, 96頁）．「憲法実施準備順序」第5条および第8条の規程により，1948年3月29日，同憲法に基づく第1回国民大会が招集されることとなった（『国参紀実』1627頁）．第一期国民大会は，予定通り1948年3月29日，開催され，4月19日，「中華民国憲法」に基づき中華民国初代総統に蔣介石が選出され（48・4・20『申報』），4月29日，副総統に李宗仁が選出され（48・4・30『申報』），蔣介石・李宗仁は同年5月20日，正副総統に就任した（48・5・20『申報』）．

　こうして，1928年を起点とするなら，「訓政」は20年近くかかったとはいうものの，国民党の「軍政・訓政・憲政実施」プログラムに基づいて，「訓政」は終結し，「憲政」は達成された．しかし，中共側の軍事的優位，国民党側の軍事的劣勢への転換は急速に進み，中国大陸地域における「中華民国」の統治は崩壊した．「憲政」は，中華人民共和国の樹立と共に消滅し，今日に至っ

ている.

おわりに

　国民党と中共は，抗日戦争においてソ連の支援を受け，中国戦線は1941年12月，東アジア太平洋戦争の構成部分となった．国民党と中共は，その後は米・英の支援にも依拠したという抗日戦争をめぐる国際環境に軍事的・経済的・政治的に規定されつつ，一面で協力し，一面でつばぜり合いを演じていた．1945年8月，日本という共通の敵が消滅したあとでも，米ソとの国際的関係が強力に作用し，国共関係は軍事的全面対決は回避し，交渉による和平の道をさぐりながらも，同時に軍事対決を強化して行った．国共政治交渉を根底で規定していたのは国共軍事関係であった．

　この中で国民党・蔣介石は，中共が言うように「訓政」を絶対化し，「憲政」を追求しなかったのかどうか．この政治過程の中で，国民参政会はいかに位置づけられるべきなのか．また，中共は，1930年代中頃から1940年代中頃にかけて国民党「訓政」=「一党独裁」を批判し，言論・出版・結社の自由，普通選挙による国会の設置などの「民主主義」を要求したが，国民党政権を打倒し，権力を掌握した中華人民共和国において何一つ実行しようとしなかったのはなぜか．この時期の「民主主義」要求は，本心からの思想であったのか，それとも国民党政権打倒のための単なる戦術として利用したにすぎなかったのか．思想史においては，どのように位置づけられるべきなのか．そして，「民主諸党派」とは，何だったのか．「党派」と言える実態を備えていたのかどうか．

1　孫文・国民党の「軍政・訓政・憲政」三段階構想と47年憲法

　国民党のプログラムによれば，訓政6年を経て憲政に移行するのであるが，憲政の準備段階として地方自治の実施，憲法草案の作成，「制憲」（憲法制定）国民大会の開催による憲法の制定，ついで憲法に基づいて普通選挙を実施し，

成立した国民大会において総統等を選出し，憲政を実現するというものであった．ここにおいて国民政府は「政［権］を民に返還する」，つまり普通選挙によって成立した憲政実行政府に政権を委譲し，国民政府は解散する，というものであった．

このプログラムを実現するために，国民党はまず中華民国憲法草案（五・五憲法草案）を 1936 年 5 月 5 日に発表した．次に，憲政移行のための制憲国民大会は，①国民党六中全会（1939 年 11 月）では「1940 年 11 月 12 日」開催，② 1945 年には，「1945 年 11 月 12 日」開催，③ 1946 年 1 月には「1946 年 5 月 5 日」開催，④国防最高委員会では 1946 年 7 月 3 日，国民大会を「1946 年 11 月 12 日」に開催することを決定したが，それぞれ延期され，⑤最終的に「訓政」下国民大会として 1946 年 11 月 15 日に開催され，12 月 25 日に「中華民国憲法」が採択され，「中華民国憲法」は 1947 年 1 月 1 日，公布され，1947 年 12 月 25 日に発効することとされた．第 3 に，この制憲国民大会でも中共・「民主諸党派」の席は用意されており，1947 年 4 月に改組された国民政府の委員についても中共・「民主諸党派」の席は用意されていた．

西村は，五・五憲草では国民大会は「国民党以外の各党各派は事実上選出されないことになっていた」，「国民大会組織法」は「国民大会の職権を単に『憲法制定と憲法施行期日の決定』機関に限定し」，「孫中山の規程による国民大会の位置づけを骨抜きにする事態となっていた」と断定しているが（140 頁），そう言える根拠はわたしには見つからない．

1947 年 11 月から 1948 年 1 月には曲がりなりにも普通選挙による国民大会選挙，立法員選挙が実施され，「憲法実施」国民大会は 1948 年 4 月，中華民国初代総統に蔣介石を選出したのである．

以上の経過を見るなら，国民党は憲政実現を一貫して追求していたと言えるし，すでに論じたように（斎藤 2005 参照），「五・五憲草」，1947 年中華民国憲法は「蔣介石個人独裁憲法」とは言えないのである．国民党・蔣介石が「憲政を追求しなかった」という中共史観のプリズムを通した歪みは，正されるべきであろう．

2 国民参政会

　国民参政会設置の経緯から言うと,『国参資料』によれば国民参政会は中共の提案によって国民党が設置したかのようであるが,国民党が中共に要求されて設置したわけではなく,まだ中共との内戦が行なわれている時期に国民党が自身の軍政・訓政・憲政三段階論に基づき,「訓政から憲政への移行」を円滑に推進するために設置されたものであった.

　国民参政会の性格は,ふたつの側面から検討する必要がある.

　その1は,国民参政会とは国民党「訓政」下に位置付けられた民意機関であり,参政員は普通選挙による選出ではなく,基本的に国民政府による指定であるなど,「訓政」の補助機構にほかならなかったという側面であり,これが主要な側面である.それは,中共・「民主諸党派」も国民参政会発足当時には承知し,承認していたことであった.

　その2は,にもかかわらず,国民政府の主要な政策は国民参政会の決議を経ることが必要とされることとなったという点で実質的に議会制民主主義に近い機能が付与されており,参政員には執政党である国民党はもちろん,中共・「民主諸党派」・無党派なども含み,自由な討議が行なわれていたという側面である.西村は,この面を重視し,「『訓政的国民代表制』の重要な転換点」(123頁)と位置付けているが,国民党側から見れば,それはあくまでも「訓政」下という枠組を放棄するものではなかった.

　国民参政会での議論・交渉は,常に国共両党の軍事的関係・消長の関数であった.中共は,解放区の拡大をめざして活発な動きを示し,日本軍統治地区に進入するだけではなく,おそらくときには国民党統治地区への軍事行動も辞さなかったものと見られる.国民党はそれを押さえこむため,陝甘寧辺区の封鎖を実施したのであり,解放区殲滅をめざして解放区に進入したということではないのではないかと推察される.「封鎖」というスタンスが,それを示唆していると考えられるのである.

　国民参政会は,国民党にとっていかなるメリットがあったか.国民党は,日中全面戦争の勃発と遂行という局面に対応し,国力の総動員をめざして社

会のすみずみまでを組織するという目的の一環として国民参政会を設置し，すでに軍事勢力としては国民革命軍に組みこんでいる中共をはじめ民主諸党派を政治的にも組みこもうとしたものだと思われる．その企図は，一定程度実現されたと言えようが，他面では国民党を打倒する目標を追求している中共との関係において次第に対立が激化して行き，最終的には破綻せざるを得なかったのである．

3　中共の戦略・戦術と国共関係

中共は，抗日戦争の開始後，1937 年 9 月に「国民党の指導的地位」「国民政府の正統性を承認」し，「国民政府軍事委員会への服属」に同意し，1938 年 7 月，国民参政会に参加した．しかし，国民党政権打倒を目標とする革命政党として，解放区／辺区政府の独立性と中共軍の独立性を放棄するつもりはなかった．

「国民政府の改組」・「連合政府」　　中共は，1944 年 9 月以降は「国民政府の改組」による各党派「連合政府」の樹立とそれへの参加を要求し，ついで 1945 年 4 月以降は中共主導の各党派による「連合政府」の樹立を構想し，国民党と民主諸党派の切り離しを追求し，1945 年 8 月から 12 月までは「連合政府」構想を放棄すると共に，「訓政」の即時廃棄を要求した．

中共は，孫文「地方自治」論をたてにとって解放区／区政府の独立性を確保しようとした．

「軍事委員会への服属」と独立性の確保　　中共は 1937 年 9 月，「国民政府軍事委員会への服従」を約束し，1944 年 9 月 15 日林祖涵報告でも中共は 1937 年 9 月の「国民政府軍事委員会の統轄を受ける」との約束を守っていると口先弁明をし，しばしばそれを確認したが，解放区の拡大を追求する中で，しばしば国革軍との摩擦を引き起こした．1943 年 10 月 5 日には，新四軍事件（1941 年 1 月）の発生を理由として「国民革命軍新編第四軍は現在，直接，共産党中央が統轄しており，国民政府軍事委員会の統轄を受けていない」と述べ，中共軍の独立性を確保する姿勢を公然と表明した．

「訓政」に対する中共の批判と「民主主義」要求戦術　　中共は，国民参

政会において次の3段階の態度表明をした．

①中共は，当初，「国民党の指導的地位」「国民政府の正統性」を承認して国民参政会に参加した．中共はこの時期，国民参政会参加以前までと特に1945年4月中共七全大会以後の階級論的革命論を対外的には正面に出していないことがきわだった特徴である．中共は，孫文の軍政・訓政・憲政三段階論に特に異を唱えず，「孫文三民主義を全面的に支持」すると言い，憲政の早期実施を期待し，そのための「国民大会の早期開催」，「憲法の早期制定」を主張していた．

②中共は，次に国民党との論争において「欧米型民主主義」を掲げて国民党の「訓政」(一党独裁)の非民主性を批判し，国民大会開催以前の「訓政の即時廃止」を要求し，国民大会代表は「普通選挙」で選出しなければならないと条件づけ，国民党「訓政」下での国民大会開催に反対し，「訓政」下の国民大会が制定する憲法は「独裁憲法」であると批判した．アメリカは，国民参政会時期の中共の言論を見て，「中共は共産主義者ではない」と判断した可能性があるが，その認識は不正確であった．

③中共は，最後に正面から国民党との「武装闘争」，国民党政権打倒の暴力革命を正面から打ち出すに至り，「国民参政会は独裁の参政」であるとして全面否定するに至った．

「訓政から憲政への移行」は，1946年1月時点で展望するなら国民党のプログラムでもわずか数カ月ないしせいぜい1年後のことであった．国民党には，それ以前に「訓政」を放棄する意思はなかったし，中共も国民党にその意思がないことは当然読んでいたに違いない．もしこの想定に誤りがなければ，中共にはこの平和的交渉の過程で軍事的関係を有利に進め，政治的にも国民党を孤立させることによって国民党政権の打倒に進みたいという構想があったと考えられる．

これに対して，国民党は「国民党一党訓政」のもとでの国民大会の開催，「国民政府の改組」による中共・「民主諸党派」・無党派を含む「多党制訓政」を経て，制憲国民大会の開催によって憲法を制定し，次に普通選挙を実施して

「訓政」を終結させ，憲政に移行するというプログラムを示していたが，中共・「民主諸党派」は国民党にまず「訓政の即時廃止」を迫り，「民主連合政府」（多党制政府）を樹立し，普通選挙による国民大会を開催し，そこでの憲法制定ののちの「憲政」の実施を求めて対立した．しかし，中共は権力樹立後，中華人民共和国樹立後，「憲政」は実行しようとはしなかった．

不安と猜疑　抗日戦争開始以前まで武装闘争をしていた国民党と中共は，抗日戦争という大義の前に手を組み，中共軍は国民革命軍の一部隊として編入され，中共支配地域は国民政府のもとで「地方政府」の位置づけが与えられたのだが，この合作は双方にとって両刃の剣であり，双方に不安と猜疑が埋めこまれていた．中共軍の国民革命軍への編入は，中共にとって国民党との武装闘争の手段としての独立性が脅かされてはならなかったし，国民党にとっては脇腹に突きつけられたあいくちのようなものであり，それは抗日戦争後の対決が予想されるだけではなく，抗日戦争中にも日常的に中共軍の襲撃を予想しなければならないものであったばかりか，国革軍の部隊である以上，給与の支給，武器・弾薬・医薬・糧食の支給対象でもあった．国民党にとって，「地方自治」の位置付けのもとに中共政権を国民政府の下部機構として認めるということは，中共に合法的地位を保障することであり，中共が合法的立場に立ちながら国民党に革命を挑むという恐れを感じないではいられなかったことだろう．中共にとっても，中共地方革命政権が国民政府の下部機構として位置付けられることは独立性が侵害されるという恐れを抱き，それは何としても排除する必要があると考えたことであろう．従って，国民党による中共の合法的地位の約束は不徹底に終わり，中共による国民政府・国革軍への服従の約束も不徹底に終わり，双方によるすべての約束がかならずしも実行されなかったのである．この悪循環を断ち切る保証は，中共が革命，つまり武力による国民党政権打倒という目標を放棄することであったが，それはありえない絵に描いた餅だった．

4　「民主諸党派」の「訓政即時廃止」要求と「民主主義」要求の帰結

「民主諸党派」が「民主主義」の即時実現を要求したこと自体が間違って

いたわけではないが，国民党「訓政」から「憲政」へという当時唯一の「民主主義」実現の可能性を見落としたことは大局判断の誤りであった．「訓政の即時廃止」は当時の中国の唯一の民主化の道ではなかったばかりか，国民党が「訓政の即時廃止」に応じないことを理由としての国民大会のボイコットと改組政府への参加の拒否は中国民主化の可能性を永久に押しつぶしてしまったのであった．決定的な誤りは，国民大会をボイコットするという選択だった．

「民主諸党派」の一部を判断ミスに陥らせた主な原因は，「訓政」の現実に対する不満と国民党に対する不信感・反感および「五・五憲草」および47年「中華民国憲法」に対する「蔣介石個人独裁憲法」という誤認であった．「五・五憲草」および47年「中華民国憲法」は，「民主諸党派」や中共が批判したような「蔣介石個人独裁憲法」ではなく，基本的に孫文三民主義の精神に基づいた民主憲法であった．国民党は，中共との軍事抗争に敗北し，中国大陸地域の支配を維持できなかったが，1948年4月までに当初の計画通り，憲政の入口に到達してはいたのであった．

1949年の国民党政権の打倒は，中共と行動を共にした張瀾・羅隆基・章伯鈞・張申府ら「民主諸党派」の多くにとって勝利であったが，中華人民共和国の成立は「民主諸党派」のすべてにとって敗北であった．歴史の弁証法は，今日なお終わってはいないという現実がある．中共は中華人民共和国樹立後，国民参政会において主張していた「民主主義」要求を何一つ実行しようとはせず，みずから中共独裁政権を築きあげていったことを見るなら，中共の国民参政会における「民主主義要求」は国民党政権打倒のための戦術にほかならなかったと結論づけるしかあるまい．

以上に見たように，国民参政会というテーマには，国民党史・中共党史・憲法制定史・都市知識人史・国際関係史などを含む中華民国後期の政治史全体に関わる広がりがあり，未解決の検討課題が多数残されている．国民参政会は，政治史であるとともに思想史である．思想史とは，観念の遊びではなく，人々が対面する現実をいかに思考したかということについての歴史の

検討でなければならない．それらの現実と歴史をいかにとらえるかは，思想史の課題そのものなのである．

　　＊本稿は，2011〜2012年度中央大学特定課題研究費の補助を受けた．

1) これらについては，西村成雄『中国ナショナリズムと民主主義—20世紀中国政治史の新たな視界』（研文出版，1991年9月．略称，西村）および鄧野『連合政府与一党訓政　1944〜1946年間国共政争』（社会科学文献出版社，2003年初版，2011年11月修訂再版．略称，鄧野）が参考になる．このうち，国民党の訓政への着手から憲政への移行問題については，西村が手際よく整理している．
2) 安井三吉「毛沢東の孫文・三民主義観」（藤井昇三・横山宏章編『孫文と毛沢東の遺産』所収，研文出版，1992年4月）．
3) 略称『国参資料』は，1938年3月から1945年7月までの関連資料を収録し，それ以後の資料は収めていない．その理由は，中共が1945年7月以降の国民参政会への参加を拒否したので，そのあとは意味がないということであろうが，このような政治主義は歴史資料編纂上の欠陥と言わなければならない．また，略称『国参紀実』および『国参実続』には収録文献の日付を記載していないものがあるが，これも資料集としての欠陥である．
4) 本章執筆の前，筆者は「1946年1月政治協商会議」にとりかかっていたのだが，政治協商会議を論ずるにはその前に国民参政会を取り上げる必要があると思い至り，資料を読むに従ってその重要性を認識するに至った次第である．2012年3月，国民参政会および政治協商会議について上海で「従国民参政会到内戦下政治協商会議」と題する講演を行なったが（『経済研究所年報』，第33号，中央大学出版部，2012年9月発行予定），国民参政会についてはほとんど論じていない．
5) 「建国大綱」は，『国民党史述 (5)』所収；斎藤 2005-1, 59-60頁参照．
6) 拙稿「国防最高委員会常務会議の主席について」（『中央大学論集』第32号，2011年3月）参照．
7) 毛沢東ら7参政員による「国民参政会についてのわれわれの意見」（1938年7月5日）は，1937年「9月」に「抗日救国十大綱領」を発表したと述べているが（『国参資料』247頁，『国参紀実』77頁），「8月25日」の間違いである．
8) 「抗戦建国綱領」は栄孟源（下）484-488頁；『国民党史述 (5)』194-197頁；斎藤 2005, 59-60頁参照．
9) 参政員氏名・駐会委員氏名・主席団氏名は，拙稿「国民参政会参政員名簿」（『経済研究所年報』第43号，中央大学出版部，2013年3月出版予定）参照．
10) 病気・辞職・除名のため，人数減少（『国参紀実続』643頁）．
11) 大会開会時期に1名増加（『国参紀実続』643頁）．
12) 王鳳青（243頁）は『国参紀実続』から表を作成しているが，『国参紀実続』に

はある政府提出案数，参政員提案数と政府提出案数の合計，決議案数がなく，また数字に違いがあるが，理由はわからない．
13) 1938年9月9日「国民参政会第1期第1回大会休会期間駐会委員会」から，1938年11月6日「国民参政会第1期2回大会休会期間駐会委員会」，1939年2月20日「国民参政会1期3回大会休会期間駐会委員会」，1939年9月17日「国民参政会第1期4回大会休会期間駐会委員会」，1940年4月9日は「国民参政会第1期5回大会休会期間駐会委員会」，1941年3月9日「第2期1回大会休会期間駐会委員会」，1941年11月25日「2期2回大会休会期間駐会委員会」，1942年10月31日「国民参政会第3期1回大会休会期間駐会委員会」，1943年9月27日「国民参政会3期2回大会休会期間駐会委員会」，1944年9月18日「国民参政会第3期3回大会休会期間駐会委員会」までは「25名」を選出した．1945年7月20日「国民参政会第4期1回大会休会期間駐会委員会」は「31名」を選出した．
14) 周玉玲・陸建洪「国民参政会十年（1939～1949）基層民意機関建設数量分析」（『江南社会学院学報』2005年第3期）．王鳳青113頁による．
15) 『国参資料』・『国参紀実』は「張一麟」だが，「国防最高委員会常務会議記録」では「張一麐」であり，本稿は「国防最高委員会常務会議記録」に従う．同義異字体である．
16) 1938年10月第1期第2回大会を指すものであろう．
17) 黄炎培は「2月15日」（『国参資料』416頁）としているが，思い違いだろう．
18) 黄炎培は「9月10日」としているが（「国民参政会6年9次大会的客観検討」，『国参資料』416頁），思い違いだろう．
19) 周・周・劉では，「4月2日」（『国参紀実続』32頁）．
20) 何応欽報告の日付は，『国参紀実続』32頁による．
21) 何応欽報告に対する董必武の否認は，当然，同日，何応欽報告に続けて行なわれたものと見る．
22) 何応欽に対する梁漱溟の質問，それに対する何応欽の回答は，同日，何応欽報告に続けて行なわれたものと見る．
23) 原文「因与消除之方策」．「因与」は意味不明につき，「除去する方策をとり」と仮訳をつけた．
24) 西村は，「皖南事変事変は，華北における百団大戦にたいする牽制と，蒋介石国民党側の華中におけるヘゲモニー獲得のための対新四軍弾圧事件にほかならない」（123頁）と断じているが，果たしてそう言い切れるのだろうか．斎藤2010,327-329頁参照．新四軍事件の処理については，国共分裂はアメリカにとって対日戦争の見地から避けなければならないことから国民党を制し，ソ連にとっても望ましくなかったので中共を制したであろうし，国共両党にとっても抗日戦争の大局的利益から国共分裂は避けられ，国共協力関係は破局には至らなかったと見られる．

25) 「3月19日，秘密裏に中国民主政団同盟を結成し，黄炎培を中央常務委員会主席とした．」とするものあり．
26) 原文「編制的数目和編制外軍队的取消及軍队集中使用」．文になっておらず，林祖涵，張治中・王世杰，『国参資料』編集時のどの段階での脱落か不明．
27) 原文「只要求辺区政府実行中央法令，而不提実行三民主義，不承認現行各項設施与法令」．「不承認現行各項設施与法令」の文意やや不明．
28) 原文「取消敵后抗日根拠第的人民選出之民主政府等，承認為距離太远的事実」．「承認為距離太远的事実」の文意やや不明．
29) 「3月12日」は孫文の誕生日ではなく，死亡した日である．孫文は，1866年11月12日生まれである．
30) 拙稿「歴史認識と現実認識—近現代日中関係史論史の問題点」(斎藤道彦編著『日中関係史の諸問題』所収，中央大学出版部，2009年2月) 参照．
31) 中国国民党『中国国民党八十年大事年表』(中国国民党，1974年8月)．
32) 『国参紀実』所収「会議日誌」では，「南京市林森路国民大会堂」(1589頁，587頁)．「国府路」は北伐成功後の名称で，「林森路」は国民政府主席林森死亡後の道路名称変更ではないか．

付表　国民参政会組織図（『国参紀実続』616頁による）

```
                        国民参政会
                         主席団
    ┌──────────┬──────┬──────┬─────────┬──────────┐
  特種組織      調査委員会 駐会委員会 各種審査委員会      秘書処
                                                    秘書長／副
┌──┬──┬──┬──┐              ┌────┬────┬────┐  ┌──┬──┬──┬──┐
憲政 経済 経済 川康 川康         審査  特種  全体     警衛 総務 議事 文書
実施 建設 動員 建設 建設         委員  審査  審査     組   組   組   組
協進 策進 策進 視察 期成         会    委員  委員
会   会   会   団   会                 会    会
                        ┌────┬────┬────┬────┐
                        第四   第三   第二   第一
                        審査   審査   審査   審査
                        委員   委員   委員   委員
                        会     会     会     会
```

第5章

4大国有銀行は復活を遂げたのか？

谷口 洋志

はじめに

　中国の4大国有銀行と呼ばれる中国工商銀行・中国建設銀行・中国銀行・中国農業銀行の各行は，かつて巨額の不良貸付（不良債権）を抱え，非効率部門の典型と見なされていた．例えば，中国工商銀行の不良貸付率（＝不良貸付÷貸付総額）を見ると，2000年には34.43％（正常・関注・次級・可疑・損失の五級分類法のうちの次級・可疑・損失の割合）ないし29.30％（正常・逾期・呆滞・呆賬の一逾両呆分類法のうちの逾期・呆滞・呆賬の割合）であり，2001年でも29.78％ないし25.71％という高水準にあった[1]．中国農業銀行の場合も，五級分類法に基づく不良貸付率の割合は，2003年に30.66％，2004年に26.73％と高水準にあった[2]．

　ところが，最新の2011年についてみると，税引後の純利益は，中国工商銀行の2084億元を筆頭に，中国建設銀行の1694億元，中国銀行の1303億元，中国農業銀行の1220億元と軒並み1000億元を超過した．ちなみに中国第5位の交通銀行は505億元である．五級分類法に基づく不良貸付率については，中国工商銀行0.94％，中国銀行1.00％，中国建設銀行1.09％，中国農業銀行1.55％となった．これらのデータから，4大国有銀行はかつての最悪期を

脱して高度な成長・発展期にあるように見える．

中国4大国有銀行の躍進は，バンカー誌（The Banker）が毎年発表する世界銀行トップ1000行ランキングからもうかがえる．表1に示されるように，2011年の総資産・貸付残高・預金残高・Tier 1（自己資本の基本的項目）・税引前利益等において，4行ともに上位25位以内にはいり，Tier 1資本では3行が10位以内である．税引前利益では4行とも10位以内であり，中国工商銀行第1位，中国建設銀行2位，中国銀行5位，中国農業銀行7位と上位を占めている．バンカー誌2011年6月30日号の記事によれば，世界全体の銀行の利益に占める中国のシェアは2007年から2010年の間に2倍以上の21％となった．

表1　中国4大国有銀行の世界ランキング

摘　　要	中国工商銀行	中国建設銀行	中 国 銀 行	中国農業銀行
総 資 産	10	16	17	18
貸 付 残 高	19	21	22	17
預 金 残 高	9	17	22	3
Tier 1 資本	6	8	9	13
税引前利益	1	2	5	7
ランキング	6(7)	8(15)	9(14)	14(28)

注：2011年（年度）データ．カッコ内は2010年．
出所：The Banker Databaseより作成．

このように，世界の銀行ランキングでは，中国の4大国有銀行は上位に登場する常連となった．中国経済の躍進と歩調を合わせた中国系銀行の躍進を反映して，最近は米国ウォール街の人材が中国系銀行へ移籍する動きが生じているほどである[3]．

こうした4大銀行における業績の劇的な変化は，1990年代末から2000年代前半にかけての不良債権買取と政府資金注入，株式制移行や上海・香港市場での上場といった国有企業・国有銀行改革の成果と言える．ただし，この成果が実質的な効率性の向上によるものか，あるいは表面的な数字調整の

結果なのかどうかについては検討を要する.

本章では,4大国有銀行の業績がどのように変化したのか,4大国有銀行の間ではどのような相違が生じているかについて詳細に検討し,4大国有銀行の公表された業績の改善は本物かどうか,あるいはどのように改善を遂げたのかについて考察する.第1節では,中国の経済・金融部門の動向と銀行部門における4大国有銀行の相対的地位について整理する.第2節では,4大国有銀行間の違いに焦点を当て,4行の相対的地位の変化について考察する.第3節では,4大国有銀行の歴史的動向を取り上げ,どのような国有企業改革が行われてきたのかについて整理する.第4節では,ケーススタディとして中国最大規模の中国工商銀行と,変化が著しい中国農業銀行の動向について少し詳細に考察する.

1. 中国における経済と金融および銀行部門における4大国有銀行の相対的地位

1-1 中国における経済と金融

実物経済の発展は,貨幣経済の発展によって支えられる.特に証券市場が未発達な途上国においては,生産活動は主に銀行部門の融資によって支えられる.実物面を代表するGDP(国内総生産)では目覚ましい成長を遂げた中国においても銀行部門の役割は大きい.そこで最初に,経済全体と銀行部門全体の動向を見ておこう.

銀行部門全体(銀行業金融機関と呼ばれる)の総資産は,2003年末の27兆6584億元から2011年末の111兆5184億元へと8年間で4.03倍(うち4大国有銀行の総資産は同期間に15兆5814億元から51兆2663億元へと3.29倍)となったのに対し,名目GDPは2003年の13兆5823億元から2011年の47兆1564億元へと8年間で3.47倍となった.その結果,銀行部門全体の総資産の対名目GDP比は2.04倍から2.36倍へと増大した[4].

次に銀行部門全体の預金・貸付動向をみると，人民元預金総額は2000年末の12兆3804億元から2011年の80兆9368億元へと6.54倍となり，人民元貸付総額は同期間に9兆9371億元から54兆7947億元へと5.51倍となった．2000年から2011年の間に名目GDPは4.75倍となったので，預金・貸付の伸びはともに名目GDPの伸びを上回った（表2参照）．

表2　人民元預金総額・貸付総額・名目GDP

摘　　要	2000	2005	2011	00→'05	05→'11	00→'11
預金総額	12.38	28.72	80.94	2.32	2.82	6.54
貸付総額	9.94	19.47	54.79	1.96	2.81	5.51
名目GDP	9.92	18.49	47.16	1.86	2.55	4.75
単　　位	兆　元			倍		

注：預金総額と貸付総額は各年末，GDPは各年．
出所：中国人民銀行「金融機構人民元信貸収支表」2000〜2011年；国家統計局編『中国統計年鑑2011』中国統計出版社，2011年9月および国家統計局『2011年統計広報評読』2012年2月22日より作成．

さらに名目GDPに占める金融業の付加価値の割合は，2005年の3.3%から2010年の5.2%へと上昇した．以上から，生産面の拡大を上回る銀行部門の拡大が生じている[5]．ただし，こうした動向は1978年の改革開放導入以降，一貫して生じた訳ではない．例えば，金融業付加価値の対名目GDP比は，1979年の1.6%から1989年の5.7%へ上昇したあと，2005年の3.3%へと緩やかに低下してから2010年の5.2%へと上昇した．したがって，近年における銀行部門の相対的拡大は2000年代以降，特に2000年代半ば以降に生じた可能性がある．

1-2　銀行部門における4大国有銀行の相対的地位

中国の4大国有銀行は1984年までに創立されたのに対し，その他の主要銀行の多くは1980年代後半から1990年代に創立されている（表3参照）．また，第3節で述べるように，4大国有銀行は1994年に商業銀行化されたことから，銀行部門全体におけるその比重を見るには1990年代半ば以降が適

切である．さらに 2004 年以降に 4 大国有銀行が株式制移行を実現したことから，最近の状況を見るには 2000 年代半ば以降が適している．ここではデータの利用可能性から 2003 年以降を取り上げる．

総資産については，銀行部門全体に占める 4 大国有銀行の比重は，2003 年末の 56.34％から 2011 年末の 45.97％へと下落している．貸付総額は同期間に 52.42％から 44.83％へ，預金総額は 63.23％から 49.22％へと低下している（表 4 参照）．これらのデータから，4 大国有銀行の比重はかなり低下したと言えるが，今なお全体の 5 割前後を占めるほど巨大である．

表 3　主要銀行の創立年

～1979	中国銀行(1912), 中国建設銀行(1954), 中国農業銀行(1979, 前身は1951)
1984	中国工商銀行
1987	交通銀行, 招商銀行, 中信銀行, 深圳発展銀行, 恒豊銀行
1988	広発銀行, 興業銀行
1992	中国光大銀行, 華夏銀行, 上海浦東発展銀行
1994	国家開発銀行, 中国農業発展銀行, 中国輸出入銀行
1995	上海銀行
1996	中国民生銀行
2004	浙商銀行
2005	渤海銀行

出所：各行の年報・年度報告より作成．．

表 4　銀行部門全体に占める 4 大国有銀行の比重

項　目	総資産（億元）		貸付（億元）		預金（億元）	
年	2003	2011	2003	2011	2003	2011
銀行部門全体(A)	276,584	1,115,184	169,771	581,893	220,364	826,701
4 大国有銀行(B)	155,814	512,663	88,998	260,856	139,333	406,887
B／A（％）	56.34	45.97	52.42	44.83	63.23	49.22

注：銀行部門全体は人民元と外貨の両方を含む．4 大国有銀行は銀行集団ベース．
出所：中国人民銀行「金融機関本外幣信貸収支表」および各行の年報・年度報告より作成．

次に中国主要銀行の中での4大国有銀行の比重をみると，営業収入，純利益（税引後利益），従業員数のいずれにおいても4大国有銀行は巨大規模で，上位4位までを占める（表5参照）．表5のうち2005年と2011年の全データが比較可能な13行全体に占める4大国有銀行の比重を見ると，営業収入は72.14％から70.48％へ，純利益は70.71％から71.51％へ，従業員数は90.90％から82.68％へと変動しているものの，今も全体の8割前後を占める．

以上より，4大国有銀行の比重はどの指標で見てもほぼ低下しているものの，各行はどの指標でみても文字通りの4大銀行のままである．しかも，2005年と2011年の間における営業収入と純利益の伸びは4行ともに名目GDPの伸びを上回る（表2と表5を参照）．公表データを見る限り，銀行部門全体に占める比重が低下したとはいえ，4大国有銀行は経済の拡大を上回る成果を実現している．特に，2011年における4大国有銀行の純利益合計が6302億元（1元＝13円で計算すると8兆1921億円）に達するのは驚異である．

なおROA（総資産利益率）やROE（自己資本利益率）などの経営指標により，4大国有銀行各行とその他株式上場銀行を比較すると，4行は最上位レベルでも最下位レベルでもなく，また指標によって各行の順位が変動する．例えばA株上場16行の2009年ROEでは，中国建設銀行5位，中国農業銀行6位，中国工商銀行7位，中国銀行11位であり，また同年の中核的自己資本比率（Tier 1に相当）では，中国工商銀行3位，中国建設銀行5位，中国銀行7位，中国農業銀行11位となっている[6]．

2．4大国有銀行の経営比較

2-1　企業・経営規模

4大国有銀行の年報・年度報告掲載のデータより4行の比較を行なってみると，以下のような傾向が見出せる（表6参照）．なお以下では，中国工商銀行＝工行，中国建設銀行＝建行，中国銀行＝中行，中国農業銀行＝農行，と

第5章 4大国有銀行は復活を遂げたのか？ 249

表5 中国の主要銀行の営業収入・純利益・従業員数：2005年と2011年の比較

銀行名	本所在地	営業収入（億元） 2005	営業収入（億元） 2011	倍率	純利益（億元） 2005	純利益（億元） 2011	倍率	従業員数（人） 2005	従業員数（人） 2011	増減
中国工商銀行	北京	1,716.20	4,706.01	2.74	380.19	2,084.45	5.48	361,623	408,859	47,236
中国建設銀行	北京	1,287.14	3,994.03	3.10	470.96	1,694.39	3.60	300,288	329,438	29,150
中国農業銀行	北京	538.93	3,777.31	7.01	10.44	1,219.56	116.82	478,895	447,401	▲31,494
中国銀行	北京	1,251.06	3,281.66	2.62	315.58	1,303.19	4.13	229,742	289,951	60,209
交通銀行	上海	351.53	1,269.56	3.61	92.43	508.17	5.50	57,323	88,480	31,157
招商銀行	深圳（広東）	250.59	961.57	3.84	39.30	361.29	9.19	20,653	45,344	24,691
国家開発銀行	北京	419.17	1,174.25	2.80	227.83	456.07	2.00	6,711	7,626	915
中国民生銀行	北京	128.39	823.68	6.42	27.38	279.20	10.20	9,447	40,820	31,373
中信銀行	北京	*179.27	769.48	4.29	*38.58	308.44	7.99	*12,575	37,195	24,620
上海浦東発展銀行	上海	214.67	679.18	3.16	24.85	273.55	11.01	10,151	31,231	21,080
興業銀行	福州（福建）	97.37	598.70	6.15	24.65	255.97	10.38	8,337	34,611	26,274
中国光大銀行	北京	166.40	460.29	2.77	25.87	180.38	6.97	9,734	28,267	18,533
中国農業発展銀行	北京	135.62	574.47	4.24	0.24	67.79	282.46	59,000	#50,786	▲8,214
華夏銀行	北京	137.94	335.44	2.43	21.84	92.21	4.22	7,761	19,169	11,408
深圳発展銀行	深圳（広東）	85.16	296.43	3.48	3.52	103.90	29.54	7,142	13,549	6,407
広発銀行	広州（広東）	125.93	281.73	2.24	▲6.92	95.86	―	*12,443	18,641	6,198
上海銀行	上海	38.58	141.62	3.67	13.98	58.07	4.15	*4,580	9,005	4,425
中国輸出入銀行	北京	11.42	106.54	9.33	0.72	31.35	43.63	*928	1,891	963
恒豊銀行	烟台（山東）	18.78	94.29	5.02	1.35	41.48	30.84	**2,006	3,181	1,175
浙商銀行	杭州（浙江）	7.44	84.53	11.36	00.65	28.50	43.59	*870	4,351	3,481
渤海銀行	天津	3.20	64.19	20.04	▲2.12	18.38	―	*525	―	―

注：従業員数は本行ベース、その他は銀行集団ベース。*は2006年、**は2007年、#は2010年。
出所：各行の2005年・2006年・2010年・2011年の年報、年度報告および中国農業発展銀行改革発展主要情況（2011年4月）より作成。

略す．

① 4行の経営収入，税引前・税引後利益・資産・貸付・預金はいずれも増大傾向にある．4行合計では，2003年末から2011年末の間に，経営収入は4.13倍，税引後利益は8.54倍，総資産は3.29倍，貸付は2.93倍，預金は2.92倍となった（ちなみに名目GDPは3.47倍）．

② 営業収入では当初，工行・建行・中行・農行の順（2004年を除く）であったが，2010年以降，第3位と第4位が入れ替わり，工行・建行・農行・中行の順となった．工行は当初から第1位を維持している．

③ 税引後利益（純利益）では当初，順位の変動があったものの，2007年以降，工行・建行・中行・農行の順となった．

④ 資産では当初，建行が相対的に低かったものの，2006年以降第2位を維持している．工行は当初から第1位を維持している．

⑤ 貸付では農行が2007年まで第2位であったが，2008年以降第4位となった．工行は当初から第1位を維持している．

⑥ 預金では工行を除く3行が当初拮抗していたが，中行は2004年以降第4位となった．工行は当初から第1位を維持している．

⑦ 不良貸付率では4行とも当初は高い数値を示したが，ある時点を境に一挙に低下し，それ以降低下傾向にある．その中で農行は相対的に悪い状況にある．

⑧ 従業員数と機構数では当初から，農行・工行・建行・中行の順となっている．従業員数は当初減少する傾向があったものの，近年若干増加している．機構数は全体的に減少傾向にあるが，近年は微増ないし微減している．

⑨ 全体的には，収入や利益における工行・建行の相対的拡大と，農行の猛追が目立っている．このことは経済構造の変化が4行の成果に影響していることを示唆する．

表6　4大国有銀行の財務データ：2002年～2011年

項目	銀行名	2002	2003	2004	2005	2006	2007	2008	2009	2010	2011
営業収入 （億元）	工行		1,328	1,480	1,716	1,816	2,574	3,102	3,094	3,807	4,706
	建行	852	986	1,140	1,287	1,516	2,207	2,697	2,693	3,258	3,994
	中行		942	1,160	1,251	1,484	1,946	2,288	2,326	2,765	3,282
	農行	483	563	638	539	875	1,792	2,112	2,236	2,923	3,777
税引前利益 （億元）	工行		339	544	630	721	1,154	1,454	1,673	2,154	2,723
	建行	224	377	512	554	657	1,008	1,197	1,387	1,752	2,191
	中行		299	373	538	676	900	868	1,111	1,421	1,686
	農行	29	19	84	79	116	783	523	739	1,207	1,582
税引後利益 （億元）	工行		226	312	380	499	823	1,112	1,294	1,660	2,084
	建行	113	225	490	471	463	691	926	1,068	1,350	1,694
	中行		268	271	316	481	620	656	853	1,097	1,303
	農行	29	19	20	10	52	438	515	650	949	1,220
資産 （億元）	工行		45,570	50,693	64,561	75,088	86,837	97,571	117,851	134,586	154,769
	建行	28,579	35,571	39,099	45,857	54,485	65,982	75,555	96,234	108,103	122,818
	中行		39,733	42,652	47,400	53,320	59,956	69,557	87,519	104,599	118,301
	農行	29,766	34,940	40,138	47,710	53,636	60,501	70,144	88,826	103,374	116,776
貸付 （億元）	工行		27,661	31,092	32,059	36,312	40,732	45,720	57,286	67,905	77,889
	建行	15,762	19,434	21,736	23,953	27,960	31,832	36,836	46,929	56,691	63,252
	中行		19,219	20,729	21,521	23,377	27,545	31,897	47,974	55,379	63,428
	農行	19,130	22,684	25,901	28,293	31,498	34,801	31,002	41,382	49,567	56,287
預金 （億元）	工行		47,069	51,763	57,369	63,514	68,984	82,234	97,713	111,456	122,612
	建行	28,227	31,957	34,911	40,060	47,213	53,295	63,759	80,013	90,754	99,875
	中行		30,334	33,384	36,995	40,954	44,001	51,021	67,168	77,335	88,180
	農行	24,796	29,973	34,915	40,369	47,553	52,833	60,974	74,976	88,879	96,220
不良貸付率 （％）	工行			21.16	4.69	3.79	2.74	2.29	1.54	1.08	0.94
	建行	16.97	4.27	3.92	3.84	3.29	2.60	2.21	1.50	1.14	1.09
	中行		16.28	5.13	4.62	4.04	3.12	2.65	1.52	1.10	1.00
	農行		30.66	26.73	26.17	23.43	23.57	4.32	2.91	2.03	1.55
従業員数 （人）	工行		389,045	375,781	361,623	351,448	381,713	385,609	389,827	397,339	408,859
	建行		310,639	300,288	297,506	298,868	298,581	301,537	313,867	329,438
	中行			241,401	238,672	229,742	232,632	237,379	249,278	262,566	279,301	289,951
	農行			489,425	478,895	452,464	447,519	441,883	441,144	444,447	447,401
機構数 （個）	工行		24,199	21,323	18,870	17,095	16,588	16,386	16,394	16,430	16,887
	建行			13,985	13,637	13,457	13,383	13,392	13,425	13,715
	中行			11,909	11,646	11,241	10,834	10,789	10,961	11,058	10,951
	農行			31,004	28,239	24,942	24,457	24,069	23,631	23,494	23,468

注：各年のデータに違いがある場合には，より新しい年度版の数値を用いた．従業員数と機構数は本行ベース，その他は連結（銀行集団）ベース．中国建設銀行の営業収入は経営収入．空欄は不明もしくは整合性の理由で未掲載．
出所：各行の年報・年度報告より作成．

2-2　地域別経営状況

2011年の地域別経営状況については，以下のような特徴が見られる（表7参照）．

① 中行を除く3行の本店は従業員数や機構数では小さい．ただし建行では，営業収入が長江デルタに次いで多く，最大の利益が配分されている．農行の場合にも相対的に大きな利益が配分されている．

② 本店を除くと，3行ともに営業収入・利益・貸付・預金において長江デルタの比重が大きい．次いで環渤海デルタの比重が相対的に大きい．長江デルタの従業員数と機構数は相対的に小さいので，従業員数当たり・機構数当たりの平均収入や利益は相対的に大きい．

③ 経営指標については，建行では珠江デルタの比重が相対的に低い．農行では西部地区の比重が高く，特に預金では地域別で第1位，経営収入と貸付では同第2位である．

④ 従業員数と機構数では3行ともに西部地区と中部地区の比重が高い．これら地区の営業収入や利益は相対的に小さいので，従業員数当たり・機構数当たりの平均収入や利益は相対的に小さい．

⑤ 中行については，貸付，従業員数や機構数からみると，華東地区と中南地区の比重が大きく，これら2地区で全体の半分以上を占める．また，営業収入や利益では，香港・マカオ・台湾（港澳台）地区の比重が相対的に大きい．これらのことから，中行の営業基盤は，華東・中南・港澳台の沿海地域に集中している．

以上のうち③は，農業が中西部に集中している中国において農村金融の専業銀行として出発した農行の特徴を示し，さらに⑤は，外国為替・国際貿易の専業銀行として出発した中行の特徴を示している．

第5章　4大国有銀行は復活を遂げたのか？　253

表7　4大国有銀行の地域別経営状況：2007年と2011年

項目	銀行名	本店	長江	珠江	環渤海	中部	西部	東北	国外等	合計
営業収入（億元）	工行	253 343	589 991	362 650	461 959	303 620	365 727	127 275	60 167	2,560 4,732
	建行	282 610	451 772	298 539	356 601	328 595	321 600	134 243	39 36	2,207 3,994
	農行	83 500	410 850	268 492	297 562	239 454	401 795	85 122	11 21	1,792 3,798
税引前利益（億元）	工行	207 201	349 628	180 391	201 601	69 289	116 371	1 140	30 102	1,154 2,723
	建行	46 416	259 411	169 290	155 337	153 299	149 314	51 120	25 3	1,008 2,191
	農行	54 427	243 457	163 198	121 191	54 77	152 222	▲12 0	8 11	783 1,582
貸付（億元）	工行	1,725 2,480	10,404 17,439	6,117 10,902	7,310 14,093	5,263 10,479	6,126 13,111	2,247 4,629	1,540 4,755	40,732 77,889
	建行	296 1,056	8,161 14,761	4,735 9,559	6,029 11,376	5,194 10,518	5,308 11,081	1,991 4,060	1,008 2,551	32,722 64,964
	農行	1,076 912	8,389 15,110	4,631 8,087	5,772 9,965	5,152 6,786	7,491 12,307	2,054 2,058	177 1,061	34,742 56,287
預金（億元）	工行	1,410 1,448	14,228 26,142	9,029 16,095	17,987 30,858	9,474 17,273	10,325 19,818	5,164 7,865	1,367 3,113	68,984 122,612
	建行	902 212	11,067 20,670	8,207 15,397	10,536 18,254	9,135 17,741	8,714 18,731	4,055 7,339	679 1,530	53,295 99,875
	農行	554 698	12,175 21,920	9,691 13,487	9,466 16,520	9,559 15,844	7,875 22,382	3,446 5,069	105 300	52,872 96,220
従業員数（人）	工行	(7,951) 13,361	(48,830) 52,755	(43,414) 45,435	(61,195) 64,984	(84,656) 87,119	(87,473) 89,516	(49,172) 50,181	(2,918) 5,508	(385,609) 408,859
	建行	4,694 8,874	42,742 49,466	35,940 39,357	50,669 55,812	67,288 73,713	62,540 65,899	34,639 35,796	356 521	298,868 329,438
	農行	(5,418) 6,363	(56,758) 56,962	(46,707) 46,995	(58,777) 59,331	(99,380) 101,093	(120,334) 122,771	(53,456) 53,385	(314) 501	(441,144) 447,401

254

	銀行名	華北	東北	華東	中南	西部	内地	港澳台	海外	合計
機構数(個)	工行	20 35							114 243	16,476 16,887
	建行	2 3	2,216 2,310	1,662 1,708	2,191 2,215	3,288 3,293	2,713 2,749	1,376 1,366	9 71	13,448 13,644
	農行	(4) 7	(3,162) 3,106	(2,661) 2,559	(3,490) 3,321	(5,288) 5,203	(7,148) 7,035	(2,311) 2,230	(5) 7	(24,064) 23,461

項目	銀行名	華北	東北	華東	中南	西部	内地	港澳台	海外	合計
営業収入 (億元)	中行	-	-	-	-	-	1,407 2,699	506 509	38 89	1,950 3,297
税引前利益 (億元)	中行	-	-	-	-	-	604 1,334	283 293	20 67	907 1,686
貸付 (億元)	中行	3,875 8,414	1,461 3,746	9,658 21,374	5,880 12,511	2,283 6,051	23,157 52,097	4,313 7,432	1,036 3,899	28,506 63,428
預金 (億元)	中行	-	-	-	-	-	35,289 74,333	-	-	44,001 88,180
従業員数(人)	中行	(42,324) 51,107	(23,118) 25,271	(77,811) 89,088	(62,134) 67,606	(30,669) 35,758	(236,056) 268,830	(24,297) 18,161	(2,213) 2,960	(262,566) 289,951
機構数 (個)	中行	1,516 1,624	895 919	3,438 3,462	2,723 2,733	1,573 1,627	10,145 10,365	- 493	- 93	10,834 10,951

注：上段は2007年，下段は2011年。工行は2008年，農行は2009年，工行と中行は2008年の従業員数のうち，債務相殺を含まない。-は不明。なお，通常（中国統計年鑑等）の定義と各行の定義の違いは，以下の通り。
① 通常銀行の定義では上記のうち広西が中西部に分類され，中国銀行の定義では内蒙古が華北に，広西が中南に分類される（その他はすべて西部）。建設銀行と工商・農業銀行の定義では「重慶，四川，貴州，雲南，広西，陝西，甘粛，青海，寧夏，新疆，内蒙古，西蔵」の12省市区が合まれる。
② 通常の定義では，中部＋西部ではなく，6省のうち「山西，河南，湖北，湖南，江西，安徽」の6省が合まれる。工商・農業銀行の定義では「6省＋海南」，建設銀行が中南に分類される。
③ 通常の定義では，東北を除く9省が，長江デルタ（上海，江蘇，浙江），珠江デルタ（福建，広東），環渤海地区（北京，天津，河北，山東）に分類。中国銀行の定義には海南（中部に分類）を除く10省市は華北（北京，天津，河北），華東（上海，江蘇，浙江，山東，福建），中南（広東，海南）の3省が合まれる。
④ 東北については，通常の定義および4行の定義は同一つであり，「黒竜江，吉林，遼寧」の3省が含まれる。

出所：各行の年報・年度報告より作成。

2-3　貸付配分状況

　2011年の貸付配分状況を見ると，4行ともに貸付総額の4分の1が個人向けであり，4分の3が企業向けおよび海外となっている（表8参照）．個人向け貸付の比率は2005年には12%（農行），16%（工行），20%（建行），24%（中行）であったことから，個人向け貸付の比重は以前より増大している．

　企業向け業種別貸付については，以下のような特徴が見られる．

① 　4行とも製造業の貸付が最大であり，22〜30%を占める．

② 　他行との比較でみると，工行では交通運輸・倉庫・郵政業，水利・環境・公共施設管理業，卸売・小売への貸付が相対的に大きい．建行では電力・ガス・水生産供給，リース・商業サービスや建築業の比重がやや大きい．農行では不動産業の比重がやや大きく，中行では鉱業の比重が大きい．

③ 　交通運輸・倉庫・郵政業，水利・環境・公共施設管理業，電力・ガス・水生産供給をインフラ部門とすると，工行の比重が41%と一番高く，建行は35%，中行・農行は27〜28%である．

④ 　不良貸付率を見ると，各行とも製造業の不良率が相対的に大きく，卸売・小売業も比較的大きい．建行では不動産業とICT，農行では電力・ガス・水生産供給とその他（これには農林水産業が含まれる），中行では交通運輸・倉庫・郵政業の不良率が相対的に大きい[7]．

256

表8 4大国有銀行の貸付先業種分布（実数、構成比）：2011年

分野	貸付額（億元） 工行	建行	農行	中行	構成比（％） 工行	建行	農行	中行	不良貸付率（％） 工行	建行	農行	中行
企業向け	52,156	44,462	39,896	47,253	100.0	100.0	100.0	100.0	1.15	1.43	1.90	1.37
製造業	11,214	10,989	12,040	13,792	21.5	24.7	30.2	29.2	2.09	2.33	2.23	1.77
交通運輸・倉庫・郵政業①	10,525	7,536	4,588	6,186	20.2	16.9	11.5	13.1	1.16	0.94	1.63	2.36
電力・ガス・水生産供給業	5,877	5,791	4,511	4,273	11.3	13.0	11.3	9.0	0.87	0.68	2.37	1.49
不動産業	5,122	4,328	4,972	5,004	9.8	9.7	12.5	10.6	0.93	1.85	1.24	0.55
鉱業	1,795	1,675	1,485	2,804	3.4	3.8	3.7	5.9	0.29	0.36	0.42	0.12
水利・環境・公共施設管理業	4,992	2,266	1,821	2,614	9.6	5.1	4.6	5.5	0.22	0.47	1.48	0.15
建築業	1,150	1,883	1,693	1,048	2.2	4.2	4.2	2.2	0.92	1.01	0.87	0.30
卸売・小売②	5,961	2,675	3,888	—	11.4	6.0	9.7	—	1.53	2.55	2.34	—
リース・商業サービス	3,495	3,834	2,584	—	6.7	8.6	6.5	—	0.21	0.88	1.04	—
科学・教育・文化・衛生	677	—	—	—	1.3	—	—	—	1.02	—	—	—
教育	—	850	—	—	—	1.9	—	—	—	0.86	—	—
ＩＣＴ③	—	216	146	—	—	0.5	0.4	—	—	3.62	1.20	—
商業・サービス業	—	—	—	9,438	—	—	—	20.0	—	—	—	1.20
金融業	—	—	—	764	—	—	—	1.6	—	—	—	0.01
公共事業	—	—	—	778	—	—	—	1.6	—	—	—	1.32
その他	1,347	2,419	2,166	553	2.6	5.4	5.4	1.2	0.81	1.60	3.71	0.77
個人向け	19,913	16,839	14,305	16,175					0.54	0.31	0.78	0.64
個人の割合（％）	25.6	25.9	25.4	25.5								

注：単位は億元、％。①中行は運輸・物流業。②工行は卸売・小売・宿泊。③は通信・コンピュータサービス・ソフトウェア。
出所：各行の2011年の年報・年度報告より作成。

3. 4大国有銀行の歴史的動向

3-1 政策性・専業銀行から商業銀行へ

4大国有銀行はもともと政府の政策機能を担う専業金融機関としてスタートした．すなわち，1912年2月5日創設の中国銀行は外国為替・国際貿易専業銀行として，1954年10月創設の中国建設銀行（当初は中国人民建設銀行）は国家経済計画に基づく建設項目やインフラ建設を遂行する専業銀行として，1979年2月23日創設の中国農業銀行は農村金融専業銀行として，1984年1月1日創設の中国工商銀行は中国人民銀行の中央銀行化に伴って分離された商工業金融を担う専業銀行としてそれぞれ政策機能を遂行した．

1980年代半ばに，国有企業への資金投入が財政資金から銀行融資に転換されることとなり，産業活動を支える役割が財政から金融に移行した．1990年代にはいると，4大国有銀行の性格付けが明確になった．1994年に政策機能を担う3行（国家開発銀行，中国農業発展銀行，中国輸出入銀行）が創設されると，4行は政策機能を外され，商業銀行として再スタートすることとなった．1995年7月の商業銀行法施行（1995年5月全人代常務委員会第13回会議で採択）によって4行は正式に商業銀行となった．また，1995年3月18日制定の中国人民銀行法により，中央銀行としての中国人民銀行が正式に確立された．

3-2 不良債権処理から株式制移行・内外市場上場へ

4大国有銀行は，商業銀行化以降も国有企業への融資を続けたが，融資先（国有企業）と内部組織構造の両面で問題を抱え，不良債権問題が表面化した．1998年には4大銀行に対する2700億元の公的資金注入が実施されると共に，1999年には金融資産管理会社が4行別に計4社創設され（一行一策）[8]，総額1兆4000億元の債権（国家開発銀行分を含む）買取が実施された．金融資産管理会社4社は各行の不良債権処理を通じて，各行の株式制移行を支援

した．

2000年以降，金融資産管理会社による銀行不良債権買取が進展した[9]．また，金融機関の監督管理体制が整備される一方，国有銀行の株式制移行と内外上場が推進された．すなわち，2003年には中国人民銀行の銀行管理監督機能が分離されて中国銀行業監督管理委員会が創設され，銀行業監督管理法・中国人民銀行法改正・商業銀行法改正といった法整備が行なわれ，さらに金融資産運用の観点から株式制銀行を所有するために中央匯金投資有限責任公司（匯金公司）が創設された．こうした背景のもとで，2004年から2005年にかけて中国銀行，中国建設銀行，中国工商銀行が順次株式制へ移行した（表9参照）．これら3行の株式は，2005年から2007年の間に香港市場（H株）や上海市場（A株）に上場された．これら3行に後れをとった中国農業銀行も2009年に株式制移行を実現し，2010年には上海と香港の株式市場に上場した．

なお株式制移行に伴って各行はそれぞれ中国工商銀行股份有限公司，中国建設銀行股份有限公司，中国銀行股份有限公司，中国農業銀行股份有限公司という名称となった．各股份有限公司（本行）は子会社を持ち，本行と子会社を併せて「集団」を構成している．

3-3 株式制移行と不良貸付率の関係

表6の不良貸付率を見ると，建行は2002年から2003年にかけて，中行は2003年から2004年にかけて，工行は2004年から2005年にかけて，農行は2007年から2008年にかけて不良貸付率が2桁台から1桁台へ大きく下落している[10]．中行は2004年8月に，建行は同年9月に，工行は2005年10月に，農行は2009年1月に株式制へ移行したことから，これは株式制移行の直前に不良債権処理が実施されたことを示している．4行の中で農行の株式制移行が遅れたのは，営業収入や利益の低さと不良貸付率の高さに示されるように，他行に比べ経営状況が非常に厳しい状況にあったためである．また，最初の株式制移行が工行でなく，工行の株式制移行が中行と建行の2行に1

第 5 章　4 大国有銀行は復活を遂げたのか？　259

表 9　4 大国有銀行の創設・株式制移行・上場・主要株主

摘　要	工行		建行		中行		農行	
設立	1984 年 1 月 1 日		1954 年 10 月		1912 年 2 月 5 日		1979 年 2 月 23 日	
株式制移行	2005 年 10 月 28 日		2004 年 9 月 17 日		2004 年 8 月 26 日		2009 年 1 月 15 日	
香港上場	2006 年 10 月 27 日		2005 年 10 月 27 日		2006 年 6 月 1 日		2010 年 7 月 16 日	
上海上場	2006 年 10 月 27 日		2007 年 9 月 25 日		2006 年 7 月 5 日		2010 年 7 月 15 日	
主要株主と持株比率 (%)	*匯金公司	35.4	*匯金公司	57.13	*匯金公司	67.60	*匯金公司	40.12
	*財政部	35.3	香港中央結算	24.88	香港中央結算	29.13	*財政部	39.21
	香港中央結算	24.6	淡馬錫	9.06	東京三菱 UFJ	0.19	香港中央結算	8.99
	中国平安人寿保険 A	0.6	*宝鋼集団	1.25	中国人寿保険 C	0.15	*全国社会保障基金理事会	3.02
	工銀瑞信基金	0.3	*国家電網	1.16	アジア開発銀行	0.11	中国平安人寿保険 A	0.97
	安邦財産保険	0.1	*百思投資	1.10	中国人民財産保険 A	0.07	中国人寿保険 A	0.41
	中国人寿保険 A	0.1	Bank of America	0.80	中国人寿保険 A	0.05	*全国社会保障基金理事会 D	0.41
	生命人寿保険 A	0.1	中国平安人寿保険 A	0.55	生命人寿保険 A	0.04	Standard Chartered 銀行	0.37
	中国平安人寿保険 B	0.1	*長江電力	0.41	神華集団	0.04	華宝信託	0.34
	中国人寿保険 C	0.1	益嘉投資	0.34	*中国鋁業	0.04	中国平安人寿保険 B	0.27

注：H 株と A 株の合計％．株主と持株比率は 2011 年末．*は国家または国有法人．A ＝伝統・普通保険商品，B ＝伝統・個人分紅，D ＝転換分紅．匯金公司＝中央匯金投資有限責任公司 (略称，匯金公司) は，中国人民共和国公司法に基づき，国家出資の国有独資会社 (資本金 5521.17 億元) として，2003 年 12 月 16 日設立，中国投資有限責任公司の完全子会社．財政部＝中国政府財政部．香港中央結算代理人有限公司＝富登金融特銀私人有限公司 (国家電網＝国家電網有限公司 (国有法人)．長江電力＝中国長江電力株式有限公司 (国有法人)．

出所：各行の 2011 年の年報・年度報告より作成．

年遅れたのは，経営面での相対的健全性を考慮しただけでなく，2003年段階で資産・貸付・預金・営業収入等においてすでに中国最大であった工行を最初に株式制移行を行った場合の不確実な影響を考えてのことであろう．

ときどき国家が強制介入すれば思い通りの結果が実現できるとして，中国の企業や銀行の経営状況が簡単に修正できるという見解が示されることがある．しかし，4行の株式制移行や国内外上場の動きを見ると，4行の場合には慎重な手続きがとられたことが示唆されるのである．

3-4　4大国有銀行の所有構造

中国では1990年代前半に現代企業制度の確立が決定され，政府と企業の分離（政企分離），経営と所有の分離，国営企業の民営化，コーポレート・ガバナンス（企業統治）の確立などが推進された．4大国有銀行の場合にはこれらの動きが2000年代にはいって活発化した．株式制移行と香港・上海市場上場により，所有構造が多様化し，外国企業による所有も可能となった．

工行の香港市場上場後には，ゴールドマン・サックス，アリアンツ，アメリカン・エクスプレスが戦略的投資家として株式（H株）を購入した．例えば，ゴールドマン・サックス（GS）はリスク管理，資金管理，商品・資産管理や融資において豊富な経験と知識を有することから，GSとの協力は工行の企業統治，リスク管理，銀行業務開発等の目標に資するとして，工行はGSに戦略的投資家としての参加を要請した[11]．その結果，2006年末には，GSが工行株式総数（A株・H株合計）の4.9％を所有すると同時に，GSの会長や投資銀行部長が独立非執行役員や非執行役員として経営に参画した．

国内外市場上場から数年を経過した2011年末現在，株主の数は増大したが[12]，国家による過半数所有の構造は変わらない．4行すべてにおいて匯金公司（中央匯金投資有限責任公司）が最大株主となっている．匯金公司と財政部の持株を合計すると，持株比率は57.13％（建行）〜79.33％（農行）に達する．

最大株主の匯金公司は，中国人民共和国公司法に基づき，国家出資の国有

独資会社（資本金5521.17億元）として，国有商業銀行等の重点金融企業出資者としての権利と義務を得ることを目的に，2003年12月16日設立された．現在は，中国投資有限責任公司（CIC）の完全子会社である．2007年9月29日のCIC設立に際しては，財政部が特別国債1兆5500億元を発行し，これによってCICは2000億ドル相当の外貨準備を用いて投資管理業務を遂行している．

4．ケーススタディ——中国工商銀行と中国農業銀行

4大国有銀行の業績改善がどのように生じたかをみるために，以下では4行のうちの中国工商銀行と中国農業銀行を取り上げ，詳細を見ていきたい[13]．

4-1　中国工商銀行

2000年代初期には，中国工商銀行（工行）は規模では大きかったものの，利益や不良貸付率で見た経営状況では中国建設銀行（建行）や中国銀行（中行）に後れをとっていた．しかし2012年時点では多数の指標（表6参照）でみて中国最大となり，他の3行を圧倒している．なぜ工行はトップになれたのかがここでの疑問である．以下では，不良貸付の処理，会計規則の変更，合理化，貸付政策の観点からこの疑問に迫りたい．

4-1-1　不良貸付の処理

工行の不良貸付総額は，2004年末の7846.56億元から2005年末の1544.17億元へと約6300億元減少した．その後，不良貸付額は一貫して減少し，2011年末には730.11億元となった．2004年末から2005年末にかけての不良貸付の激減は，2005年5月27日に「損失」カテゴリー（五級分類法の最低ランクの不良貸付）2460億元分を中国華融資産管理公司に譲渡したこ

と，さらに同年6月27日に「可疑」カテゴリー（五級分類法の下から2番目にランクされる不良貸付）4590億元を資産管理会社4社に譲渡したことによる．こうした不良貸付処理に加え，2005年4月22日には匯金公司を通じて国家による150億ドルの資本注入が行なわれ，同年8月19日には350億元の劣後債発行が実施された．こうした準備（不良貸付処理と資本基盤の強化）を経て，2005年10月28日に工行は株式制へ移行した．

株式制移行を先に実現した中国銀行（中行）の場合には，不良貸付総額は2003年末の3512.24億元から2004年末の1101.46億元へと約2400億元減少し，その後も不良貸付額は一貫して減少し，2011年末には624.7億元となった．2003年末から2004年末にかけての不良貸付の激減は，2004年に2539億元の不良債権が中国東方資産管理公司と中国信達資産管理公司に譲渡されたことによる．なお2003年末には匯金公司を通じて国家による225億ドルの資本注入が行なわれている．

このように，株式制移行直前に，工行において中行の3倍近い7000億元相当の不良債権処理が行なわれたことは，工行の負担軽減と経営改善に大きく貢献したと考えられる．

4-1-2　会計規則の変更

工行の年度報告掲載の純利益データを見ると，奇妙な事実に気づく（表10参照）．2004年の（税引後）純利益が2004年度報告では23.11億元であるのに対し，2005年度報告では299.89億元となっている．2007年度報告ではさ

表10　工行の純利

年	1998	1999	2000	2001	2002	2003
当該年	34.52		50.87	58.93	65.27	24.73
翌年		41.26	50.87	59.50	65.27	24.73
2007年						225.92

注：単位，億元．当該年＝当該年の年度報告記載，翌年＝翌年の年度報告記載．
出所：中国工商銀行の年報・年度報告により作成．

らに312.18億元と記載されている．2003年の純利益も2003年と2004年の年度報告では24.73億元であるのに対し，2007年度報告では225.92億元となっている．このように，純利益の数値が過去に遡って1桁大きく，2003年の場合には10倍近く，2004年の場合には10倍以上となっているのは，財政部の金融企業会計制度[14]が導入され，計算方法が変更されたためである．

4-1-3 合理化

2011年末における工行の従業員数は40万8859人であり，これは日本の三菱UFJフィナンシャル・グループの8万5123人（2011年3月末，以下同じ），三井住友フィナンシャル・グループの6万1555人，みずほフィナンシャル・グループの5万6770人を大きく上回る[15]．工行の従業員数は1984年（創立時）の36.6万から徐々に増大し，1995年には57万人のピークに達した．その後，従業員数は減少し，2005年には36.2万人となった．機構数（本支店数）も同じ傾向をたどり，1984年の1.92万から1997年の4.2万へと増大したあと減少し，2005年には1.88万となった[16]．こうした従業員と機構の激減は，経営改善に向けての合理化であり，工行の業績回復に貢献したことは疑いない．もっとも従業員数は2006年にボトムの35.1万を記録したあと増大し，機構数も2008年にボトムの1万6386を記録したあと増加し，2011年末には1万6887となった．近年におけるこうした拡大は，工行の事業規模拡大を反映したものと考えられる．

益の推移：1998～2011年

2004	2005	2006	2007	2008	2009	2010	2011
23.11	337.04	498.8	822.54	1,112.26	1,293.96	1,660.25	2,084.45
299.89	380.19	498.8	822.54	1,112.26	1,293.96		
312.18	380.19						

数値．

4-1-4 貸付政策

　工行の貸付先を見ると，幾つかの特徴が見られる（表11参照）．第1に，個人向け貸付が増加傾向にある．第2に，企業向け業種別では交通運輸・倉庫・郵政業や電力・ガス・水生産供給業の比重が高まる一方，製造業と卸売・小売・宿泊の比重が低下している．特に製造業の相対的縮小が顕著である．第3に，不動産業の比重は2000年代前半から後半にかけて上昇している．

　工行の株式制移行が実施された2005年の以前（2002～2003年）と以後（2006～2007年）を比較すると，業種別貸付配分の変更が明確に出ている．すなわち，交通運輸・倉庫・郵政業，電力・ガス・水生産供給業や不動産業の比重拡大と，製造業および卸売・小売・宿泊の比重縮小である．これを業種別不良貸付率と比べると，比重が拡大した業種は不良貸付率が相対的に低く，逆に比重が縮小した業種は相対的に高い（表12参照）．これはリスク管理が強化されてきたことを示唆する．同じことは，不良貸付率が低い個人向けの比率が増大傾向にあることからも示唆される．

　ただし，不良貸付率が相対的に高い東北・中部・西部地区に対する貸出の比率は，相対的に縮小していない．例えば，これら3地区に対する貸付（企業向け・個人向けの両方を含む）の比率は，2005年の33.5％から2010年の36.4％，2011年の36.2％と，むしろ高まっている[17]．しかし，これはリスク管理が緩和されたというより，近年における中西部の経済発展が著しいこと（2008年以降，中西部の実質・名目成長率は東部のそれを上回る），さらにこれら地区における不良貸付率が大幅に下落したことを反映したものと言えよう．

4-2　中国農業銀行

　中国農業銀行（農行）は，都市を基盤とする他行と異なり，農村を基盤として発展し，全国に広がる農業・農村・農民（三農）の金融を担ってきたことから従業員数や機構数が他行よりも多い．また，商工業に対する農業の相対的遅れから農行の不良貸付率は相対的に高かった．そのために株式制移行

第5章 4大国有銀行は復活を遂げたのか？ 265

表 11 工行の貸付先分布（実数、構成比）：2002〜2011年

業種	2002	2003	2004	2005	2006	2007	2008	2009	2010	2011
交通運輸・倉庫・郵政業 ①	2,456	3,022	3,906	3,790	5,366	6,128	7,075	8,266	10,399	10,525
製 造 業	11,661	12,110	10,783	6,737	6,833	7,587	7,772	8,261	9,702	11,214
電力・ガス・水生産供給業	1,571	2,034	2,799	2,849	3,465	4,082	5,168	5,485	5,972	5,877
不 動 産 業 ②	1,840	2,345	2,225	2,170	2,562	3,297	3,861	4,747	5,867	5,122
水利・環境・公共施設管理業	–	–	–	–	2,072	2,313	2,756	5,109	5,529	4,992
リース・商業サービス	–	–	–	–	1,088	1,715	2,040	3,052	3,786	3,495
卸売・小売・宿泊 ③	3,542	3,758	2,637	2,810	1,637	2,010	2,043	2,840	4,310	5,961
科学・教育	–	–	–	–	724	701	710	675	693	677
建 築 業	600	757	834	939	537	643	618	653	892	1,150
鉱 業 (採鉱業)	739	784	–	–	–	–	879	1,081	1,334	1,795
そ の 他	3,837	4,900	5,769	4,400	2,025	2,098	1,043	1,523	1,691	1,347
企業向け貸付合計 (A)	26,248	29,711	28,953	23,694	26,309	30,575	33,966	41,693	50,173	52,156
交通運輸・倉庫・郵政業	9.4	10.2	13.5	16.0	20.4	20.0	20.8	19.8	20.7	20.2
製 造 業	44.4	40.8	37.2	28.4	26.0	24.8	22.9	19.8	19.3	21.5
電力・ガス・水生産供給業	6.0	6.8	9.7	12.0	13.2	13.4	15.2	13.2	11.9	11.3
不 動 産 業	7.0	7.9	7.7	9.2	9.7	10.8	11.4	11.4	11.7	9.8
水利・環境・公共施設管理業	–	–	–	–	7.9	7.6	8.1	12.3	11.0	9.6
リース・商業サービス	–	–	–	–	4.1	5.6	6.0	7.3	7.5	6.7
卸売・小売・宿泊	13.5	12.6	9.1	11.9	6.2	6.6	6.0	6.8	8.6	11.4
科学・教育	–	–	–	–	2.8	2.3	2.1	1.6	1.4	1.3
建 築 業	2.3	2.5	2.9	4.0	2.0	2.1	1.8	1.6	1.8	2.2
鉱 業 (採鉱業)	2.8	2.6	–	–	–	–	2.6	2.6	2.7	3.4
そ の 他	13.5	15.1	19.0	18.5	7.7	6.9	3.1	3.7	3.4	2.6
企業向け貸付合計	100.0	100.0	100.0	100.0	100.0	100.0	100.0	100.0	100.0	100.0
個人向け (B)	–	4,160	5,022	5,274	5,879	7,636	8,490	12,296	16,557	19,913
うち個人住宅・経営性	–	–	–	4,501	4,982	6,642	7,296	10,270	12,887	14,401
個人向けの割合 (B／(A+B))	–	12.3	14.8	18.2	18.3	20.0	20.0	22.8	24.4	27.6

注：単位は億元、％。① 2008年までは交通運輸・物流。② 2004年までは卸売・小売・飲食業、2006〜2008年は発電・供電。③ 2004年までは卸売・小売。2005〜2008年は卸売・小売・飲食業。
出所：中国工商銀行の2002〜2011年の年度報告より作成。

表 12 工行の貸付先別不良貸付率：2005〜2011 年

分野 （産業別）	2005	2006	2007	2008	2009	2010	2011
製 造 業	12.30	10.16	7.56	5.93	4.36	2.85	2.09
化 学	13.20	11.49	8.20	6.50	4.60	3.42	2.01
機 械	18.53	12.17	8.79	6.12	4.41	2.24	1.29
鋼 鉄	4.35	4.38	1.90	1.11	0.58	1.05	1.83
紡織・服装	14.74	9.67	8.68	9.41	6.85	4.64	2.94
金属加工	8.33	6.84	4.34	3.41	1.97	1.15	1.18
石油加工、コークス	1.55	1.87	2.88	1.73	0.91	0.43	0.72
交通運輸設備	10.84	7.93	4.32	2.77	2.23	3.05	2.32
通信設備、計算機	7.33	8.36	8.47	7.84	6.61	3.93	3.02
非金属鉱物	22.45	17.49	14.43	10.41	8.30	4.96	3.32
そ の 他	15.34	15.32	11.44	8.83	6.59	4.27	2.85
交通運輸・倉庫・郵政業	1.05	1.27	1.05	1.37	1.40	0.92	1.16
電力・ガス・水生産供給	2.18	1.88	1.32	1.53	1.23	0.92	0.87
不動産業	5.13	4.34	2.82	2.21	1.50	1.05	0.93
水利・環境・公共施設管理業	―	0.55	0.49	0.65	0.07	0.04	0.22
卸売・小売・宿泊	―	15.69	8.53	7.27	4.64	2.61	1.53
卸売・小売・飲食	11.02	9.93	―	―	―	―	―
リース・商業サービス	―	2.08	0.84	1.00	0.45	0.31	0.21
科学・教育・文化・衛生	―	3.06	2.69	2.80	1.69	1.24	1.02
教育・医院・NPO	3.41	2.98	―	―	―	―	―
建築業	1.99	3.02	2.57	2.58	2.13	1.39	0.92
鉱業（採鉱業）	―	―	―	0.54	0.34	0.23	0.29
そ の 他	―	3.12	2.74	3.84	1.36	1.21	―
そ の 他	2.00	1.62	―	―	―	―	―
合 計	6.25	5.02	3.51	2.90	1.94	1.31	0.81

分野 （地域別）	2005	2006	2007	2008	2009	2010	201
企 業	6.25	5.02	3.51	2.90	1.94	1.31	1.15
個 人	2.12	1.61	1.14	1.16	0.83	0.59	0.54
海外等	1.18	1.19	0.63	0.62	0.70	0.58	0.53
合 計	4.69	3.79	2.74	2.29	1.54	1.08	0.94
本 店	―	―	0.35	0.53	0.65	0.64	0.85
長 江	―	―	1.07	1.32	0.99	0.76	0.65
珠 江	―	―	2.80	2.10	1.18	0.91	0.99
環渤海	―	―	3.14	2.24	1.56	1.19	0.91
中 部	―	―	3.36	2.62	1.99	1.31	1.29
西 部	―	―	3.29	3.26	1.95	1.31	1.12
東 北	―	―	9.42	5.36	3.30	1.80	1.13
海外等	―	―	0.63	0.62	0.70	0.58	0.53
合 計	―	―	2.74	2.29	1.54	1.08	0.94

注：単位は%。
出所：中国工商銀行の 2002〜2011 年の年度報告より作成。

や株式上場において後れをとった．以下では，不良貸付の処理と貸付政策の観点から，農行の経営改善を見てみよう．

4-2-1　不良貸付の処理

農行の不良貸付総額は，2007年末の8188.53億元から2008年末の1340.67億元へと約6850億元減少した．その後，不良貸付額は一貫して減少し，2011年末には873.58億元となった．2007年末から2008年末にかけての不良貸付の激減は，2008年11月21日に，8156.95億元の不良債権が処理されたことによる．内訳は，「可疑」カテゴリー貸付2173.23億元，「損失」カテゴリー貸付5494.45億元，非貸付資産489.27億元であった．また，農行の場合も，巨額の不良債権処理と共に，国家による資本注入が実施された．すなわち，2008年10月29日に匯金公司を通じて国家による190.29億ドル(1300億元相当)の資本注入が実施された．農行の不良債権処理約8000億元は，工行の約7000億元をさらに上回る規模であり，これによって農行の経営が大幅に改善されることとなった．

4-2-2　貸付政策

2008年における不良貸付の処理よりも以前の2007年から農行の営業収入や利益が大幅に増大している．そこで農行の貸付政策がどのように変わったかをみてみよう(表13参照)．貸付先分布のデータは2008年以降しかないので，2008年から2011年にかけての傾向を探ることで2007年以前からの動向を類推してみる．

第1に，工行の場合と同じく，個人向け貸付の比率が上昇している．第2に，業種別では，交通運輸・倉庫・郵政業，卸売・小売業，リース・商業サービスや水利・環境・公共施設管理業の比重が相対的に高まり，電力・ガス・水生産供給業や製造業の比重が相対的に低下している．これを業種別不良貸付率と比べると，卸売・小売業を除き，比重が拡大した業種は不良貸付率が相対的に低く，逆に比重が縮小した業種は相対的に高い(表14参照)．これは，

不良貸付率が低い個人向けの比率が増大傾向にあることとも符合する．工行と同じく，農行の場合にもリスク管理の強化が示唆される．

地域別では，東北・西部・中部の不良貸付率が相対的に高いので，これら3地区への貸付比率をみると，2007年の42.3％から2008年の35.2％へ下落したあと上昇し，2011年には37.6％となっている．

なお，農行では，農村向けの三農（2011年から県域と名称変更）金融業務と都市向けの都市金融業務に区分されている．営業収入における三農金融の比重は2008年の33.8％から2011年の38.6％へ，税引前利益における三農金融の比重も同期間に25.7％から35.2％へ高まっている．これは国策としての三農（農業・農村・農民）対策への貢献と考えられるが，他方で「農業銀行」として都市よりも農村との関係が深い農行において，都市部での収入や稼ぎ

表13　農行の貸付先分布（実数，構成比）：2008 〜 2011 年

分　野	2008	2009	2010	2011	2008	2009	2010	2011
企業向け	26,357	33,487	38,121	41,979	100.0	100.0	100.0	100.0
交通運輸・倉庫・郵政業	2,038	3,149	3,960	4,623	7.7	9.4	10.4	11.0
製　造　業	8,213	9,548	11,035	12,317	31.2	28.5	28.9	29.3
電力・ガス・水生産供給業	3,843	4,213	3,970	4,528	14.6	12.6	10.4	10.8
不動産業	3,422	4,349	5,513	5,056	13.0	13.0	14.5	12.0
水利・環境・公共施設管理業	911	1,556	2,138	1,821	3.5	4.6	5.6	4.3
リース・商業サービス	672	1,479	2,112	2,585	2.5	4.4	5.5	6.2
卸売・小売業	2,036	2,640	3,266	4,313	7.7	7.9	8.6	10.3
建　築　業	853	1,021	1,503	1,710	3.2	3.0	3.9	4.1
鉱　業（採鉱業）	698	980	1,206	1,530	2.6	2.9	3.2	3.6
情　　報	387	283	189	147	1.5	0.8	0.5	0.3
そ　の　他	3,284	4,269	3,228	3,350	12.5	12.7	8.5	8.0
個人向け	4,645	7,895	11,447	14,308	100.0	100.0	100.0	100.0
個人住宅	3,195	4,980	7,246	8,915	68.8	63.1	63.3	62.3
個人経営	784	1,060	1,302	1,576	16.9	13.4	11.4	11.0
個人消費	423	856	1,331	1,442	9.1	10.8	11.6	10.1
信用貸越	79	141	378	1,004	1.7	1.8	3.3	7.0
そ　の　他	164	858	1,189	1,372	3.5	10.9	10.4	9.6
合　　計	31,002	41,382	49,567	56,287				
個人向けの割合（％）	15.0	19.1	23.1	25.4				

注：単位は億元，％．
出所：中国農業銀行の2008 〜 2011 年の年度報告より作成．

第5章 4大国有銀行は復活を遂げたのか？　269

表14　農行の貸付先別不良貸付率：2008～2011年

分　野	2008	2009	2010	2011
製　造　業	4.28	3.88	2.80	2.23
電力・ガス・水生産供給	5.71	3.90	3.37	2.37
不　動　産　業	6.06	3.47	1.77	1.24
交通運輸・倉庫・郵政業	3.93	3.05	1.36	1.63
卸売・小売業	5.50	4.58	2.97	2.34
水利・環境・公共施設管理業	6.51	2.39	2.38	1.48
建　築　業	4.77	2.77	2.74	0.87
鉱　業（採鉱業）	1.71	1.26	0.43	0.42
リース・商業サービス	6.22	2.18	1.33	1.04
Ｉ　Ｃ　Ｔ	2.74	1.95	1.31	1.20
そ　の　他	9.09	6.52	4.58	3.71
合　　　計	5.23	3.66	2.48	1.90

分　野	2008	2009	2010	2011
企　　業	5.23	3.66	2.48	1.90
個　　人	2.22	1.40	0.96	0.78
海外等	2.01	1.14	0.32	0.21
合　　計	4.32	2.91	2.03	1.55
本　　店	1.51	1.74	2.61	―
長　　江	2.48	1.93	1.16	0.98
珠　　江	3.25	2.43	1.91	1.47
環渤海	4.22	2.78	1.90	1.49
中　　部	5.26	3.30	2.35	1.93
西　　部	7.32	4.31	3.03	2.30
東　　北	8.15	4.68	2.91	2.04
海外等	2.01	1.14	0.32	0.21

注：単位は％．ICT＝通信・コンピュータサービス・ソフトウェア．
出所：中国農業銀行の2009～2011年の年度報告より作成．

が多いことは農行が商業銀行化している象徴とも考えられる．

おわりに

　本章では，公表されている資料やデータをもとに，かつて非効率の象徴とされた4大国有銀行がなぜ，どのようにして世界的な巨大銀行となり，業績を改善したのかを探ってきた．乏しい資料・データから導かれる結論は，以下のようなものである．第1に，国家主導の巨額の不良債権処理と資本注入といった政府介入が国有企業のバランスシート改善に寄与した．第2に，組織や人員の合理化や貸付資金配分の効率化といった内部努力が経営改善に寄与した．第3に，株式制移行と株式市場上場という改革の方向性が明示され，それを成功させるために海外金融機関との戦略的提携や参画を取り入れたことが企業統治の改善に寄与したと考えられる．

　しかし，業績の改善は，内部の効率化努力によるだけとは限らない．1980年代におけるイギリスの民営化論争でも議論されたように，市場での独占力行使によっても業績は改善される[18]．また，中国のように，重要産業が今なお国有であり，政府の管理・指導のもとに置かれている場合には，政府・銀行・企業間の特別な「関係（コネクション）」に基づく成長業種・企業の囲い込みが銀行の業績改善に寄与している可能性もある．その意味で，本章で設定したテーマ，すなわち4大国有銀行が真の実力を獲得したのかについては不確実な面が残る．

1)　中国工商銀行「2001年年報」に基づく．
2)　他の2行についても，中国建設銀行は2002年段階で16.97％，中国銀行は2003年段階で16.28％であった．
3)　「ウォール街から中国の銀行へ——有能なバンカーの争奪戦が激化」2012年3月1日（http://www.bloomberg.co.jp/news/123-M06SUA6KLVR401.html）．
4)　ただし，総資産は年末，名目GDPは年．総資産は中国銀行業監督管理委員会

の統計データおよび4大銀行（連結ベース）各行の年次報告書．名目GDPは国家統計局編『中国統計年鑑2011』中国統計出版社および国家統計局『2011年統計広報評読』2012年2月22日による．
5) 国家統計局編『中国統計年鑑2011』中国統計出版社，2011年による．
6) 中国産業地図編委会・中国経済景気監測中心・新華財経編『中国金融産業地図2010-2011』社会科学文献出版社，2011年，第5章に掲載のデータに基づく．
7) 第5節で取り上げるように，地域別では，中部・西部・東北地区の不良貸付率が相対的に高い．
8) 中国銀行には中国東方資産管理公司，中国建設銀行（および国家開発銀行）には中国信達資産管理公司，中国工商銀行には中国華融資産管理公司，中国農業銀行には中国長城資産管理公司が対処することとなった．
9) 拙稿「中国経済の構造変化」斎藤道彦編『中国への多角的アプローチ』中央大学出版部，2012年，259-282頁を参照．
10) 『中国金融産業地図2010-2011』によると，正常・関注・次級・可疑・損失の五級分類法のうち次級・可疑・損失（以上3つが通常の不良貸付）に関注を加えた「非正常貸付」は，今なお高い水準にある．同書によると，「関注」に分類される貸付は不良貸付ではないとしても，不良貸付との相関が強く，不良貸付となる可能性を持ったものである．「関注」の比率が最も高い中国農業銀行についてみると，2011年末の不良貸付率は1.55%であるが，「関注」を含む非正常貸付率は7.14%と跳ね上がる．つまり同行の「関注」は，不良貸付の3〜4倍であり，その意味で不良貸付の問題は完全に解決されていない可能性がある．ただし本章では，通常の不良貸付を中心に見ていくこととする．
11) 中国工商銀行「2006年度報告（H股）」21頁．
12) 例えば，工行の株主数は2006年末の735,475（うちH株273,396，A株462,079）から2011年末の997,402（うちH株153,712，A株843,690）へと変化した．また，建行の株主数は2005年末の103,833から2012年2月末の887,132（H株54,595，A株821,105）へ増大した．
13) 以下における不良債権処理と資本注入に関わる数値は，中国工商銀行「2005年度報告」と中国銀行「2004年度報告」に基づく．
14) 財政部の金融企業会計制度は，2002年1月から施行された．
15) 各金融グループの有価証券報告書による．
16) 中国工商銀行「2005年度報告」46頁掲載の数値による．
17) これらの数値は表には掲載されておらず，年度報告掲載のデータから計算した．
18) これについては，拙稿「公企業の経済学」「現代経済における公企業」和田禎一・浅野克巳・谷口洋志『企業と市場の経済学』中央経済社，1990年，133-203頁を参照．

あ と が き

　3・11（2011 年），あれから 1 年余の時日が経った．千年に一度と言われる大震災と大津波の傷跡はまだ癒えてなどいない．福島第一原子力発電所の事故は，その廃墟をどうすることもできず，むごたらしい残骸はなすすべもなくその姿を風雨にさらしたままだ．福島浜通りの少なからぬ地域は放射能汚染のため，十数万の人々が放射線被害を逃れていまだ避難の日々を強いられている．しかし，2012 年 6 月，日本政府は電力不足を回避するためとして大飯原発等の再稼働を決定した．言論の自由がある日本で，これは思考における論理の放棄である．若狭湾・新潟・静岡・九州・四国・北海道などの原発が重大事故を起こせば，1 億余の日本人はどこに避難できるのだろうか．中国では，3・11 の発生にもかかわらず原発建設推進方針に変更はなく，上海が放射線汚染されれば 2000 万人が上海には住めなくなるのだが，言論の自由がない中国では見たところ国民は議論もしていない．この深刻な現実にいかに対処すべきか，こうした問題においては意味をなさない「近代国家」の国境線をこえた議論が必要であろう．今後も，こうした問題意識を踏まえた歴史と現実へのアプローチを進めたい．

　2012 年 9 月，日本の尖閣国有化をきっかけとして中国では大規模な反日騒動が組織された．尖閣では中国船による領海侵犯が常態化し，かつてなく緊張が高まっている．狂気が克服され，「近代国家」の枠組によるこうした対立が緩和されることを願わずにはおれない．

　出版にあたっては，中央大学研究所合同事務室政策文化総合研究所担当百瀬友江さんと中央大学出版部中島葉子さんに大変お世話になった．ここに厚くお礼申し上げる．

編著者
斎 藤 道 彦

索 引

あ 行

赤塚正助在奉天総領事	62-64, 82
アメリカン・エクスプレス	260
アリアンツ	260
安福倶楽部	30
安福系	36, 45, 48
安福国会	35
晏陽初	103, 117, 162
イギリス赤十字会	
ロンドン中国支援委員会	156
伊集院彦吉外相	66
「1月17日命令」	154
一号作戦	174, 175, 200
「異党活動制限措置」	126, 141
ウィルソン	37, 40
内田康哉外相	63, 64
「ＡＢＣＤ」連帯論	162
衛立煌	160
「延安5日記」	194
延安視察団	198
閻錫山	34, 35
袁世凱	30, 57, 60
黄宇人	147, 148, 161, 164, 193
王雲五	117, 152, 154, 171, 198, 207, 230
王永江奉天省長	65
王恵厳	37
王若飛	94, 174
汪精衛	43
王世杰	146, 147, 150, 162, 165, 168, 171, 174, 176, 177, 179, 182-184, 186, 194, 196, 213, 216, 230
王雪艇→王世杰	
王造時	101, 116, 124, 161, 165, 173, 174
王卓然	116, 161, 162, 165
王寵恵	39, 41, 42, 171
汪兆銘	102, 117, 121, 125, 126, 129, 131, 133
王撫洲	33
『欧遊心影録』	46
王雷艇（世杰？）	142

か 行

外交委員会	37
解放区連合委員会→	
中国解放区連合委員会	
「カイロ宣言」	170
何応欽	134-136, 141, 142, 152, 168-170, 193, 200
華夏銀行	247, 249
各省県参議会	114
郭松齢	74, 79
華興公司農場事件	65
葛敬猷	34
株式制移行	258-260, 270
華北（慰労）視察団	130, 131
賀竜	134
間島協約	81
皖南事変→新四軍事件	
旧劇	1-6, 9-12
救国会→全国各界救国連合会	
九三学社	145

貴陽生活書店　　　　　　　146
許徳珩　　　　　　161, 217, 230
軍事調処　　　　　　　　　228
訓政　　　　　　89, 90, 93-95, 97,
　　　　　98, 100, 129, 201, 206,
　　　　218, 222-233, 235-237, 239
「訓政時期約法」→
　　「中華民国訓政時期約法」
経済建設期成会　　　　　　170
経済建設策進会　　　　　　242
経済動員策進会　　　　165, 242
ゲオルギ・ディミトロフ　　100
研究系　　　　23-26, 28, 29, 30, 31,
　　　　　　34-36, 39, 40, 45, 48-50
『建国大綱』　99, 137, 139, 221, 222, 225
県参議会　　　　　　　　　160
憲政　　　　94, 95, 100, 129, 130, 206,
　　　　　222, 232, 233, 235, 237, 239
　　──期成会　　　　132, 133, 137
　　──実施協進会　　　　171-174,
　　　　　　　　　　201, 202, 204, 242
　　──実施準備会　　　　　　170
憲草審議委員会　　　　　　225
憲法起草委員会　　　　　　137
憲法研究会　　　　　　　　 30
憲法研究同志会　　　　　　 30
憲法討論会　　　　　　　　 30
顧維鈞　　　　　　　35, 39, 43
胡惟徳　　　　　　　　　　 39
項英　　　　　　　　　　　143
黄炎培（任之）　103, 118, 121, 131-133,
　　　　　　　136, 137, 140-142, 144,
　　　　　　　146, 150, 151, 160, 162,
　　　　　　　163, 165, 167, 171-174,
　　　　　　　193, 194, 197, 200, 201,
　　　　　207-209, 211, 216-219, 227,
興業銀行　　　　　　　247, 249
江恒源　　　　　　　　118, 209

衡山→沈鈞儒
庚子賠償金　　　　　　　　 38
孔祥熙　　　　　　　　193, 200
洪深　　　　　　　　　　　146
「抗戦建国綱領」　　103, 104, 116,
　　　　　　　　　　118, 124, 140,
　　　　　　178-180, 187, 189, 190, 194
高宗武　　　　　　　　　　125
郷村建設運動　　　　　　　117
郷村建設派　　　　　　　　160
交通銀行　　　　　　　247, 249
「抗日救国十大綱領」　　101, 194
広発銀行　　　　　　　247, 249
恒豊銀行　　　　　　　247, 249
洪蘭友　　　　　　　147-149, 173
ゴールドマン・サックス　　260
国家社会党→中国国家社会党
呉玉章　　　　108, 109, 111, 118, 119,
　　　　　124, 125, 131, 132, 145, 154, 165
国際連盟　　　　　　　　38, 40
　　──同志会　　　　37, 38, 43
国社党→中国国家社会党
谷正綱　　　　　　　147, 148, 164
『黒奴籲天録』　　　　　　　 5
国難会議　　　　　　　　98, 99
国防会議　　　　　　　　　100
国防最高委員会　89, 90, 100, 101, 109,
　　　　　　　110, 115, 122, 127, 201, 234
国防最高会議　101, 103, 106, 107, 126
国防参議会　　　　　102, 103, 117
国民会議　　　　　　104, 105, 117
国民外交協会　　　32, 37, 40, 42, 43
国民外交後援会　　　　　　 37
『国民公報』　　　　　　25, 33, 226
国民参政会　89, 90, 94, 95, 97, 98, 99,
　　　　　　104, 105, 108-111, 113-123,
　　　　　　127-130, 132, 133, 137, 140,
　　　　　　142, 144, 147, 149, 153, 154,

索　引　277

160-162, 164-167, 170, 174,
　　177, 193, 197, 198, 204, 205,
　　206, 208, 211, 216, 224, 227,
　　229, 231-233, 235-237, 239, 242
「国民参政会組織条例」　105-108, 110,
　　112, 114, 173
「国民精神総動員綱領」　128
国民政府　89, 90, 103, 108, 115,
　　132, 133, 153, 161, 165,
　　170, 176, 179, 191, 192, 195,
　　203, 211, 214, 217-220, 223,
　　224, 228-230, 234-236, 238
「──組織法」　228, 234
国民大会　41, 97, 100, 102,
　　132, 137-139, 162,
　　202, 203, 204, 205-212,
　　221, 224-228, 232-234, 237
国民党党団指導委員会　147
国民党六全大会　204
国民党六期二中全会決議　222
五権憲法　221, 226
護国運動　30
「五・五憲草」→「中華民国憲法草案」
五・四運動　23, 25-33, 36, 37,
　　39, 44, 45, 47, 48, 50, 95
胡秋原　165
コタバル上陸　164
呉稚暉　223
国家開発銀行　247, 249
国家社会党→中国国家社会党
国家主義　45, 46
「国共合作宣言」　101
胡適　2
呉鉄城　83
五・二〇惨案　230
近衛声明　127
胡文虎　117
呉炳湘　35

コミンテルン　166
　──第7回大会　100
胡霖　198
昆明事件　217

さ　行

在奉天日本総領事　57
榊原タエ子　79
榊原農場　78
榊原政雄　80
左舜生　103, 118, 141, 146, 147, 150,
　　151, 160, 163, 168, 171-173,
　　200, 203, 207, 209, 211, 230
茶条溝事件　82
三・三制　195
三道溝事件　82
三党三派　160
山東問題　31-33, 39-41, 44
三人小組　228, 229
三民主義　91, 100, 104, 106, 137,
　　140, 178, 181, 186, 194, 195,
　　201, 202, 220, 221, 226, 239
ＣＣ団　200
J. デイビス　166
『時事新報』　25
七君子事件　101
幣原喜重郎外相　68, 69, 73, 78
「社会秩序を維持する臨時措置」　230
謝氷心　162
沙千里　101, 119, 142
上海起義計画　214
上海銀行　247, 249
上海浦東発展銀行　247, 249
周恩来　103, 111, 146, 147, 150-152,
　　177, 196, 199, 200, 207, 215, 220
重慶談判　215, 216, 220
周作人　1-15
「十大綱領」→「抗日救国十大綱領」

周仏海	125
周炳琳(枚蓀)	132, 133, 161, 209
朱家驊(騮先)	147, 148, 171, 224
主席団制	149
朱徳	134, 141-143, 177
蔣介石	94, 100-102, 115, 121, 125, 127, 128, 133, 134, 141-144, 146, 147, 151-153, 160, 163, 166, 167, 170, 173, 177, 179, 188, 193, 196-198, 201, 202, 204, 206, 211-213, 215, 219, 222-227, 229, 231-234, 239
章士釗	161, 162
招商銀行	247, 249
章宗祥	33, 36
商租権	57-63, 65, 66, 70, 72-75, 79-81
「商租地畝須知」	60, 61, 63
章乃器	101
常乃惪	209
壌徳事件	82
章伯鈞	116, 150, 200, 207, 228, 239
蔣方震	42
蔣夢麟	103
邵力子	171-174, 224, 226
職業教育会	118
徐世昌	35, 39, 43
「女吊」	8
徐傅霖	130
史良	101, 116, 161, 165
沈鈞儒(衡山)	101, 103, 116, 130, 131, 142, 146, 147, 150, 151, 161, 162, 165, 173
沈衡山→沈鈞儒	
新劇	10
真珠湾攻撃	164
『新青年』	2, 3, 4, 33
深圳発展銀行	247, 249
『新潮』	33
新文化運動	2, 25, 26, 28, 50
『晨報』	31, 32, 33
秦邦憲	108, 109, 111, 118, 124, 125, 131, 132, 140-142, 145, 154
進歩党	30
「新民主主義論」	133
「新民説」	46
新四軍事件	119, 144, 145, 147, 154, 155
春柳社	5
鄒韜奮	101, 116, 124, 126, 127, 130, 131, 142, 146, 150, 165
西安事変[事件]	101, 141
「制憲」(憲法制定)	233
制憲国民大会	228, 234
政治会議	207, 209, 215, 220
政治協商会議	90, 91, 200, 202, 212, 215, 218-222, 224, 226, 227
青年党→中国青年党	
「政府と中共代表の会談紀要」(双十協定)	215
政聞社	29
世界主義	47
浙商銀行	247, 249
陝甘寧辺区	127, 141, 179, 180, 182, 189, 191, 195
銭玄同	2
川康建設期成会	128, 132, 242
川康建設視察団	242
川康建設訪視団	128
全国各界救国連合会	101, 116, 132, 144, 160
「善後措置」	144, 153
——12条	144, 154
「戦時図書・雑誌原稿審査措置」	122
銭能訓	43
曽琦	43, 118, 226

宋子文	224
曹汝霖	33, 36
搶米事件	133
「租地暫行規則（草案）」	67
曽仲鳴	125
孫科（哲生）	137, 171, 173, 201
孫洪伊	29

た 行

「対華21カ条要求」	41, 61
第三党	102, 116, 132, 160
「対支政策綱領」	74
「大正四年日華条約及交換公文廃棄」	64
田中義一	74
段祺瑞	35, 36
——内閣	30
段錫朋	147
譚平山	161, 162
地方紙幣	132
「地方と文芸」	12
中華職業教育社	160
「中華民国訓政時期約法」	97, 99
「中華民国憲法」	228, 232, 239
「中華民国憲法草案」（五・五憲草） 100, 137, 139, 174, 223, 234	
中共七全大会	203
中共「四項目約束」	102, 153, 179, 181, 186, 188, 191, 192, 201, 204
中国解放区人民代表会議	206
中国解放区人民代表会議準備委員会	206
中国解放区連合委員会	199, 201
中国銀行	243, 244, 247-249, 257, 258
中国建設銀行	243, 244, 247-249, 257, 258
中国光大銀行	247, 249
中国国民党革命委員会	231
中国国家社会党	24, 90, 102, 115, 131, 132, 140, 160, 168
中国工商銀行	243-245, 247-249, 257, 258, 261
中国信達資産管理公司	262
中国人民共和国公司法	260
中国人民銀行	257
中国青年党	90, 102, 118, 160, 168, 200, 203, 228, 230
中国投資有限責任公司（CIC）	261
中国東方資産管理公司	262
中国農業銀行	243-245, 247-249, 257, 258, 261, 264
中国農業発展銀行	247, 249
中国民主社会党	228, 229
中国民主政団同盟	90, 160, 200
中国民主同盟	115, 116, 200, 205, 207, 215-217, 228, 229, 231
——臨時全国大会	217
——「全国臨時大会宣言」	215
中国民生銀行	247, 249
中国輸出入銀行	247, 249
中信銀行	247, 249
中ソ友好同盟条約	213, 216
張一麐	120, 124, 131, 149, 161
張学良	75
張季鸞	117
張勲の復辟	30
張群	83, 229
張君勱	23, 26, 38, 42, 115, 125, 129, 130-133, 137, 141, 146, 150, 151, 160, 163, 168, 171, 173, 174, 200, 230
張謇	30, 37
張国燾	147, 161
張作霖（奉天省長）	62-64, 72, 74, 75
——爆殺事件	77
張申府	116, 140, 150, 228, 239
張治中	160, 176, 177, 179,

索　引　279

	182-184, 186, 187, 194, 196, 197, 198, 220
趙戴文	34
張東蓀	26
張伯苓	121, 140, 141, 142
張表方	146, 150, 151
張文白→張治中	
張瀾	128, 132, 133, 160, 163, 165, 166, 200, 228, 239
張厲生	147, 148, 224, 231
褚輔成	117, 121, 141, 144, 145, 146, 150, 151, 161, 171, 219
褚民誼	125
陳嘉庚	133, 165
陳啓天	209
陳公博	125
陳紹禹	108, 109, 111, 118, 124, 127, 131, 132, 145, 154
陳誠	141, 217
陳独秀	2
陳伯生	117
陳布雷	171, 203
陳璧君	125
陳立夫	147, 148, 164, 194
丁文江	42
東亜勧業会社	72
統一建国同志会	128, 132, 160
鄧穎超	108, 109, 111, 118, 124, 132, 145, 147, 149, 150, 151, 154
湯恩伯	160, 194
湯化龍	29, 30
陶希聖	117, 125
陶行知	131, 162, 165
党団幹事会	148, 149, 164
「党派会議」構想	201
董必武	94, 108, 111, 118, 124, 125, 131, 132, 135, 140, 144, 145, 147, 149-151, 154, 161, 168,

	169, 171-174, 187, 199, 211, 224
東方会議	74, 75
東北行営	217
東北政務委員会	81
「党務整理決議案」	126
徳王(デムチュクドンロブ)	217
杜重遠	116
「図書事前強制審査措置」	184
「図書・雑誌原稿審査措置」	126
「土地商租暫行規定」	63, 67
「土地盗売厳禁条例」	81
トルーマン	203, 216, 218, 220

な 行

中村覚関東都督	57
中村大尉事件	82
二中全会	223, 225

は 行

ハーレイ	176, 211, 215, 216
梅思平	125
馬寅初	146, 166
莫徳恵(柳忱)	171-173, 193
林久治郎奉天総領事	75, 77, 78-80, 82, 83
パリ講和会議	31, 35, 37, 39, 44, 47
反ファシズム人民戦線	100
日置公使	60
「人の文学」	1, 4
傅斯年	141, 162, 171, 172, 198, 207, 211
「仏説盂蘭盆経」	7
船津辰一郎奉天総領事	65, 66, 68, 70-73, 79, 82
不良貸付率	243
聞一多	227
平江惨案	129, 141
米国委員ヒューズ	63

索　引　281

平和期成会	37
ペトロフ	207
彭学沛	125
防共委員会	126
奉天十間房	78
彭徳懐	142
保甲連座	159
渤海銀行	247, 249
香港中国保衛大同盟	156

ま 行

マーシャル	216, 220
満州拠点戦略	216
万宝山事件	58, 82
「満蒙開発ニ関スル意見書」	57
「南満州及東部内蒙古ニ関スル条約」	57, 60, 70, 82
民社党→中国民主社会党	
民主諸党派	90, 108, 208, 231, 233-235, 237, 238, 239
民主政団同盟→中国民主政団同盟	
民主連合政府	215, 231, 238
民族解放委員会	204
民族主義	45, 46
「無常」	8
無党派	117
毛沢東	108, 109, 111, 118, 121, 126, 127, 131, 132, 133, 141, 145, 146, 151, 154, 175, 176, 200, 201, 203, 206, 207, 213, 214, 231
目連戯	5, 7-9
モロトフ	166, 213
モンゴル独立	207

や 行

| 矢田七太郎在奉天総領事 | 61 |
| ヤルタ会談 | 202 |

熊希齢	30, 37, 39, 41
楊宇霆総参議	68
葉楚傖	147
葉挺	143, 144, 145
余家菊	126, 131, 162, 209
横浜丸	43
吉田茂奉天総領事	73-76, 82
「四項目約束」→中共「四項目約束」	
4大国有銀行	243, -248, 251, 253, 256, 257, 259-261

ら 行

雷震	171
羅隆基	115, 130, 161, 165, 228, 239
陸〔徴祥〕	43
李璜	130, 162
李公樸	101, 119, 227
李聖五	121, 125
李石曽	43
劉蘅静	117
劉暁波	49
劉半農	2
廖恩燾駐日中国代理公使	64
梁寒操	147, 148, 171, 196
梁敬錞	32
梁啓超	23, 26, 29, 30, 34, 37, 38, 41, 42, 44-47
梁実秋	115, 126, 131, 162
梁漱溟	103, 117, 125, 135, 136, 140, 147, 150, 165, 200
旅順会議	75
「臨時解決措置」	153
——12条	154
「臨時解決辦法〔措置〕12条」	149, 150
林祖涵	108, 109, 111, 118, 122, 124, 131, 132, 145, 154, 177, 179, 181-187, 191, 192, 194, 196-198

林長民	26, 29, 30-32, 34, 35, 37-39, 41, 42
林伯渠	94, 140, 141, 174, 175
林彪	179, 186, 187, 191
ローズベルト	203
冷遹（御秋）	118, 198, 207, 209, 219
連合政府	175, 176, 199, 203, 204, 205, 207, 209, 213-215, 236
「連合政府論」	203
「老12条」	144
魯迅	8

わ行

匯金公司	260, 262
ワシントン会議	63, 67
「和平建国綱領」	220, 226

執筆者紹介（執筆順）

子安 加余子　研究員・中央大学経済学部准教授

原 正人　研究員・中央大学法学部助教

佐藤 元英　研究員・中央大学文学部教授

斎藤 道彦　研究員・中央大学経済学部教授

谷口 洋志　研究員・中央大学経済学部教授

中国への多角的アプローチ Ⅱ
中央大学政策文化総合研究所研究叢書 14

2013 年 3 月 15 日　初版第 1 刷発行

編著者　斎藤 道彦
発行者　中央大学出版部
　　　　代表者　遠山　曉

〒192-0393　東京都八王子市東中野 742-1
発行所　中央大学出版部
　　　　http://www2.chuo-u.ac.jp/up/
　　　　電話 042(674)2351　FAX 042(674)2354

© 2013　　　　　　　　　　　ニシキ印刷／三栄社

ISBN978-4-8057-1413-3